JA, ICH WILL! UND DAS FÜR IMMER

frau sucht. und findet.

eheglück weltweit.

FAWN WEAVER

LUQS
VERLAG

Übersetzung aus dem Amerikanischen: Veronika Trautmann

ISBN 978-3-940158-50-5
1. Auflage, Oktober 2014

Printed in the EU

BEGEISTERTE STIMMEN ZU FAWN WEAVER UND *JA, ICH WILL! UND DAS FÜR IMMER*

Als ich das Buch zu lesen anfing, konnte ich nicht aufhören. Es ist Fawn Weaver gelungen, so viel Positives in Beziehungen herauszustellen, während in unserer Umgebung vieles chaotisch ist. Es hat ein Lächeln auf mein Gesicht gezaubert und mich innerlich gewärmt, wie sie die Lebensgeschichten der Frauen und ihre Beziehungen zu ihren Männern wiedergibt. *Ja, ich will! Und das für immer* ermutigt uns, dass eine Ehe funktionieren kann, wenn Liebe, Glauben, Vertrauen und gegenseitiger Respekt die Basis bilden.

Misty May-Treanor, dreifache olympische
Goldmedaillengewinnerin

Mit diesem Buch und einer wachsenden Schar von Frauen auf der ganzen Welt hat sie eine Glücksbewegung in Gang gesetzt, die überall Herzen und Häuser im Sturm erobert. Von Afrika bis Nordamerika (und an vielen Orten dazwischen) erzählt jedes Kapitel von einem Abenteuer in einem Land und dem Leben einer Frau und enthüllt das Geheimnis, wie man glücklich wird und bleibt, nachdem man „Ja" gesagt hat.

Priscilla Shirer, Autorin von *Ein mutiger Weg für Frauen*

Fawn Weavers *Ja, ich will! Und das für immer* ragt aus dem Schmutz einer Medienkultur voller ausbeuterischer Bilder von *Desperate Housewives* heraus wie eine Wildblume, die Hoffung für die Ehe verbreitet – nicht als religiöse oder politische Institution, sondern als Chance für zwei Menschen, sich gemeinsam zu entfalten, indem sie aus dem göttlichen Funken schöpfen, der in uns allen schlummert. Das Buch beinhaltet Berichte und Tipps glücklicher Ehefrauen rund um den Globus, deren Ehen die Zeiten überdauert haben; dennoch ist das Buch vor allem auch eine Liebesgeschichte.

Lissa Rankin, Ärztin und Autorin
des New-York-Times-Bestsellers *Mind over Medicine*

Machen Sie sich bereit für ein – buchstäblich – globales Abenteuer, bei dem Sie das blaue Wunder *gelungener Ehen* miterleben. Ihre persönliche Reiseführerin Fawn Weaver ist eine grandiose Erzählerin und Pfadfinderin. In diesem aufregenden Buch bietet Fawn Ihnen die Eintrittskarte zum Abenteuer Ihres Lebens. Worauf warten Sie noch? Nur zu, werden Sie glücklich und treten Sie dem *Happy Wives Club* bei. Sie werden es nicht bereuen!

Les und Leslie Parrott, Autoren des
Nr.-1-New-York-Times-Bestsellers *Making Happy*

In einer Welt, wo die meisten glauben, dass es keine guten Ehen gibt, nimmt uns Fawn Weaver mit rund um die Welt, um das Gegenteil zu beweisen. Mit schlichten und poetischen Wahrheiten, die Sie inspirieren werden, nicht nur mehr, sondern auch besser zu leben, bringt sie ans Licht, dass wahre Liebe zielstrebig ist, ohne sich wie Arbeit anzufühlen! Mit ihrer erfrischenden, wunderbaren und zum Nachdenken herausfordernden Art lässt sie Ihnen keine Ausrede, keine glückliche Ehefrau zu sein.

Michelle McKinney Hammond, Bestsellerautorin

Ja, ich will! Und das für immer lässt uns einen Blick in das Leben von glücklichen Frauen in aller Welt werfen! Fawn lässt keinen Stein auf dem anderen auf der Suche nach glücklichen Paaren, deren Geheimnisse sie weitergibt. In einer Welt, wo es in der Ehe so viel Schmerz gibt, werden ihre wundersame Reise und ihre Entdeckungen überall Frauen veranlassen, dem Klub der glücklichen Ehefrauen beizutreten.

Courtney Joseph, Autorin von *Women Living Well*
und Gründerin von WomenLivingWell.org

Dieses Buch ist eine Pflichtlektüre für jedes Paar, das einen Ehe-Führerschein erwerben will – und auch für jene, die schon fortgeschritten sind. Es stellt den Glauben an die größte aller irdischen Institutionen wieder her.

Deborah Smith Pegues, Bestsellerautorin

INHALT

Für Keith

Du bist meine Liebe, du bist mein Leben, du bist mein Fels in der Brandung. Danke für deinen Rückhalt, deine Ermutigung und dass du über meine Macken hinwegsiehst. Als Gott uns füreinander schuf, übertraf er sich selbst. Ich liebe dich mit jeder Faser meines Körpers. Danke, mein Schatz, dass du diesen Weg mit mir gehst.

VORWORT

Inzwischen bin ich sechsunddreißig Jahre verheiratet und komme mir vor wie eine Eheexpertin. Nicht was Ihre Ehe oder die von sonst irgendjemandem angeht, sondern eine Expertin für MEINE Ehe. Die Ratschläge und Tipps, die Fawn Weaver in ihren Interviews mit Ehepaaren für dieses Buch zutage förderte, entsprechen genau meinen eigenen Erfahrungen. Ist eine erfolgreiche Ehe reine Glückssache oder gibt es am Ende doch allgemeine Wahrheiten, die uns ans Ziel bringen? Fawn Weaver zeigt: Es gibt sie und sie sind auf den Seiten dieses Buches zu finden, ausgesprochen von Ehefrauen und Ehemännern, die entdeckt haben, was bei ihnen funktioniert. Dankenswerterweise sind sie bereit, uns Lesern ganz persönliche Details aus ihrem Leben mitzuteilen, in der Hoffnung, uns damit bei der Arbeit an unseren eigenen Ehen zu unterstützen.

Dieses Buch zu lesen ist wie eine Wanderung durch vertrautes Gelände, das Sie gut zu kennen glauben. Nur wandern Sie diesmal nicht allein, sondern mit einer Gruppe von Freunden, die Ihnen helfen, das Vertraute mit neuen Augen zu sehen. Dabei wird es Sie immer wieder überraschen, von den einzigartigen Pfaden zu lesen, die jedes Paar gemeinsam beschritten hat.

Lassen wir also die Ehe hochleben. Ernten wir den Lohn, dass wir zusammenbleiben und zusammen alt werden. Fawn Weaver meint sogar, dass eine gute Ehe uns um Jahre jünger aussehen und um Jahre älter werden lässt. Lassen Sie uns herausfinden, ob dem so ist! Es ist allemal ein guter Grund mehr, an einer glücklichen Ehe zu arbeiten!

Grow old along with me!
The best is yet to be,
the last of life, for which the first was made.

Our times are in his hand
who saith, „A whole I planned,
youth shows but half; trust God! See all, and be not afraid!"

(Werde alt mit mir! Das Beste kommt erst noch: der letzte Teil des Lebens, für den der erste gemacht ist. Unsere Zeit liegt in der Hand dessen, der sagt: „Ich habe ein Ganzes geplant, die Jugend zeigt nur die Hälfte; vertraut Gott! Seht alles an und fürchtet euch nicht!")

Mein Lieblingsgedicht von Robert Browning (es hängt bei uns im Esszimmer an der Wand!)

Cae Gauntt, Sängerin
(ihre aktuelle CD „You Love Me" ist eine Hommage an die Ehe)

NORD-AMERIKA

Kapitel 1

GLÜCK IST MÖGLICH

Agoura Hills, Kalifornien

Ich weiß nicht genau, wann die Veränderung begann. Vielleicht mit den *Frauen von Stepford* oder Sitcoms wie *Eine schrecklich nette Familie.* Den Ansturm der Negativität rund um die Ehe in letzter Zeit kann ich nur als einen Tsunami epischen Ausmaßes bezeichnen.

Ehefrauen sind unglücklich, Ehemänner betrügen ihre Frauen, Ehen haben keine Zukunft. Diese Botschaft wird von allen Medien verbreitet. Immer wenn ich mit der Fernbedienung meines Fernsehers zufällig auf Shows gerate wie *Desperate Housewives, Basketball Wives* oder die Mutter aller Ehefrauen-Shows, *The Real Housewives of …* (hier können Sie den eigenen Wohnort einfügen), schaue ich nur so lange zu, bis ich mich vergewissert habe, dass sie mich immer noch traurig machen. Traurig darüber, was sie über die amerikanische Kultur aussagen und was sie zum Normalzustand erklären. Zu oft habe ich schon erlebt, dass die Ehen von Leuten, die ich kannte, gestorben sind wie die Fliegen. Bisweilen war die Liebe schon verwelkt, bevor sie sich entfalten konnte. Nur ein einziges Mal habe ich eine Realityshow gesehen, in der eine Beziehung gut ging. Vermutlich bringt so etwas keine hohen Einschaltquoten.

Es war ein kühler Abend im Februar, als ich mit meinem Mann Keith auf dem Plankenweg hinter dem Commons, einem nahen Einkaufszentrum in Calabasas, Kalifornien, spazieren ging. Er hielt meine rechte Hand in seiner linken, ich erzählte ihm, was mich bewegte, und er tröstete mich. Ein harter Arbeitstag lag hinter mir. Eben hatte ich erfahren, dass eine meiner Angestellten ein Verhältnis mit einem ihrer Untergebenen unterhielt und dass sie mir darüber ins Gesicht die Unwahrheit gesagt hatte. Ich fühlte mich verletzt und enttäuscht, vielleicht war ich sogar ein wenig zornig darüber. Keith und ich aßen im Gehen „frozen yoghurt", und ich musste mir einfach Luft machen.

Wahrscheinlich gab mir das noch den Rest: Ich erinnere mich, dass wir am Geschäft einer bekannten Buchhandelskette vorbeikamen. In der Auslage lag ein Buch über die Ehe. Schon allein der Titel ließ Schlimmes erahnen. Das Buch weidete sich anscheinend am Zerfall von Ehen und schlachtete dieses Thema voll aus. Vielleicht wollte man bei möglichen Käufern an eigene negative Erfahrungen anknüpfen und Unzufriedenheit schüren.

Ich war bereits sehr in Rage, schon fast am Überkochen. Die Tatsache, wie schlecht es in unserer Gesellschaft um die Ehe bestellt ist, ließ mich in aller Öffentlichkeit derart wütend werden, dass die Leute um mich herum möglicherweise dachten, ich hätte mit meinem Mann ein Problem – dabei hörte sich der arme Keith voll Mitgefühl geduldig an, was ich nicht länger für mich behalten konnte.

„Ich bin gern verheiratet!", rief ich aus. „Ich bin eine glückliche Ehefrau. Warum sagt niemand etwas Positives über die Ehe?"

Keith hielt noch immer meine Hand, während wir weitergingen. Wir schwiegen.

„Weißt du was? Ich werde einen Klub gründen – einen Klub für Frauen wie mich, die gerne verheiratet sind. Ich werde ihn" – ich hielt kurz inne, um mir einen möglichst genialen Namen auszudenken – „den Klub der glücklichen Ehefrauen nennen!"

Keith war immer mein größter Unterstützer, aber wir haben auch eine sehr ehrliche Beziehung zueinander und sagen uns gegenseitig offen die Wahrheit. Und in diesem Moment bestand seine Wahrheit darin, dass er spontan in Gelächter ausbrach. Er prustete los und krümmte sich vor Lachen. Sie kennen Keith nicht und meinen vielleicht, er wäre kein einfühlsamer oder gar ein unhöflicher Mensch. Das stimmt aber nicht. Er hat immer bedingungslos zu mir gehalten, ganz gleich wie haarsträubend meine Pläne oft aussahen.

„Das ist der dümmste und nichtssagendste Titel, den ich mir vorstellen kann!" Keith lachte noch immer. „Außerdem, wie willst du Zeit für so etwas finden?"

Es war ein berechtigter Einwand. Wenn man die Vorbereitungen am Morgen und das Durchsehen der E-Mails am Abend dazurechnete, bestand mein Arbeitstag aus vierzehn bis sechzehn Stunden. Keith hatte recht. Der Titel hörte sich etwas einfältig an und außerdem war ich mit meinem Arbeitspensum auch jetzt schon mehr als ausgelastet.

Trotzdem ging mir der Gedanke nicht mehr aus dem Kopf.

Als wir nach Hause kamen, war es schon spät. Ich war müde und erschöpft, aber der Gedanke an den Klub mit dem einfältigen Namen inspirierte mich und gab mir Auftrieb. Ich machte Feuer in unserem Gaskamin, setzte mich in einen großen Lehnsessel daneben, öffnete meinen Laptop und begann zu schreiben. Es brannte mir in den Fingern. In kürzester Zeit verfasste ich Ziel und Zweck des Klubs und lud Interessierte dazu ein. Kurz nach zwei Uhr morgens, als ich meine Augen schon fast nicht mehr offen halten konnte, warf ich noch einmal einen Blick auf das Geschriebene. Ganz oben standen die vier schlichten Worte: *Klub der glücklichen Ehefrauen*.

Sie kennen den Moment, wo man einfach *weiß*, jetzt ist etwas Besonderes geschehen. Sie lernen jemanden kennen und *wissen*, es ist ein Freund fürs Leben. Sie haben eine Geschäftsidee und *wissen* irgendwie, das wird Ihr Leben prägen. *Klub der glücklichen Ehefrauen*. Als ich diese vier Worte betrachtete, *wusste* ich sofort, dass sie für mich eine zentrale

Rolle spielen würden. Und es gibt nichts Schöneres für mich, als dass Sie es jetzt gerade lesen, das ist eine Bestätigung für mich.

Immer wieder las ich die Worte: „Klub der glücklichen Ehefrauen". Jener strahlende Morgen, der dieser Nacht folgte, kündigte eine vielversprechende Zukunft an. Aber – wie bei allen guten Geschichten – ganz ohne Mühe würde es nicht abgehen. Eine lange Reise lag vor mir.

Inzwischen habe ich, seit ich damals die einleitenden Worte schrieb, nahezu die ganze Welt bereist. Ich habe sehr viele Frauen aus den verschiedensten Kulturen kennengelernt. Rastlos war ich auf der Suche, den Beweis zu erbringen, dass glückliche Ehen sehr wohl existieren. Auf diesen Reisen habe ich Dinge entdeckt, die mich in Erstaunen versetzt haben: Eine tiefe und aufrichtige Beziehung ist durchaus möglich! Überall auf der Welt machen Frauen *auch heute noch* diese Erfahrung. Wo auch immer Sie in Ihrer Beziehung gerade stehen – ob Sie verheiratet sind oder es gerne sein würden, ob Sie Ihre Hochzeit planen oder innerlich damit ringen, jemals wieder zu heiraten, ob zu Ihrer Familie Kinder gehören oder ob Sie nur zu zweit sind – ich möchte Sie gerne auf meine Reise mitnehmen und an dem teilhaben lassen, was ich dabei in Erfahrung gebracht habe.

Nach jener Nacht, als der „Klub der glücklichen Ehefrauen" zum ersten Mal auf meinem Computerbildschirm erschienen war, wusste ich, es wäre nicht recht gegenüber dem Einen (Gott) und den vielen (Ihnen allen), wenn ich das Ganze nun nicht mehr weiterverfolgen würde. Noch hatte ich keine Ahnung, wie es weitergehen sollte. Am Anfang stehen immer Unsicherheit, Angst und Nervosität vor dem Unbekannten. Doch ich folgte meinem Bauchgefühl und nahm den nächsten Schritt in Angriff. Ich gründete einen Onlineklub: HappyWivesClub.com.

Klang doch ganz einfach: „Klub der glücklichen Ehefrauen" und dann „com".

Was kurz darauf geschah, verblüfft mich noch heute. Ich lud meine Mutter, eine meiner Schwestern und drei meiner besten Freundinnen ein, sich dem Klub anzuschließen. Die Absicht lag auf der Hand:

Nachdem Hollywood und die Medien sich auf Scheidungen und auf alles, was in einer Ehe schiefgehen kann, spezialisiert hatten, sollte unser Verein sich ausschließlich mit den positiven Aspekten der Ehe beschäftigen. Es gab nur eine Bedingung für die Mitgliedschaft: eine glückliche Ehefrau zu sein – oder werden zu wollen.

Warum sollte man sich mit kleinen Zielen abgeben? Ich kritzelte auf einen Haftnotizzettel: „Eine Million Mitglieder in einem halben Jahr." Diesen Zettel heftete ich an den Rahmen meines Computerbildschirms. In meiner ersten Begeisterung hatte ich die Zahlen nicht überschlagen. Um so viele Mitglieder in sechs Monaten zu erreichen, müssten *jeden Tag* 5 682 Frauen dem Klub beitreten.

Um es vorwegzunehmen: Nach einem halben Jahr war dieses Ziel noch in weiter Ferne! Aber es war dennoch außergewöhnlich, was inzwischen passiert war.

Fünf Freundinnen und Familienmitglieder schickten den Link an ihre Freundinnen weiter und posteten ihn auf Facebook-Seiten. Dasselbe taten deren Freundinnen und die Freundinnen der Freundinnen und so weiter. Nach vier Wochen bestand der Klub aus 1 200 Frauen aus zwanzig verschiedenen Ländern. Wie erstaunt waren diese Frauen, als sie herausfanden, dass sie nicht die Einzigen waren, die noch an eine gelingende Ehe glaubten. Und mit nur fünf Frauen hatte es begonnen, die alle im Umkreis von etwa fünfzig Kilometern wohnten.

Die Medien bekamen Wind von der Sache und ich wurde in einer lokalen Zeitung vorgestellt. Ein preisgekrönter Kolumnist der Los Angeles Times interviewte mich; dann sendete auch ABC Channel News einen kurzen Bericht. Während der Klub wuchs, stieg gleichzeitig auch mein Arbeitspensum. Der Klub forderte neben meinem Arbeitsplatz immer mehr meiner Aufmerksamkeit und Kraft.

Ich war damals Geschäftsführerin eines gut gehenden Hotels. Jeder, der einmal im Hotelgewerbe gearbeitet hat, weiß, dass Geschäftsführer fast rund um die Uhr da sein müssen. Das Hotel ist rund um die Uhr geöffnet und die Gäste erwarten, dass auf ihre Bedürfnisse zu jeder

Tageszeit eingegangen wird. Es ist wirklich ein anstrengender Job mit langen Arbeitszeiten und einer Arbeit, die nie ausgeht. Diesen Job zu behalten und sich gleichzeitig um einen schnell expandierenden Klub zu kümmern, das konnte nicht gut gehen. Es war einfach zu viel, ich musste eine Entscheidung treffen. Ich schrieb also keine Artikel mehr für den Klub und legte die Kontakte mit den Frauen, die ich kennengelernt hatte, auf Eis.

Eineinhalb Jahre lang lag der „Klub der glücklichen Ehefrauen“ im Dornröschenschlaf, während ich mich darum kümmerte, dass die Bettlaken im Hotel korrekt gefaltet wurden. Obwohl ich online nicht mehr präsent war, wuchs der Klub dennoch weiter. Manchmal schaute ich kurz auf die Internetseite und schrieb ein paar Zeilen. Das Feuer war noch nicht ganz erloschen, aber es war wirklich nicht die beste Zeit des Klubs!

Ende 2011 gab ich meine Stelle als Geschäftsführerin des Hotels auf und sogleich überkam mich wieder die Sehnsucht, meine Stimme für die Ehe zu erheben. Nicht unbedingt eine politische oder religiöse Stimme, sondern einfach eine Stimme, die es wagt, der üblichen negativen Sichtweise, die uns die Medien präsentieren, zu widersprechen. Auf der Internetseite des Klubs warb ich von Neuem um Mitglieder. Ich ermutigte die Frauen, sich ihr Glück nicht nehmen zu lassen und gegen alle negativen Darstellungen in den Medien anzukämpfen, die vielen weismachen wollen, dass es dieses Glück gar nicht gibt.

Ich lud alle im Klub ein, so viele Frauen wie möglich zu werben. Nun wuchs der Klub rasch an, gut 150 Frauen pro Tag wurden neue Mitglieder!

Heute hat der Klub der glücklichen Ehefrauen bereits mehr als 600 000 Mitglieder in über hundert Ländern. Das macht uns bewusst, wie viel Positives es in Partnerschaften und Familien gibt! Der Klub fing auf einem kleinen Laptop an, den ich auf den Knien balancierte, aber inzwischen hat er unzählige Frauen aus allen Himmelsrichtungen zusammengeführt, weil wir alle dieselbe Sehnsucht haben. Wir sind Waffenschwestern.

Nachdem ich durch den Klub viele Frauen persönlich kennengelernt habe und mit ihnen ins Gespräch kam, scheinen sich einige Grundaussagen herauszukristallisieren, was eine glückliche Beziehung ausmacht. Im vorliegenden Buch möchte ich Sie an dem teilhaben lassen, was ich von Frauen rund um den Globus gelernt und erfahren habe.

Wenn ich sage „rund um den Globus", dann meine ich das auch so. Dieses Buch ist das Ergebnis meiner Reisen: Ich war auf der Nord- und Südhalbkugel, in sechs Kontinenten und zwölf Ländern. (Die Antarktis besuchte ich nicht, denn ich glaube nicht, dass Pinguine zu dem Thema viel zu sagen haben.)

Diese Reisen unternahm ich auch aus dem Grund, weil man manches nur begreifen kann, wenn man sieht, wo jemand zu Hause ist, wenn man sich in sein Umfeld begibt und direkt mit ihm spricht. Außerdem ist Reisen ein Hobby von mir. Wer würde nicht gerne ein paar Monate lang durch die Welt jetten, um Ehegeheimnisse auszukundschaften, berühmte Sehenswürdigkeiten zu besichtigen, Speisen zu kosten, deren Namen man nicht einmal aussprechen kann, und Freundschaften mit bemerkenswerten Menschen zu knüpfen?

Was ich auf meinen Reisen erfahren und in diesem Buch niedergeschrieben habe, hat mir viel Vergnügen bereitet, mich aber auch sehr überrascht. Gefreut habe ich mich, weil ich heute mehr denn je davon überzeugt bin, dass eine glückliche Ehe für jeden möglich ist, der sich darum bemüht. Überrascht bin ich, weil die zentralen Geheimnisse einer guten Beziehung so unglaublich einfach erscheinen. Es lässt sich damit leben und wir müssen uns nicht in unerfreulichen Kleinigkeiten aufreiben.

Begleiten Sie mich auf dieser Reise! Wenn Sie nicht schon Mitglied des Klubs sind, freue ich mich darauf, dass Sie es vielleicht werden, wenn Sie das Buch zu Ende gelesen haben.

Kapitel 2

AM WASSER ENTLANG

San Diego, Kalifornien

Der Weg von Los Angeles nach San Diego ist einer der bezaubernsten Küstenabschnitte Kaliforniens. Von der Fernstraße aus kann man auf das Meer sehen, was bei solchen Straßen sonst nur selten möglich ist. Ich war unterwegs zu einem Treffen mit einer Frau, die ich durch den Klub kennengelernt hatte. Obwohl ich ziemlich mit dem Verkehr zu kämpfen hatte (ich erinnere daran, dass wir uns in Kalifornien befinden), wurde mir bewusst, dass ich dieses Straßenstück schon so oft gefahren bin, dass ich gar nicht mehr wirklich auf die Landschaft achte. Aber an diesem Tag war ich davon ganz hingerissen. Die Mission, in der ich unterwegs war, hatte das bewirkt, so als ob der Schleier des Alltäglichen auf einmal dem Wunderbaren gewichen wäre.

Innerhalb des riesigen, mit Stacheldraht eingezäunten Geländes von Camp Pendleton, das rechts an mir vorbeizog, sah ich ein paar Marinesoldaten joggen. Männer auf Jetskis jagten über die nahe Lagune, dass das kalte Wasser des Pazifiks wie eine riesige Fontäne aufspritzte.

Auf der anderen Seite der Schnellstraße zogen Palmen und Händchen haltende Pärchen vorbei, die den Strand von San Clemente entlangschlenderten.

An der Küste ist das Meer immer präsent. Auch wenn man nicht daran denkt, das Meer betrachtet oder darin schwimmt, im Inneren weiß man einfach, dass es da ist, geheimnisvoll und wunderschön. Die salzige Meeresluft spürt man noch in einer Entfernung von dreißig Kilometern.

All das nahm ich in mich auf, während ich auf dem Weg zu Sandy war.

Als Sandy sich zum ersten Mal beim Klub meldete, stellte sie schüchtern die Frage, ob eine Witwe auch Mitglied des Klubs werden könne. Ich antwortete ihr, wie jeder anderen auch: *Du bist jetzt schon einmal da, darum passt es auch für dich.* Sandy war zwar verwitwet, aber sie hatte fünfunddreißig glückliche Ehejahre mit Jim hinter sich und war daher höchst qualifiziert für den Klub. Auch andere dachten wie ich und hießen Sandy im Klub willkommen. Für die herzliche Aufnahme wurden wir aber auch reich entschädigt – von ihrer Lebensweisheit haben wir alle profitiert.

Sandy war der Typ, der immer gleich auf andere zugeht, sich ihre Lebensgeschichten anhört und ihre Hilfe anbietet. Ihre Fähigkeit, sich auf andere einzulassen und mit ihnen zu fühlen, kannte keine Grenzen. Abgesehen von ihrer Weisheit konnten auch alle in unserer Gemeinschaft spüren, wie sehr Sandy Jim geliebt hatte. Ihre Liebe ging so tief, dass sie von ihrem innersten Wesen wohl gar nicht zu trennen war. Und noch etwas merkte man ihr an: So tief wie ihre Liebe war auch ihre Trauer. Jim fehlte ihr und sie sehnte sich nach ihm.

Nun war ich also zu Sandys „Haus der Weisheit“ unterwegs.

Bei der glühenden Begeisterung, mit der ich von Sandy spreche, könnte man meinen, ich hätte es bei meiner Ankunft gar nicht erwarten können, aus dem Auto zu springen, die Einfahrt hinaufzustürmen und ungeduldig an ihre Haustür zu hämmern – wie ein Kind, wenn der Süßigkeitenladen nicht auf die Minute pünktlich aufmacht. Aber als ich in Sandys Einfahrt einbog, verspürte ich eher eine Beklemmung. Obwohl Sandy im Internet ihre Identität nachgewiesen hatte, musste ich mir eingestehen, dass ich keine Ahnung hatte, was mich erwartete. Ich fragte mich, ob es sehr weise gewesen war, mich zum Haus einer Person zu begeben, die mir fremd war. Was wenn es ein „Er" war, der mir aufmachte – und wenn es ein Axtmörder wäre? (Entschuldige, Sandy!) Aber da ich schon zaghaft den halben Weg zum Eingang zurückgelegt hatte, war es zum Umkehren zu spät.

Ich betrat das Portal unter einer kleinen Markise. Die Haustür war durch ein Fliegengitter mit gusseisernem Rahmen geschützt, die kleine Lampe über der Tür von einem fein verästelten Spinnennetz. „Vertreterbesuche unerwünscht" – dieses ausgeblichene Schild, das wohl viele Jahre seinen Zweck erfüllt hatte, hing gleich darunter. Ich gewann den Eindruck, dass Sandy nicht gerne ungebetene Besucher hatte.

Dennoch ließ ich mich nicht entmutigen. Sandy und ich hatten den Besuch vereinbart und ich kam pünktlich. Ich klopfte an das Fliegengitter, das mit einem metallischen Geräusch an den Türrahmen anschlug. Einige Zeit verging, aber aus dem Haus war nichts zu hören. Dann klopfte ich noch einmal. Hatte Sandy unsere Verabredung vergessen?

Ein, zwei Minuten später presste ich mein Ohr an die äußere Tür. Da vernahm ich ein verhaltenes Kläffen und schlurfende Schritte, die näher kamen. Ich hörte das Klicken des Türriegels, sah, wie sich der Griff langsam drehte, die innere Tür sprang halb auf. Ein Teil von Sandys Gesicht erschien in dem Spalt. „Ja bitte?", fragte sie knapp.

Sandys Hund Bonnie, ein gut gepflegter Golden Retriever, sprang auf und ab und bellte mich bedrohlich an. Ich bewunderte Bonnie, wie sie Sandy zu schützen versuchte. Sandy machte nicht wirklich

Anstalten, den Hund zu beruhigen. Ein bisschen Respekt sollte ich, die ungebetene Fremde, schon bekommen.

„Mit einem solchen Hund brauchen Sie wahrscheinlich keine Klingel", versuchte ich meine Bangigkeit mit einem Scherz zu überdecken.

„Versuchen Sie nicht, mich einzuwickeln", besagte der kurze Blick, den mir Sandy zuwarf.

„Ja bitte?", fragte sie noch einmal bestimmt, es kam deutlich herüber, dass die Tür nur mit Small Talk allein nicht aufgehen würde.

„Sandy, ich bins, Fawn."

Die Härte in Sandys Augen wich jener Wärme, die ich bei unserem Onlinekontakt schon gespürt hatte. Im Nu schwang die innere Tür weit auf, dann entriegelte sie das Fliegengitter. Mit vielen Entschuldigungen führte sie mich herein. Aber den Hund beeindruckte das nicht. Sandy versuchte ihn mit der Leine zurückzuhalten und gleichzeitig mich zu umarmen. Bei dieser Gelegenheit überkam mich ein Gefühl, das sich nun öfter einstellen würde: Menschen, die sich noch nicht persönlich kennen, aber bereits Freunde sind, stellen sich ein bisschen ungeschickt an, wenn sie zu richtigen Freunden werden.

Sandys Haus wirkte ein wenig abgewohnt. An den Wänden hingen Fotos aus verschiedenen Lebensabschnitten. Dekorationsgegenstände und geliebte Erinnerungsstücke von in der Vergangenheit besuchten Orten waren auf Beistelltischen und über dem Kamin platziert. Ich blickte den kurzen Korridor entlang zu einer Küche mit Linoleumboden und einem kleinen Frühstückstisch. Links befand sich das Wohnzimmer, das Zentrum ihrer schönen gemeinsamen Zeit mit Jim – allerhand Schnickschnack und Geschenke von ihrem Mann waren dort liebevoll drapiert. Nachdem der erste Tumult sich gelegt hatte, führte mich Sandy zur Couch gegenüber ihrem Hightechsessel, den man mit einem kleinen Tastenfeld verstellen konnte. Nur einen halben Meter davon entfernt stand ein weiterer Sessel, den Sandy mir anbot.

Doch als ich mich daraufsetzen wollte, stockte ich.

Die weinrote Polsterung war an den Armlehnen schon etwas abgewetzt. Am verbeulten Kopfteil befand sich eine kleine Ausbuchtung. Der Sitz war von nächtelangen Gesprächen, vom Fernsehschauen oder einfach vom Sitzen und Händchenhalten etwas verschlissen.

Für mich gab es keinen Zweifel: Das war Jims Sessel. Seit seinem Herzanfall vor einigen Jahren war er leer geblieben. Aber immer noch spürbar war eine liebevolle Beziehung zwischen den beiden Stühlen. Was ich schon über den Onlinekontakt gespürt hatte, wurde mir nun noch klarer, als ich einen Blick auf Sandy und den leeren Sessel warf, zwischen denen nur ein kleiner Beistelltisch aus Ahorn stand.

Zum Glück liefen diese Überlegungen bei mir in Bruchteilen von Sekunden ab und Sandy fand es nicht merkwürdig, dass ich mich stattdessen auf die Couch setzte. Nachdem ich noch mühsam ein kleines Mikrofon an Sandys Bluse angebracht (ich stellte mich an wie die Amateurin, die ich war) und den Digitalrekorder eingeschaltet hatte, konnte Sandy loslegen.

„Jim war über einen Meter achtzig groß", erzählte Sandy. Es imponierte mir, wie schnell sie zur Sache kam. „Wenn wir tanzten, legte er seinen Kopf auf meinen, das war wunderschön.

Am Anfang unserer Ehe war ich nur zwanzig Zentimeter kleiner als er, aber später bekam ich Probleme mit dem Rücken und musste mehrmals operiert werden. Dabei habe ich ein paar Zentimeter eingebüßt. Jetzt bin ich nur noch eins zweiundfünfzig groß. Früher war ich eins siebenundfünfzig."

Trotz ihrer kleinen Gestalt waren ihr lebhaftes Wesen und ihre Unabhängigkeit nicht zu übersehen und auch nicht, wie sehr sie sich zu dem Mann hingezogen gefühlt hatte, den sie nun seit sechsundfünfzig Jahren liebte.

„Ich saß immer auf dem Schoß von Jim", erzählte Sandy. Trotz ihrer vielen Operationen hatten sie immer liebevoll umschlungen beisammengesessen – und das dreiundfünfzig Jahre lang!

Woran es lag, war mir noch nicht klar, aber als ich Sandy gegenübersaß, kam mir alles irgendwie vertraut vor.

Sandy ist willensstark und temperamentvoll, ein Mensch, der Funken versprüht, durchaus hartnäckig, aber auch fähig nachzugeben. Sie erzählte mir, dass es ihr am Anfang ihrer Ehe ziemlich schwergefallen war einzusehen, wenn sie im Unrecht war. Sie sei weniger geduldig gewesen als ihr Mann, aber im Laufe der Jahre sei sie allmählich geduldiger geworden. Auch sei sie nie so umgänglich gewesen wie er – dieses Schild „Vertreterbesuche unerwünscht“ war ihre Idee gewesen –, aber durch Jim habe auch sie gelernt, anderen freundlicher zu begegnen.

Sandy war Reisejournalistin und konnte auf eine erfolgreiche Karriere zurückblicken. Sie hatte ihre Berufslaufbahn begonnen, als ihre beiden Kinder die Oberstufe besuchten. Jim hatte ihren Wunsch zum Schreiben immer unterstützt und sein gesamtes übriges Geld, sozusagen sein persönliches Taschengeld, aufgespart, damit Sandy alle Arbeitsmittel zur Verfügung hatte, die sie brauchte. Er hatte sie immer bestärkt, ihre Träume zu verfolgen, hatte sie mit allen ihren Unzulänglichkeiten geliebt und ihre Ehe stets als eine Geschichte gesehen, die sich langsam entfaltete.

Als ich Sandy so über Jim sprechen hörte, wurde mir bewusst, wie sehr ich meinen Mann liebe. Wie Jim es bei Sandy tat, setzt sich auch Keith für mich ein, ermutigt und unterstützt mich. Auch er verzichtet oft auf etwas, damit ich ein Risiko eingehen kann.

Sandy erschien mir wie ein wettergegerbter Baum im Wald, der meinen Blick nach oben lenkte. Je länger sie über Jim redete – über sein ruhiges, beständiges Wesen, seine Geduld, seine Liebe zu seiner Familie, seine Bereitschaft Opfer zu bringen, und über seinen Gehorsam Gott gegenüber, Sandy so zu lieben, wie Gott ihn liebte – desto mehr kam es mir vor, als spräche sie über Keith.

Als sie auf ihren Familienstammbaum zu sprechen kam, stellte sich heraus, dass ihr Vater ein Deutscher gewesen war – von ihm hatte sie auch ihren starken Willen. Nun wurden die Ähnlichkeiten mit mir langsam unheimlich. Wenn man meine bronzefarbene Haut sieht, glaubt man kaum, dass auch unter meinen Vorfahren Deutsche waren. Meine haselnussbraunen Augen würden etwas anderes vermuten lassen. Meine Großmutter hatte wallendes blondes Haar und Augen wie der blaue Himmel im Sommer. Auch sie besaß einen starken Willen. Das muss an dem Wasser da drüben liegen. Sie wuchs während der Schreckensherrschaft Hitlers in Deutschland auf und heiratete einen dunkelhäutigen Mann, meinen Großvater, der im Zweiten Weltkrieg als US-Militärangehöriger in Deutschland stationiert war.

Während Sandy erzählte, dämmerte es mir: Sie war eine ältere Version von mir. Ihre Ehe könnte meine werden, wenn ich sie geduldig pflege.

„Ich möchte nicht, dass du glaubst, ich spreche nur so positiv von ihm, weil er gestorben ist", beteuerte Sandy.

„Natürlich nicht."

„Ich würde das Gleiche über ihn sagen, wenn er jetzt neben mir säße", erklärte Sandy, indem sie auf Jims Sessel deutete.

Ich hatte keinen Grund, an ihren Aussagen zu zweifeln, denn sie war nicht der Typ, der ein Blatt vor den Mund nimmt oder sich darum kümmert, was jemand von ihr denken könnte. Es war nun einmal so, dass Sandy das unermessliche Glück und der Segen zuteilgeworden war, dass die Vorsehung ihr einen Ehemann beschert hatte, der schlicht und einfach ein guter Kerl war.

„Trotzdem war Jim nicht perfekt", sagte Sandy, „aber er war genau der Mann, den ich brauchte. Es war wirklich ein Glück, ihn bis zu seinem Tod an meiner Seite zu haben."

„Wie ist es euch gelungen, bis zum Schluss so eine liebevolle Beziehung miteinander zu haben? Wodurch ist eure Liebe so stark geblieben?"

Sandy beantwortete diese weit ausholende und umfangreiche Frage so exakt und schnell, als hätte ich sie nach ihrer Adresse oder Telefonnummer gefragt, etwas, das man herunterrasselt, ohne nachzudenken.

„Scheidung war für uns nie ein Thema." Die Antwort war schlicht und sachlich. Ihr einziger Plan war, für immer zusammenzubleiben. Solange Jim lebte, hatten sie sich daran gehalten. Die Ehe war ihr Plan A und eine Alternative gab es nicht.

Sandy und Jim hatten sehr selten Auseinandersetzungen; sie hörten sich den Standpunkt des anderen detailliert an und sagten dann manchmal: „Wir einigen uns, dass wir uns nicht einigen." Sie setzten einander nie unter Druck, dass ein Problem sofort gelöst werden musste. Schließlich waren sie auf Lebenszeit zusammen, daher würde sich mit der Zeit schon eine Lösung finden. Keiner der beiden war in seine Meinung so verbohrt, dass er nicht doch die des anderen erwogen hätte.

„Aber es war nicht nur das", fuhr Sandy fort, „es waren noch viele andere Kleinigkeiten. Wir gingen miteinander respektvoll um. Wir versuchten keine Bedingungen an unsere Liebe zu knüpfen, das wurde uns mit der Zeit immer wichtiger, wir schlossen viele Kompromisse, jeder von uns. Unsere Beziehung hatte Vorrang vor allen anderen Beziehungen."

Wie bei vielen komplexen Angelegenheiten, die leicht aus den Fugen geraten, war es auch bei ihrer Ehe: Sie ging deshalb gut, weil sie die Grundlagen beherrschten. Damit konnte man fast alles durchstehen.

„Wir waren auch körperlich immer verbunden, hielten uns an den Händen, küssten uns, tanzten miteinander. Wenn auch schlimme Dinge an der Arbeit oder mit den anderen Familienmitgliedern passierten, ließen wir nicht zu, dass sich das auf unsere Beziehung negativ auswirkte."

Hier wischte sich Sandy eine Träne ab.

„Gibt es etwas, das dir leidtut?"

„Ja, meine Liebe, es sind zwei Dinge, an die ich jeden Tag denken muss."

„Eines Nachts, vor sechs Jahren, hatte Jim einen schrecklichen Traum, der ihm so real erschien, dass er davon aufwachte. Er hatte geträumt, dass ich im Sterben lag. Er schüttelte mich, um mich aufzuwecken – ich war noch ganz benommen –, und sagte dann zu mir: ‚In den fünfzig Jahren, die wir zusammen sind, habe ich jeden Tag genossen, ich bin immer gerne mit dir verheiratet gewesen.'

Ich hatte keine Gelegenheit mehr, ihm das Gleiche zu sagen." Sandy blickte auf ihre Hände, die nervös zitternd auf ihrem Schoß lagen. Jim war ganz plötzlich verstorben, während er auf dem Bett saß und Sandy sich in einem anderen Raum befand.

„Das Zweite, das ich bedauere, ist, dass wir nicht gemeinsam gestorben sind, denn ich habe Gott oft darum gebeten." Traurigkeit lag auf einmal über dem Raum. Ich konnte fast nicht glauben, was ich soeben gehört hatte, denn es war das Gleiche, worum ich auch schon ernsthaft gebetet hatte – in Bezug auf Keith und mich.

Es mag manchem bizarr erscheinen. Ist es nicht vermessen, Gott sein Leben zurückzugeben und ihm zu sagen, wann er mich von der Welt nehmen soll? Die Erfahrung Sandys zeigte mir, warum wir das gleiche Gebet hatten: Wenn deine Ehe der Mittelpunkt deines Lebens ist und alles andere darum kreist, kann man sich das Leben ohne seinen Partner nur schwer vorstellen. Überlegen Sie sich das: Sie sind sehr lange verheiratet gewesen und dann machen Sie sich nur Kaffee für sich selbst oder schauen allein einen lustigen Film an und wollen die Freude mit jemandem teilen, aber es ist niemand da. Wenn man dafür betet, dass man gemeinsam aus dieser Welt geht, ist es in Wirklichkeit eine Bitte, diesen Schmerz nicht erleben zu müssen – und das ist normal.

„Ich war zwei Jahre lang wütend auf Gott, weil er das Gebet nicht erhört hat. Ich trauere immer noch um Jim. Jetzt sind es schon fast drei Jahre."

Immer wenn sie Gott gefragt hatte, warum er sie zurückgelassen hatte und was ihre Bestimmung nun auf der Erde sei, bekam sie die gleiche Antwort: „Arbeite zuerst deine Trauer auf. Dann reden wir weiter.“ Weil jeder Mensch verschieden ist, hat Gott auch jedem etwas anderes zu sagen. Sehen Sie daher diese Aussagen nicht als allgemeingültig an; sie gelten ganz persönlich für Sandy. Gott gibt ihr die Zeit, ihre Trauer zu überwinden; dann wird er ihr den nächsten Schritt zeigen. Gott weiß, wie traurig sie ist; er weiß, dass es so etwas wie Phantomschmerzen sind und dass eine Neuorientierung nötig ist.

„Für Jim und mich war unsere Ehe immer das Wichtigste. Finden Sie es schrecklich, dass ich das so sage?“ Unsere Unterhaltung näherte sich dem Ende. Es lag eine ernste Feierlichkeit in der Luft, aber auch ein Gefühl des Friedens.

„Warum sollte ich?“

„Am Anfang unserer Ehe wussten wir schon, wenn die Kinder einmal aus dem Haus wären, würden wir beide immer noch zusammen sein, also mussten wir daran arbeiten. Daher sorgten wir vor. In unserem ersten Ehejahr arbeiteten wir schon daran, wie es in fünfzig Jahren sein sollte. Heute bin ich unendlich froh darüber.“ Sandy holte Luft und sagte: „Ich vermisse ihn so sehr.“

Nach einem kurzen, nachdenklichen Schweigen stützten wir beide die Hände auf die Armlehnen, um uns aus unseren Sesseln hochzustemmen. Bonnie, die dösend neben Jims Sessel gelegen hatte, nahm dies ebenfalls als Hinweis und sprang auf. Diesmal allerdings ohne Gebell.

Sandy und ich umarmten uns zum Abschied. Einerseits wäre ich gerne noch geblieben, aber eine Stimme in mir sagte mir, dass es Zeit war, zu gehen. Alles Wichtige war gesagt worden. Sandy begleitete mich zur Tür, die sie sofort wieder verschlossen und verriegelt hatte, kaum dass ich über ihre Schwelle getreten war. Sie öffnete die Eingangstür, und ich entriegelte das Fliegengitter.

Ich blinzelte in die kalifornische Mittagssonne.

„Finden Sie hinaus?“, fragte Sandy.

Ich kannte den Weg und nach meinem Gespräch mit Sandy wusste ich auch ein bisschen mehr über den Weg zu einer gelungenen Ehe. Trotz des großen Verlusts, den Sandy erlitten hatte, gab es immer noch Möglichkeiten für sie: für Schönes und Verbindendes, für froh machende Erinnerungen, für Gemeinschaft mit Gott und für den nächsten Lebensabschnitt. Wie das Meer, so war auch Gott immer gegenwärtig. Er war auch während ihres reichen Lebens mit Jim immer dabei gewesen.

Diese beiden Tatsachen hatten ihr Leben geprägt und niemand konnte sie ihr nehmen.

Ich warf ihr einen ernsten, einfühlsamen Blick zu und sagte: „Ja, ich finde zurück zum Meer."

Kapitel 3

SCHÖNHEIT UND ASCHE

Winnipeg, Kanada

Ich habe so ein ungutes Gefühl in der Magengrube, aber ich gebe es nicht gern zu. Nun bin ich im Begriff, eine Weltreise zu unternehmen, um Ehepaare zu interviewen, die fünfundzwanzig Jahre glücklich verheiratet sind, und trotzdem kann ich dieses Gefühl nicht ganz abschütteln.

Durch den Klub habe ich Kontakt zu Tausenden glücklichen Ehefrauen bekommen und doch gibt es etwas, womit ich noch nicht klarkomme.

Wenn ich meinem Mann in die Augen sehe, weiß ich, dass sein Wesen viel besser ist als meines, und ich glaube, dass ich niemals daran heranreichen werde. Das war mir immer schon bewusst. Was ich mir persönlich hart erarbeiten muss, schafft er mit Leichtigkeit.

Er liebt mich mehr, als ich es verdiene. Er glaubt an meine Fähigkeiten und traut mir zu, dass ich den höchsten Berg bezwinge, ohne zu fragen, wie ich dort hingelangen soll.

Einer seiner Kollegen stellte kürzlich die Frage, ob es denn weise sei, dass ich meine berufliche Laufbahn, der ich mich fast zwei Jahrzehnte gewidmet habe, zurückstelle, um meiner Leidenschaft als Autorin zu frönen. (Übrigens stand ich auch gerade daneben.) Als Antwort erhielt der Kollege von Keith nur ein Lächeln.

Als der Kollege nach weiteren Plänen fragte, blickte Keith ihn direkt an und sagte mit großer Selbstverständlichkeit: „Wir wollen auf die Bestsellerliste der *New York Times*, und zwar an die Spitze! Das ist alles. Einen anderen Plan haben wir nicht."

Verdattert sah der Mann Keith an. Er zweifelte offensichtlich an Keith' Realitätssinn. Aber Keith war das völlig egal. Er nahm meine Hand und lächelte: „Geradewegs an die Spitze." Keith lässt es nicht zu, dass jemand die Fähigkeiten seiner Frau oder ihre Ziele infrage stellt. Alles, was ich anfasse, kann sich in Gold verwandeln – glaubt er.

Er hält ein bisschen zu viel von mir. In seinen Augen habe ich noch nie versagt. Die zweite Firma, die ich im Alter von zwanzig Jahren besaß, ging mit einem so lauten Krach in die Brüche, dass ich den Paukenschlag heute noch höre. Keith hat Erinnerungsstücke an dieses waghalsige Geschäft aufgehoben. Sie sind auf einem Regal ganz oben in unserer Garage untergebracht und haben inzwischen Staub angesetzt. Dennoch will er sich nicht davon trennen. Schließlich stehen sie für eine hart gelernte Lektion und könnten mir bei meiner weiteren Berufslaufbahn von Nutzen sein.

Für Keith bin ich eine Frau, die immer noch am Wachsen ist. Eine Person, die eines Tages die Frau sein wird, die sie immer sein wollte. Eine, zu der Gott sagen wird, wenn er vom Himmel auf sie herabblickt: „Meine Tochter, ich bin stolz auf dich!"

Natürlich bin ich noch nicht so weit, aber in Keith' Augen bin ich dem schon ganz, ganz nahe. Macht ihn etwa die übergroße Liebe zu mir blind für meine Fehler? Oder hat er bewusst beschlossen, die Augen zu schließen, wenn meine beruflichen oder privaten Anläufe, auch in Bezug auf die Ehe, hinter den Erwartungen zurückbleiben?

Ich bin einfach Fawn: mangelhaft, unvollkommen, blind für die eigenen Fehler, schnell beim Herausfinden der Fehler anderer und nur sehr zögerlich bereit einzugestehen, wenn ich unrecht habe.

Was da in meiner Magengrube sitzt, ist die Angst davor, dass Keith es eines Tages merken wird. Irgendwann wird er mir auf die Schliche kommen.

An der Grenze zu Kanada, fast dreizehn Kilometer über dem Boden, wo von meinem Fenster aus zunächst nichts als Wolken zu sehen waren, konnte ich auf einmal den Scheitelpunkt eines kleinen Regenbogens wahrnehmen, der durch die Wolken schimmerte. Für den Bruchteil einer Sekunde erkannte ich den Boden weit unter mir und fragte mich, ob die da unten gerade sanft berieselt oder von einem Platzregen durchnässt wurden. Der Regenbogen war unverkennbar, so unerwartet er auch auftauchte.

Für einen Moment überkam mich eine wehmütige Stimmung, auch wenn ich wusste, dass die Begeisterung für diese Reise sich bald wieder einstellen würde. Doch ich wusste, dass ich nach Frauen Ausschau halten würde, die von sich sagten: „Ich habe seine Liebe nicht verdient, aber er hat sie mir trotzdem geschenkt." Ich wollte die Gewissheit haben, dass ich nicht die Einzige war, der es so ging, dass ich nicht verrückt war oder die Sache zu pathetisch sah.

Ich brauchte die Bestätigung, dass es töricht war zu meinen, meine Ehe würde in den Abgrund der Statistik stürzen, nur weil es bei mir noch Spielraum für Verbesserungen gab. Zumindest glaubte ich immer noch an die Macht der Liebe und an das Geheimnis einer lebenslangen erfüllenden Beziehung.

Ich stellte mir vor, ich wäre schon am Ende meiner Reise angelangt und stände wieder auf heimatlichem Boden, mit Tränen in den Augen, aber nicht aus Traurigkeit, Furcht oder der Sorge, mir stünde die Liebe nicht zu, die mir dieser eine Mann ohne Vorbedingungen entgegenbringt. Nein, ich stellte mir eine Flut von Freude und Glück darüber vor, dass dieses Herz, das er mir geschenkt hat, in meinen Händen gut aufgehoben war.

Wenn wir auf unserer goldenen Hochzeit Wange an Wange miteinander tanzen, werde ich einen Seufzer der Erleichterung ausstoßen. Wir haben uns nicht unterkriegen lassen von der kalten und menschenverachtenden Welt um uns herum. Während er mich beim Tanzen herumwirbelt, wird man erkennen können, dass ich niemals auch nur einen Augenblick unsere Liebe infrage gestellt habe.

Ich gestehe mir ein, dass ich bis dahin noch die Unterweisung anderer Frauen brauche, die diesen Tanz bereits getanzt und gezeigt haben, dass eine solche Liebe zwar vielleicht nur einmal im Leben vorkommt, aber einmal kann sie vorkommen und einmal ist mehr als genug!

Über die Lautsprecher kündigte der Pilot an: „Wir befinden uns im Landeanflug auf Winnipeg, Provinz Manitoba." Aus dem Fenster erblickte ich, soweit der Horizont reichte, Wiesen und Felder, säuberlich angeordnet wie kleine Puzzleteile.

Gleich nach Verlassen des Flugzeugs besorgte ich mir eine Flasche Wasser – meine übliche Routine nach einem Flug. Als ich mit Dollars zahlen wollte, sagte mir die junge Verkäuferin: „Es tut mir leid, aber wir nehmen kein amerikanisches Geld." *Ach ja, wir waren nicht mehr in den USA!* So reichte ich der Dame meine American-Express-Karte, nahm das Mineralwasser und ging zur Gepäckausgabe.

Das Hotel, das ich für meinen Aufenthalt ausgesucht hatte, sollte sich ganz nahe am Flughafen befinden. Ich bestellte telefonisch den

Flughafenbus, der wenige Minuten darauf eintraf. Der Fahrer lud meine beiden Gepäckstücke in den Bus, schwang sich auf den Fahrersitz und fuhr ganze dreißig Sekunden.

Von der Rezeptionistin und dem Geschäftsführer wurde ich freundlich begrüßt. Ich gab meinen Reisepass und die Kreditkarte ab und erhielt den Zimmerschlüssel. Es war angenehm ruhig. Man konnte die Landebahnen überblicken, war aber dennoch vom Flughafenlärm abgeschirmt.

Nach einem langen Tag, den ich im Flugzeug und auf Flughäfen verbracht hatte, wollte ich nun nichts anderes mehr als etwas essen und dann ins Bett gehen. Ich wollte mein Glück versuchen und etwas vom Restaurant des Hotels bestellen. Hotelessen kann entweder sehr gut oder auch ein Reinfall sein, daher vermeide ich es so weit wie möglich. Jetzt aber bestellte ich mir ein Reuben-Sandwich mit Corned Beef, Käse und Sauerkraut und eine Portion Pommes frites aus Süßkartoffeln dazu.

„Sind Sie auf Ihre Linie bedacht oder darf ein wenig Mayonnaise dabei sein?", fragte mich die Serviererin.

„Wofür Mayonnaise?"

„Wir nehmen immer Mayonnaise zu den Pommes frites aus Süßkartoffeln", wurde ich aufgeklärt.

In den USA essen wir Ketchup zu den Pommes und ich fühle mich in dieser Hinsicht als Amerikanerin. Wir fragen auch nicht die Gäste, ob sie abnehmen wollen, dachte ich mir im Geheimen. Ich würde mich wohl an Mayonnaise als Tunke für die Pommes heranarbeiten und die unvermeidliche Rückfrage, ob ich nicht ein paar Pfund loswerden müsste, einfach ignorieren. Bald lernte ich, dass Kanada für ein Gericht mit Pommes frites bekannt ist, die ähnlich zubereitet werden wie die amerikanischen Chili Cheese Fries. Bei der kanadischen Variante, genannt „Poutine", werden die Pommes mit Soße übergossen und mit Käsestückchen garniert. Man sagte mir, dass die Kanadier das schon einmal zu ihrem Nationalgericht erklären wollten.

Am nächsten Morgen fühlte ich mich ausgeschlafen und in der Lage, meine weltweite Suche fortzusetzen. Ich ging zur Rezeption, um mich nach den Sehenswürdigkeiten der Stadt zu erkundigen.

„Guten Morgen. Können wir Ihnen behilflich sein?" Es war die übliche Begrüßung eines sehr rührigen Hotelangestellten namens Ron.

„Ich möchte mich in der Stadt umsehen. Was würden Sie mir empfehlen?" Natürlich hätte ich mir die Informationen auch aus dem Internet heraussuchen können, aber ich finde es besser, sich mit Einheimischen zu unterhalten. Hier erfährt man, was Leute, die hier zu Hause sind, unternehmen – wie sie ihre Stadt sehen, nicht nur das, was jemand, der gar nicht hier wohnt, vielleicht für unterhaltsam hält. Mir ist die Perspektive des Insiders lieber und ich glaube, dass dies bei einer Weltreise nicht zu unterschätzen ist.

„Sie sollten sich die Forks ansehen, unseren historischen Stadtpark", sagte Ron.

„Das ist ein guter Tipp", sagte ich begeistert und fragte nicht mehr nach weiteren Zielen. „Wie kommt man zu Fuß dorthin?"

Rons freundliches Gesicht verdüsterte sich ein wenig.

„Die Forks sind am Fluss und das sind über zehn Kilometer", erklärte er mir. Sein Tonfall klang wie *Oh, das würde ich Ihnen nicht raten.*

Ich wusste seine freundliche Besorgnis zu schätzen, aber ich bin viel zu Fuß unterwegs, besonders wenn ich auf Reisen bin.

„Das ist schon in Ordnung", versicherte ich ihm. „Ich gehe sehr gerne zu Fuß. Das schaffe ich im Nu. Könnten Sie mir die Richtung sagen, die ich einschlagen muss?" Ron zeigte mir mehr als nur die Richtung: Er zog einen Stadtplan hervor und erklärte mir darauf jeden Schritt und jede Abzweigung. „Das ist zwar nicht die schnellste Route", sagte er, während er sie mit einem Stift auf dem Stadtplan nachfuhr, „aber so vermeiden Sie die zwielichtigen Stadtviertel. Die würde ich

Ihnen nicht empfehlen." Mit den Fingern zog er einen unsichtbaren Kreis um die Straßen, durch die der direkte Weg zu den Forks geführt hätte. Ich schätze guten Kundendienst sehr und Ron merkte ich an, dass es ihm echte Freude machte, anderen behilflich zu sein. Seine gute Ortskenntnis war mir sehr willkommen.

Ich bedankte mich bei ihm und verließ das Hotel durch den Haupteingang.

Der Weg zu den Forks führte vom Flughafen weg und weiter entlang der Schnellstraße. Am rechten Fahrbahnrad gab es einen schmalen Bürgersteig, eigentlich mehr ein Haltestreifen für Autos, die eine Panne haben. Nun wurde mir klar, warum mir Ron von diesem Weg abraten wollte, denn wenige Minuten, nachdem ich das Hotel verlassen hatte, hatte ich mich im Grunde in eine fröhliche Anhalterin verwandelt.

Im Vertrauen auf meine Schutzengel marschierte ich weiter. Ich ging und ging und ging, entlang der Wellington Avenue bis zur King Edward Street und zur Route 90 South und dann nach links auf die Portage Street in Richtung Osten.

Aufmerksam hielt ich meinen Blick stets auf die Straße gerichtet. Da ich nicht wie eine Touristin aussehen wollte, ging ich zielstrebig weiter und behielt mein Tempo bei. Etwas mehr als zwei Stunden war ich unterwegs (inklusive einer verpassten Abzweigung und eines kleinen Umweges), dann kam ich bei den Forks an, einem sehr bekannten historischen Park in der Innenstadt, dort, wo der Fluss Assiniboine in den Red River mündet.

Seit ich ein kleines Mädchen war, hat mich immer das Fernweh geplagt. Es gehört einfach zu mir, dass ich immer neue Dinge und Menschen kennenlernen will. Wie die meisten Menschen werde ich allzu oft Opfer der Alltagsroutine. Das ist einerseits notwendig, denn man kann nicht die ganze Zeit Vollgas geben und versuchen, alles neu zu erfinden. Aber wenn man sich an einem Ort befindet, wo man noch nie war, unterbricht das die Starre der täglichen Schinderei. Das Alltägliche wird zum Wunderbaren und Zauberhaften – die lokalen

Zahlungsmittel sind ungewohnt, die Autos und die Straßennamen sind fremd, das Essen wird mit Mayonnaise serviert und man muss Kilometer in Meilen umrechnen. Ich fühle mich davon stets neu belebt und erkenne, dass es an uns liegt, das Leben immer wieder neu zu entdecken.

Als ich bei den Forks ankam, war ich nahezu am Verhungern und brauchte dringend irgendetwas zu essen. In einem Schnellimbiss machte ich mich über ein Beef bourguignon her und ging dann ein paar Häuserblöcke weiter und fand ein Geschäft, wo ich eine Flasche Wasser kaufen konnte. Mit dem Wasser in einer Hand und meiner Kamera in der anderen überquerte ich eine Brücke und blieb dort stehen, um die Umgebung auf mich wirken zu lassen. Ich staunte über die herrliche Architektur der Esplanade Riel, einer Brücke, die an langen, dicken Stahlseilen hing, die in der Mitte auf eine kegelförmige, an der Spitze verdrehte Säule zuliefen.

Von beiden Seiten der Esplanade Riel aus kann man leicht den Fluss darunter sehen. Am südwestlichen Ende der Brücke erstrecken sich gepflegte Rasenflächen, Baumbestände, Blumenbeete und Wege, die von Fußgängern und Radfahrern genutzt werden. Etwa sechzig Meter geradeaus befindet sich eine Grünanlage zum Skaten und Radfahren, gegenüber der Rückseite der Haltestelle Union Station. Dort trafen sich Jugendliche aus der Umgebung und führten auf ihren Skateboards und Fahrrädern Kunststücke vor.

Ich beobachtete Kinder mit Hoodys und ausgebeulten Jeans, die einen Abenteuerparcours absolvierten. Dann ging ich weiter zur Union Station und zum historischen Hotel Fort Garry.

Dieses Hotel zeigte auf bemerkenswerte Weise, wie die Wohlhabenden vor hundert Jahren residierten. 1913 von den kanadischen Eisenbahngesellschaften erbaut, steht dieses elegante Chateau ganz allein im Zentrum der Stadt. Nur ein Portier in piekfeiner Uniform stand zwischen mir und der eleganten Hotelhalle. Ich setzte ein Gesicht auf, als ob ich hierher gehörte, und marschierte unbehelligt durch die Tür.

Ich schaute mich in alle Richtungen um und fand ein einsames Sofa, das in einer offenen Nische in der Nähe eines großen Fensters stand. Wozu dieser Bereich diente, wusste ich nicht genau, aber weil keine andere Sitzgelegenheit in Sicht war, nahm ich hier Platz, um meine Gedanken zu ordnen. Den ganzen Tag hatte ich meinen Laptop im Rucksack mitgeschleppt. Jetzt nahm ich ihn gerne heraus und begann zu schreiben. Es war wunderbar ruhig hier, kein Mensch in Sicht. Genau die richtige inspirierende Umgebung, um den Gedanken freien Lauf zu lassen.

Ich blieb noch kurze Zeit, stärkte mich mit einem Sandwich und einer Flasche Wasser und machte mich dann auf den Rückweg zu meinem Hotel. Auf der Hauptstraße war der Verkehr durchaus vergleichbar mit dem in Los Angeles: Autos Stoßstange an Stoßstange und reihenweise hupende Autofahrer, die es eilig hatten, aber nicht vorwärtskamen.

Auf dem Weg nahm ich unwillkürlich viele verwahrloste Häuser in der Stadt wahr. Etliche Türen standen offen, die Fenster waren mit Zeitungspapier verklebt – vielleicht Anzeichen für die wirtschaftliche Rezession, die diese Gegend anscheinend genauso hart getroffen hatte wie die USA. Doch wie mir Einheimische sagten, hat der wirtschaftliche Abschwung in den USA Kanada kaum in Mitleidenschaft gezogen. Ich war einfach nur in einem der heruntergekommenen Viertel der Stadt unterwegs.

Dennoch entging mir nicht das Schöne, das zwischen all dem Unansehnlichen zu finden war. Kunst neben Graffiti. Herrliche Parks neben verlassenen und unbewohnten Gebäuden. Diese Kanadier waren offenbar besonders fasziniert davon, der Toten zu gedenken. Überall in der Stadt sah man eindrucksvolle Gedenkstätten und die allerschönsten Parks hatten im Zentrum ein Denkmal stehen.

Tote und Lebende nebeneinander; das Schöne vom Vergänglichen umgeben; irgendwie gehörte alles zusammen und wirkte so, als wäre es am richtigen Ort. Es erzeugte ein unmittelbares, authentisches Gefühl: Egal wie kaputt du bist, du kannst immer noch ein natürlicher und notwendiger Bestandteil der Stadt sein. Die Grautöne entlang der Betonstraßen waren eingerahmt von atemberaubenden Grünanlagen und Gärten mit herrlichen Blumen und üppigen Bäumen.

Es erinnerte mich an meine grauen Gedanken auf dem Herflug. Wenn ich ehrlich bin, muss ich wie jeder andere eingestehen, dass auch ich voller Schönheit und Asche bin – genau wie Faye, meine erste internationale Interviewpartnerin.

Kapitel 4

WENN FENSTER ZU MAUERN WERDEN

Winnipeg, Kanada

Faye war eine Spur kleiner, als ich erwartet hatte, dafür etwas korpulenter als auf ihrem Internetfoto, und sie trug einen neuen Nasenring. Sie sah ganz anders aus, als ich gedacht hatte, als ich in das Foyer meines Hotels hinunterkam. Ich hatte sie zu einem gemeinsamen Mittagessen eingeladen, denn ich hatte von Leuten, die ich kenne und sehr schätze, schon viel von ihr gehört. Sie war total bescheiden, authentisch und aufrichtig. Ihre Offenheit gefiel mir von Anfang an. Ich war nicht nach Winnipeg gekommen, um sie zu interviewen, aber was ich von ihr während unserer gemeinsamen Mahlzeit erfuhr, war so wichtig, dass ich es nicht für mich hätte behalten können.

„Du siehst so hübsch aus", bemerkte sie.

„Ich hätte dir sagen sollen, dass ich nur halb so alt aussehe, wie ich bin. Das vergesse ich immer zu erwähnen, wenn ich mich das erste Mal mit jemandem treffe“, antwortete ich. (Ich sage das übrigens nicht, um anzugeben. Ich sehe wirklich wie ein Mädchen vom College aus, dadurch habe ich es oft schwer, mich durchzusetzen.) Auf meinen Internetfotos trage ich meistens Make-up und meine Haare sind gestylt. Im Alltag laufe ich lieber ohne Make-up herum und binde meine Haare zu einem Knoten zusammen, so ähnlich wie es Balletttänzerinnen tun. Obwohl ich sechsunddreißig bin, könnte man mich leicht für eine Studentin halten. „Ich habe einfach gute Gene mitbekommen“, erklärte ich.

Wir näherten uns dem Hotelrestaurant, von dem ich sehr angetan war. „Machen wir ein Foto von uns“, schlug Faye vor und bat die Kellnerin, ein paar Schnappschüsse von uns zu machen. Für die Fotos setzte ich mich auf ihre Seite des Tisches.

Sie sei immer mit ihrem Gewicht zufrieden gewesen, aber in letzter Zeit habe sie ziemlich zugenommen, informierte sie mich. Ich merkte, dass sie daran arbeitete, wieder so zu werden, wie sie einmal war, sich aber mit ihrem momentanen Zustand nicht sehr wohlfühlte. Als sie mir dann ihre Geschichte erzählte, wurde mir klar, woran das lag.

„Mein Mann hatte Geburtstag und ich bereitete im Haus alles für den Moment vor, wenn er von der Arbeit heimkommen würde. Ich hatte Geschenke besorgt und einen Tisch in einem guten Restaurant reserviert.“

Als ihr Mann nach Hause kam, bat er Faye, mit ins Wohnzimmer zu kommen. Er wollte sie etwas fragen.

„Hast du einen Liebhaber?“, fragte er nur.

„Natürlich nicht!“, gab sie sofort zurück.

„Bitte lüg mich nicht an!“

Nun wusste sie, dass er es irgendwie herausgefunden hatte. Sie wurde rot im Gesicht, Tränen traten ihr in die Augen und schließlich gab sie zu, dass sie tatsächlich eine Affäre hatte.

Nach vielen Ehejahren war ihre kurze Affäre ans Licht gekommen. Dabei hatte es ganz harmlos begonnen – mit einem guten Freund ihres Mannes, der zugleich Ehemann einer ihrer besten Freundinnen war. Sie schickten einander witzige SMS und trafen sich ganz unbefangen mit ihren Kindern. Aber eines Tages änderte sich etwas.

Elizabeth Gilbert zitiert in ihrem Buch *Committed* (dt. *Das Ja-Wort)* die Psychologin Shirley P. Glass, die den größten Teil ihrer Laufbahn damit verbrachte, sich mit ehelicher Untreue zu beschäftigen – wie sie anfängt und wie durch sie vieles andere unweigerlich endet. Gilbert schreibt:

> Wie oft hören wir jemanden sagen: „Ich habe nicht nach einer Beziehung außerhalb meiner Ehe gesucht, aber es ist einfach passiert.“ Wenn man es so formuliert, wirft man Ehebruch in den gleichen Topf wie einen Autounfall, wenn in einer unübersichtlichen Kurve plötzlich Glatteis auftritt und ein ahnungsloser Autofahrer ausgleitet.
>
> Glass fand bei ihren Studien heraus, wenn man die Untreue dieser Menschen genauer unter die Lupe nimmt, kann man fast immer feststellen, dass die Affäre schon lange vor dem ersten heimlichen Kuss begonnen hat. Die meisten Affären beginnen – so Glass –, wenn ein Ehemann oder eine Ehefrau einen neuen Freund/Freundin gewinnt und eine neue, zunächst harmlose Vertraulichkeit entsteht. Zu dem Zeitpunkt erkennt man die Gefahr noch nicht, denn was sollte an einer Freundschaft falsch sein?“[1]

Ich verstand, was Dr. Glass damit sagen wollte. Schon bevor ich verheiratet war, hörte ich von Eheberatern, dass Freundschaften mit dem anderen Geschlecht gefährlich sein können. Bevor ich Keith kennenlernte, hatte ich mit jedem meiner Exfreunde noch Kontakte gepflegt. Ich sagte ihnen aber immer – und auch den jungen Männern, die ich nur so kannte –, wenn ich einmal den Mann fürs Leben treffen würde, müsste unser Kontakt beendet werden. Das war nicht persönlich gemeint, ich wollte mich nur nicht in Versuchung bringen.

Diese Entscheidung habe ich nicht bereut. Einige sagten mir später, dass sie meine Entscheidung und die Konsequenz, mit der ich sie durchgezogen hatte, sehr respektierten. Ich entschloss mich dazu nicht, weil Keith es von mir verlangt hätte und ich forderte das Gleiche auch nicht von ihm, was seine verflossenen Freundinnen betraf. Als ich ihm aber sagte, was ich vorhatte, wollte er es ebenfalls tun. Ich habe schon viele Ehen beobachtet, die auseinandergingen, weil einer oder beide Partner beschlossen, mit einer alten Liebe oder Freund/Freundin per Facebook in Kontakt zu bleiben. Daher bin ich sehr froh über meine damalige Entscheidung.

Ich habe mit vielen gesprochen, die sich auf den gefährlichen Pfad von einer Freundschaft zu einer Affäre gewagt haben. Gilbert zitiert wiederum Glass:

> Glass stellt die Theorie auf, dass jede gesunde Ehe aus Wänden und Fenstern besteht. Die Fenster stellen jene Bereiche dar, wo man sich zur Außenwelt hin öffnet – notwendige Öffnungen, durch die man mit der Familie und mit Freunden Kontakt hält. Die Wände sind Barrieren, hinter denen die persönlichsten Bereiche der Ehe geschützt werden.
>
> Oft geschieht es in scheinbar harmlosen Freundschaften, dass Vertraulichkeiten mit einem neuen Freund/Freundin entstehen, die nur in die Ehe gehören sollten. Man enthüllt Geheimnisse über sich selbst – seine tiefsten Sehnsüchte und Enttäuschungen – und es ist ein gutes Gefühl, diese Dinge jemandem mitteilen zu können. Man öffnet ein

> Fenster, wo sich eigentlich eine solide, tragfähige Mauer befinden sollte, und es dauert nicht lange, bis man der anderen Person sein innerstes Herz offenbart. Damit der Partner nicht eifersüchtig wird, behält man die Details der neuen Beziehung lieber für sich. Wenn man das tut, hat man ein neues Problem: Man hat soeben zwischen sich und seinem Partner eine Mauer errichtet, dabei sollten hier Luft und Licht frei zirkulieren können. Dadurch hat sich das Gefüge der ehelichen Gemeinschaft verändert. Was vorher eine Wand war, ist zu einem riesigen Fenster geworden, was vorher ein Fenster war, ist zugenagelt wie ein Crack House. Damit hat man sich den perfekten Grundriss für Untreue geschaffen, ohne es auch nur zu merken.[2]

Genau wie es Gilbert und Glass beschrieben, war es Faye ergangen. Sie und der Freund ihres Mannes begannen SMS auszutauschen. Die Kinder spielten miteinander, daher dachten sie sich nichts dabei.

Eines Tages aber schickte er eine Nachricht, in der er versehentlich ein ganz unverfängliches Wort durch einen eindeutig sexuellen Ausdruck ersetzte. Faye war verwirrt. Ihr Ehemann arbeitete immer lange. Sehr lange. Allmählich nahm sie ihm das übel. Faye hatte im Verlauf ihrer Ehe fünf Fehlgeburten. Bei einer davon war sie schon im fünften Monat gewesen.

Das Baby konnte nicht auf natürlichem Weg auf die Welt kommen, sodass sie das bereits tote Kind eine Woche lang in ihrem Körper tragen musste, ehe die Ärzte es entfernen konnten. „Er ist nicht einmal zu diesem Termin mitgekommen“, erzählte sie traurig. Als Folge davon stellte sich Bitterkeit bei ihr ein, die mit den Jahren noch zunahm, bis ihr ganzes Herz davon erfasst wurde. Nichts, was ihr Ehemann tat, passte ihr, und alles, was er tat, war falsch.

Viele Gedanken gingen ihr durch den Kopf und beschäftigten sie unentwegt. „Es waren negative Gedanken", sagte Faye, „und diesen negativen Gedanken hätte ich nie erlauben dürfen, dass sie so mächtig werden. Den ganzen Tag bringt man sie nicht aus dem Kopf. Es sind seltsame und ungewohnte Gedanken. Ich schäme mich, sie jetzt wiederzugeben. Das Wichtigste ist, dass man ihnen nicht erlaubt, dass sie sich breitmachen. Du kannst es nicht verhindern, dass sie kommen, aber bist dafür verantwortlich, ob du ihnen Nahrung gibst oder nicht."

Ich erinnere mich an einen Ehemann, den ich interviewt habe und der etwas Ähnliches sagte: „Du kannst negativen Gedanken entweder Futter geben oder du kannst die Mistviecher verhungern lassen." Faye erkannte, dass sie sie nie hatte hungern lassen. Sie hatte ihnen ständig Futter gegeben, bis sie dick und fett waren und über sie bestimmten. Nachdem Faye zugegeben hatte, dass sie eine Affäre mit einem anderen Mann hatte, rannte sie aus dem Haus und fuhr mit dem Auto weg. Unterwegs fasste sie den Entschluss, ihren Mann zu verlassen.

Wieder zu Hause, begann sie ihre Koffer zu packen. Ihr Mann Edward, den Faye heute als den Inbegriff an Liebe und Freundlichkeit beschreibt, tat etwas, das ich nie fertigbrächte. Er fragte: „Faye, gehst du, weil du gehen willst oder weil du meinst, du musst?"

„Ich muss es tun", gab sie zur Antwort. Was er darauf antwortete, das kann sie bis heute nicht vergessen.

„Wenn du bleiben willst, dann vergebe ich dir", sagte er, während Tränen über Fayes Gesicht liefen. „Wenn du eine Affäre hast, dann deshalb weil in unserer Ehe etwas nicht stimmt und das geht auch auf mein Konto. Wenn du also bleiben willst, dann bleib."

Als Faye mir das erzählte, ging es mir sehr zu Herzen. Wie konnte jemand so barmherzig sein? Wie konnte ein betrogener Partner so verständnisvoll reagieren? Brächte ich das auch fertig? Es waren herausfordernde Fragen, die ich hoffentlich nie für mich beantworten muss. Ich persönlich glaube, dass man eine Beziehung außerhalb der Ehe zwar vergeben kann, aber vereinbar ist sie dennoch nicht. Gott sei Dank ist Fayes Ehemann ein viel noblerer Charakter als die meisten. Was er tat, hätten viele Männer nicht fertiggebracht. Er vergab ihr und suchte nach einem gemeinsamen Weg für die Zukunft, indem er sich fragte, was in ihrer Partnerschaft falsch gelaufen war.

Faye ging ebenfalls in sich und fragte sich nach den Gründen, warum sie in ihrer Beziehung so unglücklich war. Beide mussten hart an sich arbeiten, um wieder zueinanderzufinden.

„Bist du heute glücklich?“, fragte ich sie.

„Ja, ich bin sehr glücklich.“ Weil Edward ihr diese schlimme Verfehlung vergeben hatte, konnte sie ihm mehr Achtung entgegenbringen als zuvor. Sie sah ihn in einem neuen Licht. Alles was sie an ihm gestört hatte, spielte nun keine Rolle mehr. Sie hatte sich immer beschwert, dass er so spät von der Arbeit heimkam. Jetzt wurde ihr bewusst, dass er das nur tat, um für sie und ihre vier Kinder gut zu sorgen. Als ihr Sohn älter wurde, sprang er im Familienbetrieb manchmal ein, und Edward konnte sich an den Abenden etwas mehr freimachen.

„Es liegt an den Gedanken, denen ich niemals hätte nachgeben dürfen“, schloss Faye mit Bedauern. „Wenn ich noch einmal beginnen könnte, würde ich diesen Fehler von Anfang an ausschalten.“

Es war eine intensive Zeit, die ich mit Faye verbrachte. Während ich zum Friseursalon unterwegs war, dachte ich über sie nach: Sie musste durch eine harte Schule gehen und einiges in ihrem Leben völlig umkrempeln.

Ich fuhr nicht etwa zum Friseur, um mich dort verwöhnen zu lassen, sondern ich brauchte ganz dringend eine Haarwäsche. Da ich viel auf Reisen war, musste ich viele alltägliche Dinge – wie das Haarewaschen – im Vorübergehen erledigen.

Ich bin ein Mensch, der gezielt auf eine Sache zugeht, und mein Treffen mit Faye hatte das nur noch verstärkt. Den Friseurtermin hatte ich online gebucht. Glücklicherweise war die Friseurin in der Stimmung für eine Unterhaltung.

„Sie kommen aus Los Angeles?" Anscheinend hatte sie meine Sprachnachricht, die ich hinterlassen hatte, abgehört. „Was führt Sie nach Winnipeg?"

Ich erzählte ihr, dass dies der erste Ort meiner Reise rund um den Globus wäre, um Frauen und Paare zu interviewen, die mindestens fünfundzwanzig Jahre glücklich verheiratet sind, um deren Geheimnis herauszufinden.

„Das interessiert mich!" Sie wollte mehr darüber wissen und stellte gleich eine ganze Reihe von Fragen: *Was haben Sie herausbekommen? Wie lang sind Sie schon verheiratet? Wo sind Sie bis jetzt schon gewesen?*

Ich erzählte ihr einige Eindrücke meines vorangegangenen Interviews, dass ich im nächsten Jahr zehn Jahre verheiratet bin und jeden Tag meiner Ehe bisher genossen habe. Sie lehnte den Friseursessel zurück und begann mir von ihrer Ehe zu erzählen, auch die Probleme. Sie hatte ihren Ehemann in einer Bibelschule kennengelernt. Beide stammten aus streng religiösen Familien.

Sie wollte in jungen Jahren einen anderen Mann heiraten, aber ihre Eltern hatten es ihr ausgeredet, weil dieser Mann Katholik war und sie Protestantin. Damals hatte sie sich auf ihre Eltern verlassen, aber jetzt war sie sich nicht mehr so sicher. Ihr jetziger Ehemann hatte Abstand vom Glauben genommen und ging auch nicht mehr zur Kirche. Er hatte Vorbehalte gegen die Kirche, sie wusste aber nicht genau, warum. Irgendwie schien es ihr, dass es ihm nicht passte, dass sie die beiden Kinder jede Woche mit zur Kirche nahm.

Es war offensichtlich, dass sie ihre Ehebeziehung infrage stellte, ob sich das Ganze lohnte und ob es noch einmal besser werden würde. Ich hörte nur zu. Als ich zu meiner Reise aufbrach, hatte ich Gott gebeten, er möge mich zu einer Frau machen, die lieber zuhört und weitergibt, was sie von anderen gelernt hat, anstatt selbst zur Lehrerin zu werden. Ich möchte mir nie einer Sache so sicher sein, dass ich starr werde oder meine, alles besser zu wissen. Daher hörte ich zu, ich hörte mir ihren ganzen aufgestauten Frust und ihre Enttäuschung an.

Schließlich war es an mir, das Wort zu ergreifen. Ich erzählte ihr von Faye und der Affäre, die sie gehabt hatte; wie ihr Ehemann ihr vergeben hatte, obwohl sie ihm Unrecht getan hatte, und wie sie auf einmal Gutes in Dingen sehen konnte, die sie zuvor fast zum Wahnsinn getrieben hätten. Vorher hatte sie sich darüber beschwert, jetzt konnte sie es schätzen, dass er so viel und hingebungsvoll arbeitete. Sie erkannte, dass der Grund seines Einsatzes die Versorgung seiner Familie war.

Ich erzählte ihr, wie sich bei Faye negative Gedanken über ihre Ehe einschlichen und sie einen möglichen Plan B in Erwägung zog (wenn auch vielleicht nur unbewusst). Dann gab ich ihr eines meiner Lieblingszitate weiter: „Nütze deine Zeit lieber, um an einer perfekten Liebesbeziehung zu arbeiten, als auf den perfekten Liebhaber zu warten.“[3]

„Wenn Sie meinen, der Mann, den Sie haben, sei nicht perfekt, dann wird es der nächste auch nicht sein. Erinnern Sie sich an die erste Verabredung? War das damals eine schöne Zeit für Sie?“, fragte ich sie.

Die Antwort lässt sich leicht erraten.

Bevor wir uns verabschiedeten, fragte sie mich, ob es eine Möglichkeit gebe, meine Reise online mitzuverfolgen, um von meinen Erfahrungen profitieren zu können. Ich gab ihr die Internetadresse des Klubs und erzählte ihr von unserer Facebook-Gemeinde, zu der bereits über 600 000 Frauen auf der ganzen Welt gehören. Noch am selben Tag schrieb sie eine sehr berührende Nachricht auf unsere Homepage, wobei sie sich bei mir für das Gespräch und für die Anregungen bedankte. Sie versicherte mir, dass sie online dabei sein würde, wenn ich auf meiner Reise – zusammen mit vielen anderen – das Geheimnis glücklicher Ehen aufspürte.

Kapitel 5

DAS UNZERREISSBARE BAND

Winnipeg, Kanada

Wenn sie sich im Gesicht nicht so ähnlich sähen, fiele es schwer zu glauben, dass Bonnie und Faye Schwestern sind.

Faye ist blond; ihr Kleidungsstil und ihre Persönlichkeit wirken jugendlich. Sie ist gerne mit ihren Kindern unterwegs. Sie und ihre Tochter Emily im Teenageralter sind die besten Freundinnen.

Bonnie hat braune Haare mit intensiven roten Strähnen und ein viel dezenteres Auftreten. „Faye hält mich für altmodisch", erzählte mir Bonnie. Im Gegensatz zu ihrer Schwester hatte Bonnie schon mit siebzehn eine beste Freundin, die Anfang dreißig war. Mit fünfzehn stand sie bereits im Berufsleben und keiner wunderte sich, dass sie einen Mann heiratete, der bedeutend älter war als sie.

Während Faye in ihrer Ehe einige Ausrutscher passierten, war bei Bonnie genau das Gegenteil der Fall. „Ihre Ehe ist einfach perfekt!", sagte mir Faye. „Die beste, die ich kenne. Egal wen du im Ort, in der Familie oder in der Kirche fragst, alle werden dir sagen, dass Bonnie weit und breit die beste Ehe führt."

Als ich Bonnie das erzählte, lächelte sie nur und sagte, sie wisse genau, weshalb alle das sagten: „Es ist Jerry. Alle sagen, dass Jerry der Grund für unsere gute Beziehung ist."

Jerry, ein Mann mit grauem Haar und goldenem Herzen, der siebzehn Jahre älter ist als Bonnie, entspricht genau dem, was die Leute von ihm behaupten. Er ist Bonnie gegenüber überaus liebevoll, aufmerksam und respektvoll und, wie er sagt, noch genauso verliebt in sie wie bei ihrer Hochzeit, die schon dreißig Jahre zurückliegt. Jerry verehrt Bonnie und das dürfen auch alle wissen und Bonnie gibt ihm bei jeder Gelegenheit dasselbe Gefühl.

Als sie mir von ihrer Schwester erzählte, schickte mir Faye den Screenshot einer Nachricht, die Bonnie auf Facebook gepostet hatte. Es war eine Nachricht an Jerry. „Dem besten Ehemann, den es je gab", stand ganz oben: „Heute ist der zweiunddreißigste Jahrestag unseres ersten Kusses. Du vergisst ihn nie und überraschst mich jedes Jahr mit einem kleinen Geschenk. Dein Kuss steht auf meiner Liste der besten Dinge im Leben! (Hoffentlich ist das jetzt nicht zu rührselig für euch Facebook-Freunde ☺)"

Bonnie und Jerry trafen sich mit mir im Hotel, wo wir uns eine ruhige Ecke suchten, um etwas zu trinken und uns zu unterhalten. Ich schaltete mein Aufnahmegerät ein und es ging los. Ich erzählte ihnen, warum ich den Klub der glücklichen Ehefrauen gegründet hatte und wie enttäuscht ich immer war, wenn ich all die negativen Bemerkungen über die Ehe hörte. Bonnie konnte das sofort nachvollziehen.

„Als ich heiratete, erwartete ich etwas ganz Schreckliches, denn das hörte man von überall", berichtete Bonnie. „Weißt du, erst sagen die Leute ‚Ja', und dann meinen sie auf einmal ‚Nein'. Die ersten fünf Jahre wartete ich darauf, dass die Liebe abbröckeln würde. Dann dachte ich mir eines Tages: ‚Vielleicht führen die alle einfach eine schlechte Ehe.'

Ehepaare reden immer davon, was für harte Arbeit die Ehe sei", fuhr Bonnie fort. „Vielleicht steckt da das Problem. Sie arbeiten zu hart."

Dieses Statement erinnerte mich an ein oft gehörtes Zitat: „Such dir einen Beruf aus, den du liebst, und du wirst in deinem Leben nicht einen Tag lang arbeiten müssen." So geht es mir, wenn ich schreibe. Für andere kann Schreiben so mühsam und frustrierend sein, dass sie sich die Haare raufen und alle Stifte wegwerfen möchten. Für mich ist Schreiben ein Läuterungsprozess, es ist erfrischend und macht Spaß. Schreiben fühlt sich für mich nicht wie Arbeit an. Auch dann nicht, wenn ich in einem durch zwölf Stunden lang schreibe oder unter Termindruck stehe, weil der Verlag schon auf das nächste Kapitel wartet. Da ich dafür bezahlt werde, ist es wohl genau genommen ein Job, aber für mich ist es eher eine Ehre und ein Vorrecht.

Bonnie und Jerry wurden einmal gebeten, einen Workshop für Paare in ihrer Gemeinde zu betreuen. Daher besuchten sie einen Kurs, um zu lernen, wie man eine Gruppe leitet. Dort lernten sie, was sie ihren Workshopteilnehmern beibringen sollten. „Ich glaube", meinte Bonnie, als sie davon erzählte, „wir passen für so etwas nicht, denn wir müssen in unsere Ehe keine Arbeit investieren. Wie sollen wir dann anderen erklären, dass sie daran arbeiten sollen?" Ich fragte sie, ob sie in dreißig Ehejahren *jemals* das Gefühl gehabt hätten, sie müssten an ihrer Beziehung „arbeiten". Ohne zu überlegen, verneinten sie die Frage. „Wir haben immer gehört, es gehört viel Mühe und Arbeit dazu. Vielleicht besteht die Mühe ja nur darin, dass man eine Beziehung findet, die sich nicht wie Arbeit anfühlt."

Hier stimme ich mit Bonnie überein. Auch ich hatte nie den Eindruck, dass meine Ehe „Arbeit" war. Man braucht Kraft, Geduld, Sorgfalt und Demut, aber Arbeit ist es nicht. Oder darf man das nicht sagen?

Jerry, der bisher während unserer Unterhaltung ziemlich still gewesen war, meldete sich jetzt auf einmal erstmals zu Wort: „Wenn es mit Arbeit verbunden ist, dann nur so geringfügig, dass man es überhaupt nicht als Arbeit wahrnimmt."

Jerrys Haltung zur Ehe ist für Bonnie ganz erstaunlich (und auch für mich). Er glaubt, wenn er sein Leben lang ihr Ehemann ist, dann gehört es zu seinem Daseinszweck hier auf Erden, sie glücklich zu machen. Und weil er glaubt, dass ihm das gelungen ist, gibt ihm das ein gutes Gefühl. „Das nimmt einem viel Stress", sagte er abschließend. Dass er eine seiner Lebensaufgaben erfüllt, nämlich ein guter Ehemann zu sein, mache ihn innerlich zufrieden und nehme ihm die Unsicherheit, sagte er mir.

Von Anfang an hatte ich bemerkt, dass die beiden in ihrer Persönlichkeit sehr unterschiedlich waren. Ich sprach Jerry darauf an. „Sie ist total kontaktfreudig", bestätigte er. Ich wollte wissen, ob es durch diese Unterschiede zu Konflikten gekommen sei. Beide versicherten mir, das sei nur sehr selten der Fall gewesen.

„Am Anfang unserer Ehe gab es einen Mann in unserer Kirchengemeinde, den ich Opa nannte", erzählte Bonnie. Was ich als Erstes von ihm lernte, war: *Wenn du eine gute Ehe haben willst, ärgere dich nur über Dinge, die wirklich eine Rolle spielen.* Opa gab ihr den Rat, sollte sie etwas zornig machen – und er versicherte ihr, solche Gelegenheiten würde es zur Genüge geben –, nur dann die Stimme zu erheben, wenn es um etwas wirklich Wichtiges gehe. „Dann wirst du auch ernst genommen." Es gab gleich zu Anfang ihrer Ehe ein paar kleine Ärgernisse, aber sie sagte zu sich selbst: „Halt den Mund, bis es wirklich um etwas geht." Dieser Rat hat ihnen in ihrer ersten gemeinsamen Zeit sehr geholfen, glaubt sie.

Bonnie fuhr fort: „Außerdem bin ich in einem Haus mit Mädchen aufgewachsen, da gab es viele Rangeleien, viel Geschrei und Lärm. Wir zogen einander an den Haaren, damit uns der andere zuhörte." Mit Jerry musste sie eine andere Art der Kommunikation lernen.

Bonnie erkannte bald, dass sie eine dominante Persönlichkeit war und sich mit Leichtigkeit gegen Jerry behaupten oder ihn als Fußabtreter benutzen konnte. Aber sie entschied sich dafür, dass er das letzte Wort haben sollte. Auch wenn sie mit einer Sache nicht einverstanden war und mit ihrer Meinung auch nicht hinter dem Zaun hielt – das letzte Wort sollte er haben. Meine Augen leuchteten auf, als sie das sagte, denn es erinnert mich an eines meiner Lieblingsehebücher: *The Surrendered Wife* (dt. *Einfach schlau sein – einfach Frau sein)*.[4] Die Autorin Laura Doyle ist Feministin und musste die harte Lektion lernen, dass Feminismus im Berufsleben manch Gutes bringt, aber zu einer Katastrophe führt, wenn man diese Vorstellungen aufs häusliche Leben überträgt. Männer und Frauen sind unterschiedlich gestrickt und wenn zwei Autos an eine Kreuzung kommen, muss eines stehen bleiben – oder beide werden zusammenkrachen. Immer wenn mir eine Freundin erzählt, dass sie Probleme mit ihrem Mann hat, kaufe ich ihr dieses Buch. Ich habe es sogar schon als Hochzeitsgeschenk weitergegeben.

Es ist ein Phänomen, das ich nicht erklären oder beschreiben kann, aber es ändert sich etwas, wenn eine Frau das Buch *Einfach schlau sein – einfach Frau sein* liest. Das fängt damit an, dass die Autorin ihre Leserinnen auffordert, ihren Männern *nicht* zu sagen, dass sie das Buch lesen. Trotzdem versichern mir alle Frauen, denen ich das Buch geschenkt habe, ihr *Mann* habe sich zum Besseren verändert, seit sie das Buch gelesen haben. Wie wertvoll es ist, Kontrolle aufzugeben und uns stattdessen auf unsere gottgegebene Fähigkeit zu stützen, andere zu beeinflussen – über die wir als Frauen reichlich verfügen, besonders im Vergleich zu den meisten unserer männlichen Gegenüber –, ist eine der aufschlussreichsten Erkenntnisse des Buches. Es hört sich so einfach an, sich zu bemühen, verletzbar zu bleiben und zuzugeben, wenn man verletzt wurde, aber Doyle macht klar, warum so viele starke Frauen das nicht fertigbringen. Die Autorin hat selbst erst nach schweren Wegen zu ihrem persönlichen Glück gefunden und gibt in ihrem Buch kleine Anstöße zur Neuorientierung. Jede Frau, der ich das Buch bisher gab, versicherte mir, es habe in ihrer Ehe sofort eine Wende eingeläutet – zum Besseren!

Angesichts des großen Altersunterschiedes zwischen Bonnie und Jerry erstaunte es mich, dass sie nie größere Probleme gehabt hatten, insbesondere im Bereich der Kommunikation. Von Anfang an hatten sie das Wort „Scheidung" aus ihrem Vokabular gestrichen. „Sätze wie ‚Wenns nicht funktioniert, bin ich weg' gibt es in unseren Gesprächen nicht", sagte Bonnie, „weil wir vor Gott eine Verpflichtung eingegangen sind und die gilt lebenslang. Manchmal sage ich im Scherz zu Jerry: ‚Wir stecken drin, bis dass der Tod uns scheidet. Wenn du mir also auf die Nerven gehst, dann habe ich nur eine Wahl.'

Jerry und Bonnie waren immer füreinander da. Jerry arbeitete fünfunddreißig Jahre lang bei der Post. Zunächst unterstützte er Bonnie, damit sie fünf Jahre lang ein College besuchen sowie weitere fünf Jahre Buchhaltung studieren konnte. Drei Jahre einer Ausbildung zur Insolvenzverwalterin folgten.

Sie hatten beide einen Vollzeitjob, aber Bonnies Ausbildung war ein gemeinsames Ziel. Sie beteiligte sich an der Hausarbeit und er half ihr bei ihrem Studium. Er las ihr sogar Fachbücher vor, während sie kochte. „Ich las diese Bücher mit einer monotonen Stimme, denn sie waren ziemlich langweilig", verriet mir Jerry.

Diese Unterstützung zahlte sich für ihn aus, denn er konnte bald in den Ruhestand gehen – das war schon vor dreizehn Jahren, genau die gleiche Zeit, die er in die Ausbildung seiner Frau investiert hatte. Bonnie war gerne bereit, ihm das zurückzugeben, was sie von ihm bekommen hatte. Kein schlechter Tausch, eh? (Die Kanadier sagen gerne „eh", darum habe ich schon auf eine Stelle gewartet, wo ich es anbringen konnte.)

Ich erkundigte mich nach Meinungsverschiedenheiten, denn es ist faszinierend für mich, dass bei diesem großen Altersunterschied der beiden nur so wenige auftraten. Ich fragte mich laut, ob die Ursache dafür sein könnte, dass sie sich nicht verbal attackierten.

„Den andern niemals beleidigen", warf Bonnie sofort ein.

„Ja, das ist tödlich", stimmte Jerry zu. „Man kommt sich dadurch nicht näher, wenn man sich gegenseitig beschimpft oder kränkt." Dann machte er eine Pause und sagte: „Habe ich das nicht gut gesagt?"

„Wenn wir streiten, versuchen wir fair zu bleiben", erklärte Bonnie. „Wir liefern uns keine Schlammschlachten. Wenn ich andere Leute höre, die einander Schimpfworte an den Kopf werfen, denke ich mir: *Das kannst du nicht ungeschehen machen. Der andere wird es nicht vergessen können.*" Sie vertraute mir auch an, dass sie es gar nicht gerne habe, wenn sie nicht einer Meinung sind. „Uns verbindet ein Band und es ist für uns kein gutes Gefühl, wenn irgendetwas dieses Band zerreißt. Daher müssen wir gemeinsam daran arbeiten, dass das nicht passiert, denn wir können es einfach nicht leiden." (Aha, da haben wir wieder das Wörtchen „Arbeit".)

„Die meisten Meinungsverschiedenheiten dauern etwa eine Stunde", sagte mir Jerry. „Dann haben wir sie gelöst."

Ich fragte sie, ob es je eine Differenz gab, die eine Nacht überdauerte. Jerry beteuerte, das sei schon einmal vorgekommen, aber wann das war oder worum es ging, wusste er nicht mehr. Bonnie konnte sich an den Vorfall überhaupt nicht mehr erinnern. „Es gibt nur eine Sache, über die wir uns nie einigen konnten", sagte Bonnie. „Ich hätte gerne einen Hund."

Herr Kapellmeister, Musik bitte. Ich glaube, ich bin gerade auf eine anhaltende Meinungsverschiedenheit gestoßen.

„Ich darf dann hinter ihm den Dreck wegmachen und das halte ich nicht aus", warf Jerry ein. „Die rennen mit ihrem Hinterteil überall rum und dann steht man mittendrin." Jerry kam bei dieser Diskussion richtig in Fahrt und brachte Bonnie zum Schmunzeln. (Schon bei dem

Wort *Hinterteil* musste ich laut lachen. Ich glaube fast, dass Bonnie das Thema nur deshalb auf den Tisch brachte, damit ich sehe, wie Meinungsverschiedenheiten bei ihnen ausgetragen werden.)

Jerry brachte alle seine Argumente vor, bestimmt nicht das erste Mal, denn er schien so geübt darin, als würde er einen Teleprompter über die Ehe oder etwas anderes vorlesen. Seine Hauptargumente betrafen Geruch und menschliche Würde. Jerry blieb dabei, dass es nicht möglich war, den Geruch von Urin eines Haustieres wegzubekommen. Das genügte.

Bonnie und Jerry erzählten mir, dass sie Meinungsverschiedenheiten nie aus dem Weg gehen. Sie sprechen alles direkt an. „Wenn man es für sich behält, kommt es ganz leicht dazu, dass man immer mehr in negatives Denken über den anderen verfällt, und dann ist es nicht mehr möglich, den Konflikt zu bereinigen."

Bonnie ist immer diejenige, die zuerst über eine Angelegenheit sprechen muss. Jerry hat schon vor vielen Jahren gelernt, das zu akzeptieren. Weil er nicht immer gleich, wenn ein Problem auftrat, bereit war, darüber zu reden, gewöhnte er sich an, einfach zu sagen: „Ich kann jetzt noch nicht darüber reden." Bonnie wartete dann eine oder zwei Stunden und kam dann wieder: „Bist du jetzt bereit?" Wenn es nach Jerry gegangen wäre, hätte er am liebsten die schwierigen Gespräche ganz vermieden, aber weil er wusste, dass sie die Sache auf keinen Fall vergessen würde, musste er sich ihnen stellen. Diese respektvolle Gesprächsführung war eine der besten Entscheidungen, die sie schon am Anfang ihrer Ehe trafen, versicherten beide.

Noch etwas anderes war Bonnie wichtig: Es gibt nichts, das sie vor Jerry geheim hält – abgesehen von ein wenig Flunkern über Weihnachtsgeschenke (darauf haben sie sich vor Jahren geeinigt), halten sich alle beide an den alten Spruch „Ehrlich währt am längsten".

Wenn Jerry am Anfang ihrer Ehe manchmal etwas brummig war, fragte ihn Bonnie: „Hast du schlechte Laune?" Daraufhin spielte er den Ball sofort zurück und sagte: „Ich habe keine schlechte Laune;

du hast schlechte Laune.“ Sie musste also ihre Frage abwandeln und fragte stattdessen: „Schatz, habe ich schlechte Laune?“ Wenn er dann antwortete, er habe im Moment nicht den Eindruck, dann konnte sie sagen, wenn sie nicht diejenige sei, die schlechte Laune hatte, müsse es wohl er sein.

„Sie hat mich erwischt“ schien der Blick zu sagen, den Jerry mir über den Tisch hinweg zuwarf. Bevor wir auseinandergingen, luden mich Bonnie und Jerry für den nächsten Tag in ihre Gemeinde ein. Sie warnten mich vor, ihr Pastor sei außerhalb und der Gastprediger ein ziemlicher Langweiler – was ich als hundertprozentig zutreffend bestätigen kann. Anschließend gingen wir alle zusammen Mittag essen.

Bei dieser Gelegenheit traf ich zum ersten Mal Fayes unheimlich gut aussehenden Ehemann Edward.

Während ich ihn und Jerry bei Tisch beobachtete, wurde mir etwas völlig klar: Abgesehen davon, dass es mir größte Achtung und Bewunderung abnötigte, dass sie sich ihr Dessert, eine dekadente Eistorte, als Vorspeise bestellten, sind sie einfach wunderbare Männer. Glückliche Frauen haben wunderbare Männer. Wenn man eine zufriedene Ehe führen will, muss man sich den richtigen Partner aussuchen, und beide Schwestern hatten wirklich die Crème de la Crème gewählt.

Während des Mittagessens gingen meine Gedanken zurück zu der Frau, die mir die Haare gewaschen hatte. Wenn gemeinsame Treffen und Mahlzeiten wie diese ihr in ihrer Situation helfen konnten, dann wäre es die Mühe wert. Immer wieder dachte ich auch an Keith. Wie Bonnie und Faye habe ich auch einen guten Ehemann, das macht mir Hoffnung und gibt mir Mut für alle künftigen Herausforderungen.

AFRIKA

Kapitel 6

ANSTECKENDES LACHEN

Kapstadt, Südafrika

Ich war noch Teenager, als meine Eltern sich monatelang auf eine Reise vorbereiteten. Es sollte eine größere Reise werden. Das Wort *Johannesburg* stand im Raum. Ich holte meinen Globus und drehte ihn einige Male, bis ich die Stadt am letzten Zipfel Südafrikas fand. Später hing eine Ansichtskarte, welche die Skyline von Johannesburg zeigte, auf unserem Kühlschrank. Mama hatte sie dort angebracht, nachdem sie von ihrer Reise zurückgekehrt waren. Auf dem Bild sah man Wolkenkratzer, die ganz dicht beieinander standen und zum Himmel aufragten. Ich war noch nicht einmal in Städten wie New York oder Chicago gewesen und dieses Bild erweckte in mir den Eindruck, als sei es der Nabel der Welt, wo alles Geld und alle Macht zu Hause sind. Ein ganz schmales Gebäude gleich einer Nadel schoss zum Himmel auf wie eine balancierende

Injektionsspritze. Es hatte große Ähnlichkeit mit der Space Needle in Seattle, nur noch dünner. Während ich am Küchentisch meine Milch zu meinen Frühstücksflocken schlürfte und das Bild betrachtete, hielt ich es für cool, dass meine Eltern so abenteuerlustig und risikobereit waren. Das spornte mich an und ich glaube, dass meine große Vorliebe für Reisen und Entdeckungen daher kommt, dass ich meine Eltern beobachtete, wie sie Arm in Arm und ohne Furcht um die Erde reisten.

Über zwanzig Jahre lang behielt ich diese Ansichtskarte im Gedächtnis, die an der schwarzen Kühlschranktür hing und das exotische und weit entfernte Johannesburg zeigte. Nun war ich zwei Jahrzehnte später auf einmal selbst in Kapstadt, ganz dicht daran, den Fußstapfen meiner Eltern zu folgen.

Ich befand mich im elften Stock meines Hotels und konnte die V&A Waterfront überblicken, einen langen Küstenabschnitt zwischen Robben Island (wo Nelson Mandela inhaftiert war) und dem Tafelberg. Ein bisschen wie Venedig, aber nicht so alt. Hunderte Schiffe kreuzten umher und reckten ihre Masten in die Höhe. Noch mehr Schiffe lagen im sacht wogenden Hafenwasser vor Anker. Unter großen Sonnenschirmen saßen Menschen beim Essen. Große Statuen der südafrikanischen Friedensnobelpreisträger waren am Dock aufgestellt. Im Hintergrund ragte der Tafelberg auf. Wenn es wirklich ein Berg war, dann hatte er seine Bestimmung vergessen. An der höchsten Stelle war er ganz flach, als hätte die Natur ihm zuerst nur ein bisschen von der Spitze wegnehmen wollen und sich dabei verschnitten, sodass sie weitermachen musste, bis nur noch ein Bürstenhaarschnitt übrig war.

Zu Anfang meiner Reise kam es für mich darauf an, dass jedes Paar, das ich interviewte, nicht nur glücklich verheiratet war, sondern dass sie auch allgemein dafür bekannt waren und man sie als Vorbilder ansah, als Leute, die ihre Sache gut machten und die dafür auch anerkannt wurden. Dot und Ken waren ein solches Paar. Die Verbindung mit ihnen kam über drei Ecken durch die Freundin einer Freundin zustande. Es begann mit Isabelle, die ein Mitglied des Klubs in Südafrika war und zugleich Kollegin einer meiner besten Freundinnen, Jocelyn. Isabelle stellte den Kontakt zu Ananda her, die sofort sagte, sie wüsste *ganz genau*, wer die Richtigen für mich wären.

Dot ging zunächst eine Ehe mit einem erfolgreichen Sportler ein, was ich ihr nicht verdenken kann. Der begüterte und gut aussehende Svelte schien der perfekte Fang zu sein. Wenn sie in seine braunen Augen blickte, konnte sie nicht ahnen, dass diese Augen jeder Frau folgen würden, die er sah. Die Scheidung folgte. Dot war am Boden zerstört, ihr Herz gebrochen. Wie viele andere betrogene Frauen baute sie Wälle um ihr Herz auf, damit ihr das nicht noch einmal passierte.

Da erschien Ken auf der Bildfläche. Seine blauen Augen wirkten aufrichtig und ernsthaft – und sie waren nur für sie da. Dot musste sich eingestehen, dass sie sich in ihn verliebt hatte. Ihre Barrikaden begannen zu zerbröckeln, nachdem sie jahrelang ihr Herz abgeschottet hatte.

Ich finde es berührend, wie es Ken gelang, zu ihren Gefühlen vorzudringen und wie er sie schließlich für sich gewann. In einem Kaffeehaus in Camp's Bay, einem schicken Ort mit trendigen Restaurants und Geschäften am Meer, erzählten mir die beiden folgende Geschichte.

„Hey", sagte Ken zu Dot, „bitte reserviere einen Tag für mich in deinem Terminkalender." Sie waren schon eine Weile befreundet und Ken dachte, vielleicht wäre Dots Herz inzwischen so weit.

„Warum?", fragte Dot zurück.

„Das kann ich dir jetzt noch nicht sagen. Es soll einfach ein Tag für uns sein."

Dann gingen Dot und Ken zur Tagesordnung über und Dot trug sich den Tag etwas widerwillig in ihren Kalender ein. Sie mochte Überraschungen, aber sie hatte auch gern alles unter Kontrolle. Kens

Bitte lag genau in der Mitte zwischen beidem und das verursachte ihr Unbehagen. Etwas später am selben Tag wollte Dot unbedingt wissen, was Ken geplant hatte.

„Komm schon, Ken. Du musst es mir einfach sagen, sonst zerreißt es mich."

Ken schwieg einen Moment, dann gab er sich mit gesenktem Kopf dankbar geschlagen und sagte …

„Du musst diesen Tag frei halten, denn da wirst du heiraten!"

Es war ein wunderbares Bild für die erlösende Erfahrung, wenn die Liebe das, was wir bewusst in unserem Innern vergraben haben, um dann dem Opfer nachzutrauern, das wir damit gebracht haben, wieder befreit. Eines war nicht zu übersehen, als wir dort saßen: Dot und Ken waren sehr gute Freunde. Sie lachten viel so miteinander und (spielerisch) auch übereinander, dass ich dachte, die beiden müssten vom vielen Lachen durchtrainierte Waschbrettbäuche haben. Fünfundzwanzig Jahre dieses schallenden Lachens – das muss schon was bringen, oder? Wenn Dot Ken ansah, waren in ihrem strahlenden Gesicht Vertrauen, Achtung und Bewunderung für ihn zu lesen. Das war der Dank an ihn für seine Vertrauenswürdigkeit, seine Selbstlosigkeit und die offensichtliche Bewunderung, die er seiner Frau entgegenbrachte.

Auf meine Frage, warum er gerade an diesem bestimmten Tag heiraten wollte, sagte Ken, ohne die Miene zu verziehen: „Es war Zeit für die Steuererklärung und ich brauchte unbedingt noch was zum Absetzen." Hier brach Dot in Gelächter aus und sagte: „Ich werde mir ein T-Shirt mit der Aufschrift ‚Ich bin steuerabzugsfähig!' zulegen."

Glauben Sie mir, bei all meinen Begegnungen und Interviews mit Frauen in aller Welt war Lachen ein Punkt, der auf ihren Listen der Dinge, die für eine gute Ehe entscheidend sind, durchgängig immer wieder auftauchte. Eine witzige Bemerkung zur rechten Zeit kann einer heiklen Diskussion, die niemand angenehm findet, die Spitze nehmen. Es kann einen schlimmen Tag wett machen. Die Wissenschaft würde wahrscheinlich sagen, dass hier positive Stoffe im Gehirn freigesetzt werden. Ist es nicht seltsam, dass auch unsere Ehen davon profitieren? Es kann sogar Jahre voller Leid und Einsamkeit von uns abspülen.

Lachen bedeutet aber nicht nur, lustig oder in guter Stimmung zu sein. Menschen, die sich selbst nicht zu ernst nehmen, haben anscheinend die besseren Ehen. Diese Paare streiten weniger, vertragen sich schneller wieder und genießen das Zusammensein mit ihrem Partner. Lachen ist ansteckend und sehr wichtig in einer längeren Beziehung. Zumindest habe ich das bei diesen lebenserfahrenen Paaren gelernt.

Es ist ja nicht so, dass die Paare herumsitzen und ihre neuesten Gags aneinander ausprobieren. Lachen füllt den Raum zwischen den Dingen, die wir Tag für Tag tun; es ist eine spielerische und leichtherzige Grundhaltung.

Dot und Ken erzählten mir von ihre täglichen Ritualen, die ihnen eine Möglichkeit bieten, zusammenzukommen und zu lachen. Jeden Morgen geht Ken die Treppe hinunter, um Kaffee zu machen, während Dot die Schlafzimmerfenster öffnet. Frische Morgenluft vom Meer strömt in den Raum, während aus der Küche unten das Klappern von Geschirr zu hören ist.

Bald darauf kehrt Ken mit einem kleinen Tablett zurück ins Schlafzimmer, wo Dot sich inzwischen im Bett aufgesetzt hat und schon auf ihn wartet. „Das ist unsere tägliche Kabinettssitzung", erzählen sie mir. Auch wenn am Abend zuvor keine Zeit für ein gemeinsames Abendessen war, sind diese Minuten am Morgen ihnen immer heilig gewesen. Für sie war dies die Gelegenheit, den vorangegangenen Tag noch einmal Revue passieren zu lassen, über den kommenden Tag und auch über die größeren Fragen des Lebens zu sprechen. Während sie zusammen Kaffee trinken, gehen in der Stadt überall die Lichter an.

Dass man jeden Tag eine gemeinsame Zeit hat, ist aus verschiedenen Gründen wichtig. Einer davon kam mir während meiner Unterhaltung mit Dot zu Bewusstsein. Viele Frauen haben Angst, dass ihr Mann sie betrügen könnte, weil sie schon so oft gehört haben, dass einer Frau das passiert ist. Sie ignorieren die Statistiken, die anzeigen, dass Frauen fast genauso oft Affären haben wie Männer. Die Wahrscheinlichkeit, vom Ehemann betrogen zu werden, ist also nicht viel höher als die, dass eine Frau das Gleiche tut. Trotzdem machen sich diese Gedanken bei vielen Frauen breit und sie nähren sie auch noch. Wenn man sich täglich Zeit für Austausch nimmt, hungert man solche negativen Gedanken aus.

Dots Erfahrungen vor ihrer Beziehung mit Ken beleuchteten für mich diesen Gedanken: Wenn man viel gemeinsame Zeit verbringt, bleibt kein Raum für Verdächtigungen. Außerdem ermöglicht es uns glücklichen Ehefrauen mit der Zeit, über die Unzulänglichkeiten unseres Partners hinwegzusehen. Sogar in der kurzen Zeit, die ich mit Dot und Ken verbrachte, erkannte ich, dass Dot einen größeren Unabhängigkeitsdrang hatte, während Ken der Zurückhaltendere von beiden war: einer, der zuhören kann, der seine Frau nicht niederredet und auch nicht der Wortführer sein muss. Sie waren ein lebendiges Beispiel für ein großartiges Zitat, das ich einmal gehört habe: „Eine gute Ehe entsteht nicht, wenn ein ‚vollkommenes Paar' zusammenkommt. Sie entsteht, wenn ein unvollkommenes Paar … lernt, … [gegenseitig seine] Unterschiedlichkeiten zu genießen."[5]

Eine der Abkürzungen, die ich am liebsten verwende, heißt AEOD („Accept Each Other's Differences" – akzeptiert eure Unterschiedlichkeiten). Keith und ich sind wirklich sehr verschieden. Seiner Meinung nach erledigt man das Zähneputzen am besten ausschließlich im Badezimmer. Ich hingegen wandere gerne durch das ganze Haus, während ich meine schimmernden weißen Beißerchen reinige. Für ihn ist es kein Problem, sich vier Stunden lang eine Folge der Gartensendung *Landscaper's Challenge* nach der anderen anzuschauen. Ich möchte mir bei dieser Fernsehshow (oder auch anderen ähnlichen Shows) nach zehn Minuten am liebsten eine Decke über den Kopf ziehen. Ich scheue kein Risiko, besonders in Hinblick auf Geschäfte und Vermögensanlagen. Keith ist vorsichtiger und geht nur langsam auf etwas zu. Er ist ein überlegender Mensch und denkt jedes mögliche Szenario durch, bevor er eine Entscheidung trifft. Ich dagegen treffe Entscheidungen spontan aus dem Gefühl heraus und untermauere hinterher das, was mein Bauch (der meistens recht hat) mir gesagt hat, mit Fakten. Er verwendet viel zu oft Wörter wie „vielleicht“ oder „möglicherweise“; bei mir ist es „immer“ oder „auf jeden Fall“.

Keith wählt seine Worte bedächtig aus und überlegt, welche Wirkung sie auf die Zuhörer haben könnten, ich hingegen bin nicht so vorsichtig. Keith sagte schon zu mir: „Schatz, manchmal denkst und sprichst du gleichzeitig“ (ja, daran muss ich arbeiten).

In anderer Hinsicht sind wir wieder ähnlich, wahrscheinlich in den Bereichen, auf die es wirklich ankommt: Glaubensvorstellungen, Werte, Liebe und Achtung füreinander. Dort, wo wir nie ganz übereinstimmen werden, brauchen wir AEOD.

Wir können es annehmen, dass keiner von uns jemals perfekt sein wird; keiner wird auch immer recht haben. Wir geben einander Raum, auch Fehler zu machen, und wir gestehen einander zu, dass wir zum Scheitern fähig sind. Ich habe Keith schon oft enttäuscht. Und er mich auch, wenn auch bei Weitem nicht so häufig. Dot und Ken erinnerten mich daran, dass man die Unterschiedlichkeiten des anderen akzeptieren muss. Das ist ein Hauptunterschied zu jenen Paaren, die sich in ihrer Ehe unglücklich dahintreiben lassen oder die sich mit „ausreichend“ zufriedengeben.

In unserem Gespräch erkannte ich auch, dass ich mich nicht nur, um dieses Buch zu schreiben, weltweit auf die Suche gemacht hatte, wenn das auch einer der Gründe war, und auch nicht, um den Frauen im Klub zu helfen, auch wenn das ebenfalls ein Grund war. Von Kalifornien bis Südafrika machte ich die Erfahrung, dass ich dabei war, den Kurs meiner eigenen Ehe festzulegen, der wichtigsten Beziehung, die ich habe, abgesehen von der Beziehung zu Gott.

Langsam ging die Sonne westlich von Kapstadt unter. Rechts in der Ferne war ein langer Streifen zu erkennen, wo sich die Sonne auf den Wellen spiegelte. Traditionelle südafrikanische Musik drang vom Hafen herauf. Vier junge Afrikaner, gekleidet in Tannengrün und Gelb – den Farben ihres geliebten nationalen Rugbyteams –, sangen und tanzten zuckend und dennoch irgendwie geschmeidig zum Rhythmus ihrer Djemben. Im Geiste sah ich die Ansichtskarte von Johannesburg wieder vor mir. Die schöne Zeit mit Dot und Ken und meine eigenen Erfahrungen vermischten sich gedanklich mit den Erinnerungen meiner Eltern, die mir über all die Jahre wertvoll geblieben waren.

Kapitel 7

WIR SIND EINANDER GENUG

Kapstadt, Südafrika

Zufrieden begab ich mich in mein Zimmer, das sich gleich um die Ecke befand, schob die Magnetkarte in den Schlitz und betrat den Raum. Ich wollte mir absichtlich Zeit lassen und vor dem Schlafengehen noch etwas zur Ruhe kommen. Die paar Sachen, die ich am Arm trug, legte ich auf die Kommode, schaltete die beiden Nachttischlampen ein, um ein wenig Atmosphäre zu schaffen, und holte dann meinen Pyjama aus der Schublade. (Ich bin eine Frau, die ihren Kofferinhalt wirklich in die Hotelschränke einräumt – das verschafft zumindest zeitweise ein heimeliges Gefühl.)

Eine Kleinigkeit musste ich noch erledigen – nämlich Pat anrufen. Es war schon fast acht Uhr abends. Ich musste mich bald dort melden, sonst wurde es zu spät für dieses ältere Ehepaar, von dem Dot gesagt hatte, ich *müsse* die beiden einfach treffen, wenn ich schon einmal in Südafrika war.

Pat und Henry sind Dots Tante und Onkel. Dot fand es sehr wichtig, dass ich die beiden kennenlerne, denn sie seien das Ehepaar, zu dem sie immer aufgeschaut habe. Sie hatten Spaß am Leben und waren einander nach siebenundvierzig Jahren noch immer mit Liebe und Hingabe verbunden. Obwohl Pat nicht offiziell zum Klub gehörte, hielt ich sie schon aufgrund von Dots Glaubwürdigkeit und ihrer Empfehlung für ein Ehrenmitglied. Dot sagte mir, ihre Tante und ihr Onkel wären der Grund gewesen, dass sie immer noch an die Möglichkeit einer lebenslangen Liebe geglaubt hätte, selbst nach ihren Erfahrungen mit Untreue und der Scheidung ihrer ersten Ehe. Noch hatte ich keine Ahnung, wie sehr die beiden auch mein Leben beeinflussen würden.

Ich setzte mich auf einen schmalen Sessel in der Nähe des Fensters, griff nach dem Telefon und wählte die Nummer.

Ich wette, die beiden schlafen schon. Hoffentlich wecke ich sie nicht auf, dachte ich. Sofort hörte ich eine freundliche, feine Stimme: „Hier spricht Pat."

Ihr temperamentvolles Wesen sprang mich schon durchs Telefon an. Es kam mir vor, als hätte ich eine Frau an der Strippe, die gerade frisch vom College abgegangen war.

„Hallo Pat. Hier spricht Fawn Weaver. Hat Dot Ihnen gesagt, dass ich Sie anrufen würde?"

„Ja, das hat sie mir gesagt, aber nicht, wann."

Sie erkundigte sich nach meinen Plänen in Kapstadt. Als ich ihr meine Termine nannte, meinte sie: „Hört sich so an, als ob Sie ein ziemlich dichtes Programm hätten. Was halten Sie davon, wenn wir uns noch heute Abend treffen?"

Diese Antwort überraschte mich total. Es war schon dreiviertel acht, als ich sie anrief und ich kannte kein Ehepaar in ihrem Alter, das zu dieser Abendstunde noch so viel Energie hatte.

„Klar, heute Abend wäre mir sehr recht, wenn es Ihnen nicht zu viel ist.“

„Schatzi!“, rief Pat, während sie das Telefon von ihrem Mund weghielt, „Fawn war gerade mit Dot und Ken bei Tee und Kuchen zusammen und ist jetzt im Hotel. Sollen wir hinfahren und sie treffen und auch noch eine Tasse Tee mit ihr trinken?“

Dann wandte sie sich wieder zu mir: „Henry ist einverstanden. Um Viertel nach acht sind wir da. Ich habe kastanienbraune Sachen an und Henry trägt einen blauen Pulli.“ Ich würde sie um Viertel nach acht unten erwarten, sagte ich.

So viel zum Thema Abschalten.

Wir verabschiedeten uns vorläufig und ich ging ins Badezimmer, um meine Haare für diesen letzten Programmpunkt des Tages in Ordnung zu bringen.

Als ich in die Hotelhalle kam, erkannte ich Pat sofort. Sie trug ein kastanienbraunes Kopftuch um den Kopf gewickelt wie ein Haarband, das ihr dichtes graues Haar aus ihrem Gesicht zog. Ein langes Ende war über ihre linke Schulter drapiert. Sie trug Reifohrringe und Klamotten, die ich im Kleiderschrank meiner Freundinnen eher vermutet hätte als bei einer Frau, die im Alter meines Vaters war.

„Pat?“, fragte ich vorsichtig. Sogleich stürmte sie auf mich zu und umarmte mich heftig.

„Hallo Fawn!“ Sie stellte mich Henry vor und wir durchquerten die Hotelhalle in Richtung Restaurant.

„Pat, Dot hat mir zwar erzählt, dass Sie mit meinem Schwung locker mithalten können, aber sie hat mir verschwiegen, dass Sie nicht annähernd wie beinahe siebzig aussehen!“

„Ich habe nur einen alten Mann geheiratet!“, gab sie schlagfertig zurück. „Ich bin noch nicht siebzig. Er ist zweiundsiebzig. Ich bin erst siebenundsechzig." Henry lachte auf und drückte Pat einen imaginären Gehstock in die Hand, während wir weitergingen.

Als wir Platz nahmen, versuchte ich mir immer noch einen Reim auf dieses Pärchen zu machen. Entweder besaßen die beiden eine Zeitmaschine oder sie hatten die Quelle der ewigen Jugend gefunden. Ich wohne nur fünfundvierzig Minuten von Beverly Hills entfernt, wo die besten Schönheitschirurgen der Welt zu Hause sind. Ich weiß was es heißt, im positiven Sinn umgestaltet zu werden. Die Jugendlichkeit von Pat und Henry war jedoch keinem Skalpell zu verdanken.

„Vergessen wir das Interview über Liebe und Ehe. Ich frage Sie lieber, wie man für immer jung bleibt", sagte ich nur halb im Scherz.

Nach nur fünf Minuten war ich schon dem Charme dieses Ehepaars erlegen und wir hatten angefangen, uns zu duzen.

Pat und Henry drängten mich, ein regionales Getränk zu probieren, von dem ich noch nie gehört hatte. Es sei eines der besten Getränke in ganz Südafrika, versicherten sie mir. Und sie behielten recht. Vom ersten Schluck an war ich hin und weg vom roten Cappuccino, manchmal auch Rooibos-Cappuccino genannt.

Dieses Getränk wird genau wie Cappuccino zubereitet, aber diese gerissenen Südafrikaner haben herausgefunden, wie man statt der Kaffeebohnen eine natürliche koffeinfreie Teesorte verwenden kann, die nur in Südafrika wächst.

Dieser rote Cappuccino versetzte mich geradezu in Euphorie und beinahe hätte ich vergessen, wozu ich in dieses Hotelrestaurant gekommen war. Ich befand mich in bester Gesellschaft. Ich verbrachte mit Pat und Henry spannende Stunden mit viel Gelächter. Nachdem wir zwanzig Minuten lang darüber geplaudert hatten, dass sie gerade den Pilotenschein gemacht hatten und sich jetzt gemeinsam aus einem Bausatz ein Flugzeug bauen wollten, dass Pat gerne Keyboard spielen lernen wollte, dass sie als Erstes jeden Morgen einen Spaziergang machten und dass sie viel Gemüse und Fisch aßen und sich von rotem Fleisch fernhielten (Letzteres galt nur für Pat, nicht für Henry, der stolz verkündete, er esse so viel rotes Fleisch, wie er könne, und Pat wisse gar nicht, was ihr entgehe), kamen wir schließlich darauf zu sprechen, warum ich nach Südafrika gekommen war.

„Wir haben viel Spaß miteinander", sagte Henry, als ich ihn fragte, was seine Kraft und sein jugendliches Aussehen ausmachte. „Wir müssen nichts tun, um glücklich zu sein. Unser Zusammensein genügt uns. Wir sind sehr gute Freunde und das reicht uns völlig, auch wenn wir mal nicht in die Stadt ausgehen." Er erzählte mir, was man in Kapstadt alles Schönes unternehmen kann, von Besuchen in den vielen Weinlokalen über Spaziergänge an den Stränden bis zum Essen in den unzähligen Restaurants. „Aber wir können das Nichtstun auch sehr gut. Manchmal sitzen wir einfach den ganzen Tag zusammen und es wird uns nicht langweilig."

Sie waren Freunde. Von dem Augenblick an, als sie sich zum Essen setzten, gab es keinen Zweifel daran. Sie machten Späße und lachten auf Kosten des anderen, verloren aber nie die Achtung voreinander. Pat nennt Henry „Schatzi". Während wir zusammen Tee tranken und Kuchen aßen, sahen sie einander in die Augen, lächelten sich die ganze Zeit an und hielten sich an den Händen, als ob es ihr letztes Zusammensein wäre.

Ich wollte wissen, ob es schon immer so war. Ob sie vom Moment ihrer Eheschließung an beschlossen hatten, für immer gute Freunde und verliebt zu bleiben. Die Antwort war ja.

„Ich weiß noch", erzählte Pat, „wie eine Freundin mir sagte, eines Tages würde ich schon aus meiner Traumwelt aufwachen und die Realität erkennen." Ich wusste sofort, was diese Freundin gemeint hatte, da ich in meiner Ehe schon immer Ähnliches zu hören bekommen hatte.

Ich fragte sie, ob sie andere Paare kannten, mit denen sie sich trafen und die auch so fröhlich und unterhaltsam wären wie sie selbst und einander ebenso verehrten.

„Wir suchen uns unsere Freunde sehr sorgfältig aus. Wir kennen viele Leute, aber die, mit denen wir intensiv Kontakt halten und häufig ausgehen – das sind nicht viele, denn mancher könnte sich von uns irritiert fühlen“, erwiderte Henry. „Es ist nur eine Kerngruppe von Freunden, die wir gerne um uns haben. Sie ergänzen uns und wir ergänzen sie. Andere tun unserer Beziehung nicht gut.“

Henry und Pat wählen aus, mit wem sie regelmäßig Umgang pflegen. Sie umgeben sich mit Menschen, die ähnlich wie sie denken: besonders solchen, bei denen Ehe und Familie ebenfalls Vorrang haben. Solche Menschen sind, wie es Henry ausdrückt, nicht destruktiv. Sie haben auch nicht die Absicht, sich in der Gesellschaft eines Paares aufzuhalten, das miteinander nicht respektvoll umgeht (zumindest nicht öfter als ein einziges Mal).

Pat erinnerte sich, wie sie vor Jahren voll Enttäuschung und Frust bei „verschiedenen Frauentreffs“ war, bei denen die Frauen sich gegenseitig darin zu übertreffen versuchten, schlecht über ihre Männer zu reden. „So etwas ist ansteckend“, erklärte sie. „Diese Partys, wo man sich selbst bemitleidet oder die Schuld immer auf den Ehemann schiebt, nehmen einen gefangen, sie sind tödlich.“ Pat sagte, sie macht bei solchen Gesprächen nicht mit und erträgt es nicht, dabei auch nur in der Nähe zu sein.

Ich weiß genau, wie es ihr geht. Als Keith und ich noch nicht lange verheiratet waren, gingen wir gemeinsam mit anderen Ehepaaren zu einer „Life Group“ unserer Kirchengemeinde. Einige der Teilnehmer befanden sich mit ihrer Beziehung in einer Krise oder gingen durch eine schwierige Phase und redeten die ganze Zeit über nichts anderes. Keith und ich saßen meist auf der Couch und hielten uns an den Händen oder ich legte meinen Kopf auf seine Schulter. Das war nicht als Show für die anderen gedacht, sondern weil wir das zu Hause auf unserer eigenen Couch auch taten. Es wäre eigenartig gewesen, plötzlich damit aufzuhören, nur weil andere Menschen im Raum waren.

Nach einigen Wochen in dieser Gruppe fiel mir auf, dass ich, wenn wir nach dem Treffen ins Auto stiegen, auf einmal schnippisch war, als ob ich unbewusst Streit suchte. Sonst ging es uns in unserer Beziehung nicht so, nur nach der Gruppe. Einige Wochen später hinterfragte ich mich und es wurde mir bewusst, dass ich einen Konflikt heraufbeschwor, wo gar keiner war, nur um besser in die Gruppe zu passen. Dieser Konflikt sollte uns als Ehepaar authentischer wirken lassen.

So albern es mir vorkommt, wenn ich heute darüber nachdenke, passiert es doch sehr oft. Paare, die sich aufrichtig lieben und die eigentlich nichts Negatives über ihre Ehe berichten können, beginnen nach Negativem zu suchen. Es sind kleine, unbedeutende Dinge, die normalerweise keine Rolle spielen. Aber weil sich so viele über ihre Partner beschweren, suchen diese im Grunde glücklichen Paare nun auch nach etwas, das sie über *ihre* Partner berichten können. Während ich Pat zuhörte, überlegte ich mir, wie viele Frauen wohl, ohne es zu wissen, ihre Ehe selbst in die Abwärtsspirale führen, um in den Jammer ihrer Freundinnen einstimmen zu können.

Als ich einen Artikel auf unserem Klub-Blog postete, in dem ich Frauen aufforderte, notfalls als einzige Stimme im Raum diese negativen Töne in positive umzuwandeln, kam ein überwältigender Widerhall. Ich hatte einen wunden Punkt berührt, aber auf eine gute Weise. Diese Frauen würden, wenn ihre Freundinnen mal wieder eine „Anklageparty" feierten, wie Pat es nannte, sich weigern, dabei mitzumachen, und stattdessen vesuchen, das Gespräch von all dem Negativen wegzulenken. Pat hat das, seit sie verheiratet ist, immer so gehalten. Sie weigerte sich, mit Frauen zusammen zu sein, die nur über ihre Ehemänner schimpfen. Dadurch gelang es ihr, ihren Blick auf das zu richten, was ihr Mann Henry gut macht, und nicht auf die paar Kleinigkeiten, die nicht so gut laufen.

Wie die meisten Paare, die ich kennenlernte und die über viele Jahre gute Freunde geblieben sind, haben auch Pat und Henry sich bewusst entschieden, sich nicht an Kleinkram wundzureiben. Und im Grunde ist alles Kleinkram. Henry sagte mir, er und Pat seien schon vor langer Zeit zu dem Schluss gekommen, man könne sich nie sicher sein, dass es ein Morgen gibt und deshalb würden sie ein Zerwürfnis nie über Nacht anstehen lassen. Dafür sei es einfach nicht wichtig genug.

Wer Streitigkeiten mit ins Bett nimmt, sagten sie mir, fällt eine unbedachte und vermessene Entscheidung. Wenn man zu Bett geht und immer noch böse auf seinen Partner ist, muss man davon ausgehen, dass man mit dem gleichen Streitpunkt wieder aufwachen wird. Aber wie schrecklich wäre es, wenn der Partner diesen Tag nicht mehr erlebte! Dann würde man sich den Rest seines Lebens nicht an die schönen Zeiten miteinander erinnern, sondern an das Letzte, was man getan oder gesagt hat, und müsste es sein Leben lang bedauern.

Kaum zu glauben, dass ich Pat und Henry erst vor wenigen Stunden kennengelernt hatte und sie dennoch mir gegenüber so viel Persönliches preisgaben. Aber wenn man Leuten sagt, man wolle die Geheimnisse einer glücklichen Ehe herausfinden, bekommt man oft einen Freibrief für tiefe Einblicke in ihr ganz persönliches Leben. Schon zu Beginn meiner Reise erkannte ich, dass Menschen, die zu einer glücklichen Beziehung gefunden haben, ganz erpicht darauf sind, ihre Erfahrungen weiterzugeben, so als wollten sie nicht, dass ihre wichtigen Erkenntnisse verloren gehen. Es war mein Glück, dass gerade ich die fremde Person war, die sie nach ihren Einsichten fragte.

Der Abend schritt fort und das Restaurant machte Anstalten zu schließen. Eine junge Frau im Collegealter beschäftigte sich freundlicherweise mit den notwendigen Aufräumarbeiten vor dem Zusperren, anstatt uns zum Gehen zu drängen. Trotzdem blickte sie manchmal kurz zu uns herüber, während sie Sessel umdrehte und auf die Tische stellte. Vermutlich war als Nächstes der Boden zu wischen.

Obwohl Henry, Pat und ich wohl noch die ganze Nacht hätten reden können, nahmen wir alle den feinen Hinweis auf. Wir pickten mit den Fingern die letzten Krümel auf und leerten die lauwarmen Neigen aus unseren Teetassen.

Dieses Mal ging ich tatsächlich zu Bett.

„Du solltest dich jetzt wirklich ausruhen“, sagte Pat zu mir, als wir in die Hotelhalle gingen und ich sie zum Vordereingang begleitete. „Du wirst es brauchen!“

Noch vor dem Ende der Nacht hatten wir uns für den nächsten Morgen zu einem Spaziergang verabredet. Bald wollte ich nach Mauritius weiterreisen und da ich viele Stunden im Flugzeug sitzen würde, war ich ganz begierig darauf, noch ein wenig meine Beine zu bewegen. Ich betone „ein wenig“. Was ich mit Pat am nächsten Morgen erlebte, war in keiner Hinsicht „ein wenig“. Die Energie, die sie ausstrahlte, wenn sie in einem Sessel saß, vervielfachte sich noch, wenn sie marschierte.

Wir starteten um acht Uhr morgens auf einem Plankenweg am Strand entlang. Es war ruhig und erholsam; das Klatschen der Wellen gegen die Felsen unter uns hörte sich belebend an.

Nach ungefähr eineinhalb Kilometern wurde es spannend. Pat wandte sich links bergauf, dem Küstenverlauf in einiger Entfernung folgend. Ich bekam ein etwas mulmiges Gefühl, denn hier waren die Häuser regelrechte Festungen, eingefriedet mit stacheldrahtbewehrten Betonziegelmauern. Und hier kraxelten nun wir, eine weiße Endsechzigerin und eine Schwarze in den Dreißigern, den Berg hinauf. Ich hatte einige Mühe, mit Pat Schritt zu halten.

Wir wanderten mehrere Stunden lang vom Strand in Clifton hinauf zum Lion's Head und schließlich weiter nach Camp's Bay, wo ich mich mit Dot und Ken getroffen hatte. Auf dem Weg nach oben hatte ich einen herrlichen Ausblick über den weiten Strand von Clifton, wo die Berge in majestätischen Wogen ins blaue Meer übergehen. Als jemand, der dicht am Pazifik lebt, bekomme ich nie genug vom Ozean. Diese Strandkulisse hier hatte etwas ganz Besonderes an sich.

Vielleicht kam es mir auch so vor, weil ich aus meinem alltäglichen Umfeld herausgerissen war und es mit neuen Augen sah.

Während Pat vor mir her die Hänge zum Lion's Head hinaufmarschierte, wurde unser Gespräch sporadischer. Ich konzentrierte mich immer nur auf meinen nächsten Schritt. Entlang des Weges standen silberfarbene Bäume und Blumen, die das ganze Jahr blühten. Immer wieder flatterte ein Vogel auf, versteckte sich im Gebüsch oder flog hoch hinauf in den Himmel, als gälte es, den Ozean zu überqueren.

Nach einer Stunde Aufstieg gönnten wir uns eine Pause, um das Panorama zu genießen, das sich uns bot: ein Häusermeer unter uns, das sich an die Hügel von Kapstadt anschmiegte, nur wenige Schritte von den Sandstränden entfernt.

Der Pfad am Lion's Head entlang führte uns bis fast zum Tafelberg. Es gab eine Seilbahn zum Gipfel, einem Hochplateau von fast zwei Meilen Durchmesser, flach wie eine Ebene in Kansas. Ich glaubte schon fast, Pat würde vorschlagen, den Gipfel auf die altmodische Art zu bezwingen. Doch allmählich wurde ich wirklich müde. Zum Glück war es nur noch ein kurzer Weg bis Camp's Bay, wo Henry sich mit uns zum Mittagessen treffen wollte.

Mittagessen. Es gab in dem Moment wohl kein Wort für mich, das schöner geklungen hätte.

Nur gut, dachte ich mir, *dass ich mich gleich auf dem Flug nach Mauritius ausruhen kann.*

Kapitel 8

DONNANT, DONNANT

Port Louis, Mauritius

Mauritius ist ein Mischmasch verschiedenster Menschen. Noch nie habe ich etwas Ähnliches gesehen: die unterschiedlichsten Abstammungen und Akzente und eine Vielfalt von Kulturen im engen Raum einer lose miteinander verbundenen Inselgruppe und rundherum nur Wasser. Diese Inseln gehören zum Schönsten, was ich jemals gesehen habe. Trotz dieser Pracht um mich herum, sagte man mir, Flic en Flac, wo ich mich gerade befand, sei noch lange nicht der schönste Ort auf Mauritius. Es kam mir vor, als müsste man entscheiden, welche Bewerberin für den Titel der Miss Universe die schönere sei.

In einem Punkt jedoch ragte Flic en Flac heraus, nämlich beim Sonnenschein. Die Einheimischen sagten, selbst wenn es überall sonst auf der Insel regnete, in Flic en Flac regne es niemals. Ich stand gerade vor dem Postamt, um mitten aus dem Indischen Ozean einen Brief an Keith aufzugeben, und konnte dieser Behauptung voll und ganz zustimmen. Weit in der Ferne türmten sich Gewitterwolken auf, aber hier wärmte die milde Winterluft (wenn man so etwas Winter nennen kann) meine Schultern.

Ich sah nur blauen Himmel und wurde immer neugieriger, was mich auf dieser isolierten Insel, wo so viele Traditionen zusammentrafen, erwarten würde – ganz bestimmt etwas Einzigartiges, vielleicht auch Ungewöhnliches, zum Thema Ehe.

Ich hatte nicht erwartet, dass das viele Negative, an das ich mich in Amerika so gewöhnt hatte, den Weg auch hierher finden würde. Zumindest traf das auf eine Frau zu, eine der ersten Personen, mit denen ich mich unterhielt.

Ich ging in das Postgebäude hinein und stand hinter einer noch jungen Frau, die wirklich eine Schönheit war. Ich versuchte ihre Abstammung zu erraten, was bei den meisten Menschen hier auf der Insel außerordentlich schwierig war. Es drängte mich, ihr eine Frage zu stellen.

„Hallo! Ich heiße Fawn. Ich habe zufällig einen Ring an Ihrem Finger gesehen. Sind Sie verheiratet?"

„Ja." Sie war ziemlich erstaunt, dass ich sie so einfach ansprach. Wenn man auf Reisen ist, scheint einem das „Ich bin nicht von hier" richtiggehend auf die Stirn geschrieben; man kann es nicht verbergen, wenn man den Mund aufmacht. Sie sprach mich auch sofort darauf an und ich erzählte ihr, dass ich aus den Vereinigten Staaten kam.

„Ich glaube nicht, dass es glückliche Ehen gibt. Glauben Sie an so etwas?", kam sie auf meine anfängliche Frage zurück. Ihr langes, schwarzes Haar glitzerte und tanzte über die Schultern ihres leuchtend fuchsienroten, goldbestickten Salwar Kamiz. Ich betrachtete ihren Ring genauer. Es war ein leicht abgetragener, schlichter Goldring, dem anzusehen war, dass er sich nicht erst seit Kurzem an ihrem Finger befand, aber auch noch nicht allzu lang.

„Ich glaube tatsächlich daran. Ich bin extra auf diese Insel gekommen, um das zu beweisen. Fällt Ihnen jemand ein, der eine sehr gute Ehe führt und mit dem ich sprechen sollte?"

Sie blickte mich fragend an, sagte eine Weile nichts, dann antwortete sie: „Nein, ich kenne in Mauritius niemanden, der glücklich verheiratet ist. Es gibt zu viele Probleme. Die Männer auf Mauritius trinken zu viel." Diese Feststellung hörte sich eher nach eigenen Erfahrungen an als nach einer Gesellschaftsanalyse.

Kein einfacher Anfang für eine so atemberaubend schöne Insel! Die besondere Ironie dieser Antwort lag in der Tatsache, dass jedes Jahr Zehntausende Menschen nach Mauritius kommen, um zu heiraten, ihre Flitterwochen hier zu verbringen oder ihre Hochzeitsjubiläen zu feiern.

Es ist komisch (lies: traurig), wie viele Frauen beim Gedanken an eine gute Ehe sehr vorsichtig werden, so als könnten sie sich nicht erlauben, daran zu glauben, weil sie sich selbst sonst eingestehen müssten, wie unglücklich sie sind. Für diese Frau im Postamt, mit der ich dort in einer Warteschlange stand, wäre Skepsis noch ein zu geringes Wort, um zu beschreiben, wie sie darüber dachte. Nach dreizehn Jahren Ehe lag es ihr fern, sich als glückliche Ehefrau zu bezeichnen. Sie wirkte ausgesprochen unglücklich.

Sie tat mir leid. Sie sah so jung und voller Leben aus, doch der Mann, zu dem sie jeden Abend zurückkehrte, war ihr wunder Punkt. Hier auf dieser Insel, wo so viele Ehen ihren Anfang nehmen, schien jedes ihrer Worte danach zu schreien, dass sie nichts lieber wollte, als ihre Ehe zu beenden.

Traurig, aber unbeirrt, verließ ich die Post und stellte mich an den Straßenrand, um ein Taxi herbeizurufen. Ich roch die Meeresluft und exotische Pflanzen breiteten sich überall aus, als ob sie das Land zurückgewinnen wollten, das ihnen von den Menschen genommen worden war. Der Spruch fiel mir ein, der am Schlüsselanhänger meines Hotelzimmers angebracht war: *„Dieu créa l'ile Maurice, puis le Paradis* *á son image"*, entlehnt aus Mark Twains Buch *Dem Äquator nach*. In der Übersetzung heißt der Vers so viel wie: „Zuerst wurde Mauritius geschaffen, dann das Paradies. Aber das Paradies war nur eine Kopie von Mauritius."[6] Wenn ich mich umschaute, konnte ich dieser Aussage Twains wirklich zustimmen.

Die Straßen wirkten hier nicht überfüllt mit Menschen, die zu wichtigen Terminen eilten. Sogar die Autofahrer fuhren in einem „Inseltempo", wie ich es nennen würde. Wenig später hielt ein Taxi bei mir an. Ich öffnete die Tür und zog den Kopf ein. Als ich mich auf den Sitz fallen ließ, hörte ich die Worte ...

„Ich heiße Bahbi." Der französisch-indische Fahrer sprach fast perfektes Englisch mit französisch-indischem Akzent.

„Bahbi?"

„Ja, genau, Bahbi."

„Freut mich, Sie kennenzulernen, Bahbi. Ich bleibe ein paar Tage auf der Insel und habe jede Menge zu tun. Ich brauche jemanden, der mich herumfährt und auf mich wartet, während ich einige Verabredungen habe. Können Sie das übernehmen?"

„Ja, das kann ich", sagte er und reichte mir eine Visitenkarte des Taxiunternehmens. Sein Name stand fett gedruckt ganz oben: „Bobby".

„Was haben Sie in Mauritius vor?"

„Es mag Ihnen etwas seltsam erscheinen, aber ich bin gekommen, um das Geheimnis von glücklichen Ehen herauszufinden."

„Das ist interessant. Sind Sie Amerikanerin?"

„Ja." Ich fragte ihn nicht, wie er das herausgefunden hatte, denn ich wollte nicht wirklich hören, was er dazu zu sagen hatte.

„Bahbi" blickte beiläufig nach hinten, ob die Straße frei war, und fuhr los.

„Mauritius ist eine beliebte Insel für Flitterwochen", erzählte er mir. „Die Leute kommen oft aus Europa hierher und dann ist allerhand los hier. Aber nicht jetzt. Sie kommen zu einer Zeit, wo es ruhig ist.

Dort ist jetzt Sommer und es gibt keinen Grund zu kommen, bis es bei ihnen Winter ist."

Eine Frau, die im Flugzeug neben mir gesessen hatte, hatte mir etwas erzählt, was mich immer noch beschäftigte. „Gibt es hier viel Armut?", fragte ich. „Mir wurde so etwas erzählt."

„Das ist nicht wahr", erwiderte er entschieden. „Wirklich nicht. Ich habe erst diese Woche eine Nachrichtensendung gehört, dass weniger als zwei Prozent in Mauritius wirklich arm sind. Sechs bis sieben Prozent sind ohne Arbeit", erklärte er.

Ich weiß nicht, ob er das nur sagte, um mich zu beruhigen und für Touristen den Eindruck zu erwecken, dass die Einwohner hier gut leben könnten, daher hörte ich einfach nur zu.

„Als mein Vater von Indien nach Mauritius kam, gab es noch viel Armut. Wir lebten zu neunt in einem kleinen Haus mit zwei Zimmern. Wer heute kein Geld hat, der ist faul, und vom Staat ist hier kein Geld zu bekommen."

Er erklärte mir, wie er über Armut und den Unterschied zwischen armen Leuten und Mauritiern dachte.

„Die Menschen in Mauritius haben Häuser und man ist nicht arm, wenn man ein Heim hat mit elektrischem Strom, fließendem Wasser, das man vom Wasserhahn trinken kann, Fernsehen, Mikrowelle und Handys. Man kann nicht alle diese Dinge besitzen und sich für arm halten", argumentierte er. „Es gibt sicher Leute, die mit meiner Ansicht von Armut nicht übereinstimmen, aber ich bin der Meinung, man kann nicht all diese Dinge haben und sich arm nennen."

Ich glaube, dass viele, die sich selbst für arm halten, Bahbis Einschätzung nicht teilen würden. Nun versuchte ich, das Gespräch auf die Ehe zu lenken und fragte ihn nach der Beziehung zu seiner Frau.

„Wissen Sie, was *wife* bedeutet?", fragte er mich mit ernster Miene. Ich ahnte schon, dass er sich einen Scherz mit mir erlauben wollte. Bahbi kicherte in sich hinein: „Wife bedeutet: *without information, fight everytime* (wörtlich: ohne Information, ständig Streit)." Er lachte, bis er außer Atem war, während ich schmunzelte.

„Wie lange sind Sie verheiratet?", fragte ich ihn.

„Ich bin schon dreißig Jahre mit meiner Frau verheiratet."

„Gratuliere. Das ist eine ganz schöne Leistung!"

„Es fühlt sich nicht so lange an, wie es sich anhört, wenn man es so heraussagt."

„Bahbi, kennen Sie das Geheimnis einer glücklichen Ehe?" Da er sich immer sehr schlagfertig zeigte, kam es mir nicht unpassend vor, diese Frage zu stellen.

„Ja! *Donnant, donnant* – so sagen die Franzosen."[7]

„Doh-non", wiederholte ich.

„Ja, *donnant, donnant*. Du gibst und du bekommst. Das Wichtigste ist nicht, was du bekommst, das Wichtigste in der Ehe ist, was man selbst gibt."

Dies war nun zumindest ein Ratschlag für die Ehe, mit dem wir beide übereinstimmten.

Eine Zeit lang schwiegen wir, während wir zum Hotel fuhren. Bahbi wählte eine Route am Meer entlang, wo in regelmäßigen Abständen am Wasser Bäume gepflanzt waren. Ich klebte buchstäblich am Taxifenster, während die Sonne in der Abenddämmerung die Wasseroberfläche berührte und ihre Strahlen durch die Bäume blinzelten. Es war ein herrliches Schauspiel. Das andere Fenster erlaubte mir einen Blick auf das Bergland an der Westseite der Insel. Ich war fasziniert, denn dieses Paradies wirkte, als wäre es mitten aus dem Meer aufgestiegen.

Auf unserer weiteren Fahrt durch Flic en Flac waren die Straßen überall von Zuckerrohrpflanzen gesäumt, die der Zivilisation den Kampf angesagt hatten. Bahbi klärte mich in aller Kürze über die sozialen Verhältnisse der Insel auf – Hauptexportgut: Zuckerrohr und Rum; Hauptwirtschaftszweig: Tourismus; Amtssprachen: Französisch (obwohl die meisten Mauritier drei oder vier Sprachen beherrschen). Ich war neugierig, was es mit den Häusern aus Betonziegeln auf sich hatte. Waren sie ein Zeichen für Armut oder einfach eine Eigenart der Insel?

„Die Häuser? Ach, die bauen wir so, weil wir hier jeden Januar einen Wirbelsturm haben. Innen sind diese Häuser komplett ausgebaut. Wir machen das hier einfach so, um Sturmschäden zu verhindern“, erklärte Bahbi.

Wir fuhren an Mahatma Ghandi vorbei – nicht an ihm selbst natürlich, sondern an der nach ihm benannten Universität der Insel[8]. Die Namensgebung leuchtete insofern ein, als Bahbi erklärte, dass sechzig Prozent der Einwohner aus Indien stammen. Das ist geschichtlich bedingt, da die Insel in vergangenen Jahrhunderten Kolonie der Briten war.

Die letzte größere „Attraktion“, an der wir vorbeikamen, waren die Slums der Insel, nur ein paar Straßenblocks, in denen sich die zwielichtigeren Aktivitäten abspielten. Es stimmte mich traurig, dass es sogar an so einem wunderschönen Ort Menschen gab, die gezwungen waren, ein Leben zu führen, das sie von wahrem Glück und Wohlergehen ausschloss. Suchtabhängigkeit war, wie überall, auch in Mauritius ein menschliches Problem.

Dass ich mir in nur wenigen Stunden einen so guten Eindruck von der Insel verschaffen konnte, verdankte ich Bahbi. Über das Internet kann man über einen Ort so manches in Erfahrung bringen. Wenn man aber wirklich dort ist, bekommt die Vorstellung, die man sich gemacht hat, eine realistische Färbung. Obwohl es hier auch Slums gab, wurde Mauritius zu einem Ort, den ich mir im Geiste vormerkte: *Hier musst du unbedingt einmal mit Keith herkommen!*

Mit diesen Gedanken und mit der neuen Energie, die mich immer erfüllt, wenn ich an einen unbekannten Ort komme, beobachtete ich, wie die Sonne ins Wasser eintauchte und ihr Licht verströmte. Jeder Palmwedel, jedes Schilfrohr und jede Blume schimmerten – es war wie in Hollywood. Diese kurze Fahrt hätte ewig so weitergehen können.

Als wir bei meinem Hotel ankamen, fragte mich Bahbi, wann er mich wieder abholen solle und wir vereinbarten, einander in zwei Tagen wiederzusehen. Mit einem flotten Abschiedsgruß in seinem liebenswerten Akzent machte er sich zu seiner nächsten Fahrt auf. Ich steuerte geradewegs zur Rezeption und lief dann schleunigst zum Strand, denn es blieben mir nur noch wenige Augenblicke, um den Sonnenuntergang über dem Wasser zu genießen. Die Rezeptionistin kannte das schon aus dem Effeff: „Wir bringen Ihnen alles an den Strand, damit Sie sich anmelden können." Ich ließ meine Koffer bei der Rezeption zurück und rannte geradeaus zum Strand.

Reisen ist großartig, aber es fordert auch. Als ich nun endlich zur Ruhe kam, signalisierte mir mein Körper, es sei an der Zeit, mich hinzusetzen. Da ich an Keith dachte und etwas von diesem Moment für ihn aufheben wollte, legte ich meinen kleinen Camcorder auf den Tisch neben meinem Liegestuhl, drückte die Aufnahmetaste und lehnte mich mit hinter dem Kopf verschränkten Händen zurück. Das rhythmische Rauschen der Wellen verfehlte seine Wirkung nicht und mein Blutdruck stürzte in den Keller. Es verblieb mir eine Viertelstunde Urlaub am schönsten Ort, den man sich nur vorstellen kann. Als die Sonne zur Hälfte hinter dem Horizont verschwunden war, kam die Rezeptionistin mit Formularen, die ich unterschreiben musste, und einem Tablett mit einem Kokosnuss-Ananas-Drink. Besser ging es nicht – es sei denn, Keith wäre jetzt da gewesen, und wir hätten uns von Liegestuhl zu Liegestuhl an den Händen halten können. Eine halbe Stunde blieb ich noch, bis die Sonne vollends untergegangen war. Der Weg zurück zum Hotel war durch kleine, von einer dünnen Sandschicht überzogene Lampen markiert.

Kapitel 9

VERMASSELN WIR ES NICHT

Grand Baie, Mauritus

„Sie ist sicherlich weiß", sagte Bahbi, nachdem er mit Françoise telefoniert hatte.

Als ich sie am Vorabend angerufen hatte, hatte sie mir nur ungefähr beschrieben, wo sie wohnte, und mich gebeten, den Taxifahrer anrufen zu lassen, sobald wir in der Nähe wären, damit sie dann genauere Anweisungen geben könne. Bahbi meinte, er habe an ihrem makellosen französischen Akzent sofort erkannt, dass sie weiß sein musste.

Wir fuhren zu ihrem Bungalow, der sich in der Nähe von Grand Baie auf einer Klippe befand, von der aus man hinaus aufs Meer schauen konnte. Bahbi fuhr durch das Gartentor und fragte die ältere Frau, die am Eingang des Hauses stand, wo er parken könne. Da sie Französisch sprachen, erfuhr ich erst später, was sie miteinander redeten.

Dann drehte sich Bahbi zu mir um und erklärte mir, die Frau, mit der er gesprochen habe, sei Françoise und sie warte schon auf mich, um mich willkommen zu heißen. Die Stärke dieser Frau war sogar aus der Entfernung spürbar. Als ich mich ihr näherte, sagte sie in stark französisch gefärbtem Englisch „Hello“ und begrüßte mich mit einem angedeuteten Kuss auf beide Wangen.

Ihr Mann Jean-Alain Lalouette kam gleich hinter ihr mit noch weiteren höflichen Küssen und hieß mich in ihrem Heim und auf der Insel willkommen. Auch Jean-Alains Gestalt verriet eine starke Persönlichkeit. Ein Weißer in fortgeschrittenem Alter, beruflich und im Privatleben fest etabliert, strahlte er ein Selbstvertrauen aus, das sich nicht vortäuschen lässt. Ein Selbstvertrauen, das den Franzosen aus den Poren zu dringen schien, offenbar selbst denen, die auf Mauritius geboren waren.

Kennen Sie das Gefühl, wenn man ein Haus betritt und sofort spürt, was für Menschen darin wohnen, schon aufgrund ihres Umfeldes? Das Haus von Françoise und Jean-Alain strahlte so viel Liebenswürdigkeit und Gastfreundschaft aus, weil sie liebenswürdige, gastfreundliche Menschen waren. Vom ersten Moment an fühlte ich mich wie eine Tochter – nur eine kleine Hürde war am Anfang zu überwinden. Als wir durch das Wohnzimmer gingen, spürte ich von Françoises Seite ein kleines Zögern. Das war durchaus zu verstehen. Sie kannte mich nur durch einige E-Mails, die ihr Isabelle geschickt hatte. Nun hieß sie mich in ihrem wunderschönen Heim willkommen, um mir persönliche Fragen über ihre Familie zu beantworten.

Nachdem wir uns kurz umgesehen hatten, nahmen wir auf der Terrasse mit Meerblick Platz. Die beiden kamen schnell auf das Thema meiner Reise zu sprechen. Das Zögern, das ich bei Françoise wahrgenommen hatte, als ich ihr Haus betrat, war bald nicht mehr zu bemerken. Nach wenigen Minuten hatten wir das Gespräch über mich und meine Vorgeschichte beendet und redeten darüber, wie die beiden sich ihr schönes, gemeinsames Leben aufgebaut hatten. Es hatte mit einer Gesprächsrunde begonnen, an der sie schon seit fünfzehn Jahren teilnahmen.

„Wir trafen uns regelmäßig einmal im Monat mit sechs anderen verheirateten Paaren, um uns über das Leben, die Liebe und die Familie auszutauschen“, erzählte Jean-Alain. Die Gesprächsgruppe, Equipe Notre-Dame, ging von ihrer katholischen Kirchengemeinde aus und hatte das Ziel, eine lebenslange Gemeinschaft zu bilden, in der die Teilnehmer sich gegenseitig über ihre Ehen Rechenschaft gaben.

Einmal im Monat setzte sich jedes Paar zusammen, um über alles zu sprechen, was ihnen am Herzen lag: das Gute, das Schlechte, die Enttäuschungen, Hoffnungen für die Zukunft und ihre Zufriedenheit (oder auch Unzufriedenheit) mit der gegenwärtigen Lage. Kein Thema war tabu und jeder gewährte dem anderen Einblick in sein Herz und in seine intimsten Gedanken. Man war angehalten, miteinander zu kommunizieren, auch dann wenn es viel Arbeit oder Schwierigkeiten gab.

Sie hatten sozusagen eine *devoir de s'asseoir,* eine Verpflichtung, sich Zeit zu nehmen und miteinander zu reden.

Natürlich konnten sie in der Gesprächsgruppe nicht alle Themen behandeln, aber es war genug, um auch die Herausforderungen der anderen Paare kennenzulernen, sich gegenseitig zu ermutigen und voneinander zu lernen.

Jean-Alain, Françoise und die anderen Ehepaare blieben über die Jahre gute Freunde. Bis heute fahren sie, mit Ausnahme eines inzwischen verstorbenen Paares (Isabelles Eltern), einmal im Jahr alle gemeinsam in Urlaub.

Die Lalouettes sind direkte Nachfahren der ersten französischen Familie, die vor dreihundert Jahren auf Mauritius landete. Jean-Alains Mutter starb, als er vierzehn war, doch anstatt mit seinem Vater nach Frankreich zurückzugehen, beschloss er, auf Mauritius zu bleiben und sich ein eigenes Leben aufzubauen. Er besuchte einen kostenlosen Lehrgang an der örtlichen Hochschule für Bodenkultur und wurde

Chemiker in einer Zuckerfabrik. „Das war die beste Entscheidung, denn auf diese Weise lernte ich Françoise kennen“, berichtete er.

Jean-Alains positive Lebenseinstellung drang immer durch: „Das Leben ist fantastisch, vermasseln wir es nicht“, sagte er wie eine Art Toast, während er sich ein Stück von einem Croissant abriss. Sein heiterer Blick ließ erkennen, dass er über die Jahre in vielen Dingen Gutes entdeckt hatte. „Ich sage immer den Jungen, wenn sie mich um Rat fragen: ‚Ich finde, es ist ganz einfach, ein glückliches Leben zu führen. Tu alles, was du machst, mit Leidenschaft und Liebe, was es auch ist.‘ Ich habe eine Menge Bekannte, die ihr ganzes Leben lang denken, sie würden gerne dies sein oder jenes tun – Arzt sein, Anwalt sein, dies sein, jenes sein – aber es ist nichts daraus geworden und sie jammern bis heute: *Ich hätte dies oder das tun sollen.* Warum kann man nicht in dem, was man gerade tut, Freude finden? Widme dich einer Sache mit Leidenschaft und du wirst sehen, das Leben ist wunderschön.“

Dann fuhr er fort: „Auch die Liebe wird schön, wenn du zufrieden mit dem bist, was du hast. Schaue nicht immer auf andere Dinge wie das Boot oder das Auto deines Nachbarn. Lass ihn das genießen, was er hat.“

Ich versuchte mir seine Worte einzuprägen. Jean-Alain erzählte eine Geschichte, um es noch anschaulicher zu machen: „Einer meiner Onkel war Richter am Obersten Gericht hier und der sagte immer: *Der beste Rat ist oft, keinen Rat zu geben.* Wenn Leute auf der Zuckerplantage zu mir kamen, gab ich also keinen Rat, ich schenkte ihnen nur meine Zeit und bot ihnen an, sich zu setzen und gemeinsam nach einer Lösung für das Problem zu suchen. Das Lustige ist, dass ich dabei nie etwas sagte. Die Leute sind schlau – wenn man nur die richtigen Fragen über das Leben stellt. Sie wollen selbst etwas herausfinden, um glücklich zu sein. Wenn sie dann einen Plan oder eine Möglichkeit sehen, wie sie vorangehen können, sagen sie: ‚Danke, Jean-Alain. Du hast mir sehr weitergeholfen.‘ Dabei habe ich kein Wort gesagt. Wenn ihnen jemand zuhört, sind sie schon in der Lage, ihr Problem selbst zu lösen. Unsere Welt braucht Menschen, die zuhören können, ganz dringend. Die Menschen haben die Fähigkeit zuzuhören verloren, dabei ist es so wichtig. Es ist eine Kunst."

Seit es den Klub der glücklichen Ehefrauen gibt, schreiben mir oftmals Frauen und fragen mich um Rat für ihre Ehe. Wahrscheinlich glauben sie, ich sei eine geprüfte Expertin, doch das bin ich nicht, wenn ich auch aus meinen Erfahrungen und aus denen anderer Menschen gelernt habe (manchmal lernt man am besten durch intensives Beobachten). Die Frauen, die mir schreiben, üben oft heftige Kritik an ihren Männern. Jean-Alains Weisheit wurde ganz greifbar für mich, als ich nicht mehr versuchte, die Fragen dieser Frauen zu beantworten, und stattdessen *sie* vor eine Reihe von Fragen stellte. Meist kamen sie dann wie Jean-Alains Mitarbeiter auf der Zuckerplantage selbst zu der richtigen Lösung – indem sie eine Weile innehielten und nachdachten. Es ist seltsam, wie das Zuhören befreit, anderen aber weiterhelfen kann.

Nicht ganz zwei Stunden lang hatten mir die Lalouettes von ihren Lebensvorstellungen erzählt, als in unserem Gespräch eine natürliche Pause entstand, um durchzuatmen, uns zurückzulehnen und die Meeresbrise und den Sonnenschein zu genießen. Hin und wieder beugten wir uns vor, um einen Bissen von unseren Croissants abzureißen und an unserem schwarzen Tee zu nippen (den ich „weiß" trinke, wie sie mich informierten, weil ich etwas Sahne hineintue). Schließlich ergriff ich das Wort.

„Gestern sah ich am Strand, wie ein Brautpaar Fotos von sich machen ließ. Ich liebe Hochzeiten und finde es wunderbar, wenn Braut und Bräutigam ihr gemeinsames Leben beginnen. Aber in Amerika, und anderswo vermutlich ebenso, ist es so, dass die Paare schnell das Glück der Flitterwochen hinter sich lassen. Viele Ehen enden in einer Scheidung. Warum, glaubt ihr, ist das so?"

Jean-Alain hatte die Augen geschlossen und seinen Kopf angelehnt. Bedächtig kaute er an seinem Gebäck. Schließlich schluckte er den Bissen hinunter und nahm einen tiefen Atemzug.

„Es hat sich alles so schnell verändert", sagte er. „Früher begann eine Beziehung so, dass man zusammen das Kino besuchte, dann ging man ein halbes oder ein Jahr miteinander, um herauszufinden, ob man zusammenpasst und ob man als Ehepaar glücklich sein könnte. Man musste sich Mühe geben."

Dann fuhr er fort: „Die Leute glauben, wenn man erst verheiratet ist, ist alles erledigt und man muss nichts mehr tun. Aber in der Liebe läuft es so nicht! Sie ist eine tägliche Herausforderung und täglich muss man neue Lösungen suchen."

Es war seltsam, von diesem Ehepaar, das dem Leben so viel Schönes abgewinnen konnte zu hören, die Ehe sei eine „Aufgabe". Jean-Alains nächste Aussage machte das noch deutlicher. „Wenn zwei verschiedene Menschen mit zwei verschiedenen Hintergründen zusammenkommen, dann muss jeder das Seine dazu beitragen."

Françoise sprach weitaus weniger, da sie mit ihrem Englisch nicht so sicher war, doch nun fügte sie hinzu: „Man muss an seinem Haus auch nach fünfzig Jahren noch bauen, es geht immer weiter mit dem Bau."

Unsere kleine Gruppe schwieg einen Moment, da es aussah, als ginge ihr noch mehr durch den Kopf. Vielleicht übersetzte sie ihr Französisch zuerst ins Englische, bevor sie weitersprach:

„Viele haben Angst davor, eine Bindung einzugehen und Verantwortung zu übernehmen. Besonders junge Menschen scheuen sich davor. Sie warten und warten und es wird immer schwieriger."

Jean-Alain fügte hinzu: „Jeder lebt nur für sich allein."

Wenn es eine gesellschaftliche Einrichtung gibt, in der man sich selbst zurücknehmen und den Bedürfnissen eines anderen Menschen Vorrang geben muss, dann ist es die Ehe. Es war klar, dass Jean-Alains und Françoises Zufriedenheit aus der Überzeugung herrührte, dass es für eine gute Ehe und ein gutes Leben ausschlaggebend ist, dass man seinem Partner gegenüber für sein Handeln, seine Entscheidungen und für das gemeinsame Glück verantwortlich ist.

Jean-Alains und Françoises Vorstellung von einer Ehe war etwas, das ich die ganze Zeit, während wir auf der Terrasse saßen, in mich aufsaugen wollte, während das Rauschen des Meeres uns als Hintergrundgeräusch diente. Zum einen war Françoise die erste Ehefrau und Mutter, die ich bis dorthin interviewt hatte und sie war es gerne. Sie würde es um nichts in der Welt für etwas anderes eintauschen.

Ich fragte sie, ob ein Vollzeitjob als Mutter nicht manchmal ziemlich hart sei. „Ja, natürlich!", meinte sie, aber nicht aus dem Grund, den ich erwartet hatte. Es lag nicht daran, dass sie sich als Hausfrau unbedeutend fühlte. Sie hatte das immer als ihre wichtigste Aufgabe und größte Erfüllung angesehen. Sie betonte aber auch, dass es sehr anstrengend gewesen sei, vier Kinder hintereinander zu haben und dann sieben Jahre später noch ein fünftes. Das hatte sie sehr erschöpft.

Einmal hatte sie während ihrer vierten Schwangerschaft einen „schrecklichen Zusammenbruch", weil sie so ausgelaugt war. Heute würde man so etwas als postpartale Depression bezeichnen. Aber ihre Freunde in der Equipe Notre-Dame halfen ihr, auch dies zu meistern.

In ihrer Gegenwart spürte man, dass Françoise eine starke und selbstsichere Frau war. Sie hatte sich nie „minderwertig" gefühlt als Hausfrau und Mutter. Es war die Rolle, die sie im Leben immer spielen wollte und die, wie sie meinte, Gott ihr zugedacht hatte. Sie lebte ihre Bestimmung und fühlte sich gut dabei. Jean-Alain fügte hinzu, seine Frau hätte ihm erlaubt zu sagen, dass er der Herr des Hauses sei, aber jeder, der die beiden kennt, weiß es besser.

Während sie das alles erzählten, wurde mir an ihnen etwas gewissermaßen *Universelles* bewusst, eine Eigenschaft, die mir nicht oft begegnet, die ich aber sofort erkenne, wenn sie da ist. *Sie fühlten sich wohl in ihrer Haut.* Sie wussten, was sie waren – und was sie nicht waren.

Sie lebten mit den Werten, auf die sie sich gemeinsam geeinigt hatten und die am besten für ihr gemeinsames Leben passten. Ich wünschte mir im Geheimen, es gäbe mehr Menschen wie sie, denn Françoise und Jean-Alain verbreiten Behaglichkeit und Zuversicht, wenn man in ihrer Nähe ist. So ein Gefühl, dass es in Ordnung ist, wie man ist, und dass man die Zwänge der Welt ruhig ignorieren kann, wenn sie einen nicht weiterbringen.

Ich wollte eigentlich noch nicht weg – daher kam es mir gelegen, als sie mich baten, zum Mittagessen zu bleiben. Hätte ich gewusst, was folgen würde, so hätte ich vielleicht das Gebäck vorher nicht genommen. Wahrscheinlich aber doch. Die gemeinsame Zeit mit den beiden wollte ich auf keinen Fall missen. Außerdem vermutete ich, dass das Mittagessen fantastisch sein würde – ein französisches Essen wollte ich auch nicht verpassen.

Wir taten uns gütlich an frischem Brot mit reichlich Butter, Rotwein, Steaks, Kartoffeln, gekochtem Kürbis mit Olivenöl und Balsamico-Dressing und einem Salat. Am Ende der Mahlzeit fühlte ich mich wie nach einem Essensmarathon. Das ganze Essen hatte fünf Stunden gedauert!

Wie auch immer war es ein wunderbarer Vorgeschmack auf die europäische Kultur, denn meine nächste Station sollte England sein.

EUROPA

Kapitel 10

BITTE NICHT STÖREN

London, England

Keith ist mein größter Unterstützer. Darüber bin ich froh, denn es passiert oft, dass ich in Situationen komme, wo ich Unterstützung gut gebrauchen kann. Risikoreiche Geschäfte, verrückte Ideen, die mir einfallen, waghalsige Ziele – in all diesen Dingen hat er mich immer wieder ermutigt.

Während meiner Reise haben Keith und ich jeden Tag telefoniert und jedes Mal wurde ich dabei an zwei Dinge erinnert: Zum einen, dass er mich liebte und vermisste. Man könnte meinen, das sei selbstverständlich, aber wenn man rund um den Globus reist, dann ist es gut, daran erinnert zu werden, dass dein Liebster an dich denkt. Zweitens erinnerten wir einander täglich daran, dass wir uns in London treffen würden. Auch ich vermisste meinen besten Freund.

Als ich die Pläne für die Reise zusammenstellte, war es schwer, sich auszumalen, so viele Wochen am Stück voneinander entfernt zu sein, und das verteilt auf mehrere Monate. Wir wussten, dass es eine einmalige Chance war, daher zögerte auch keiner von uns beiden, als mein Verleger grünes Licht gab. Aber wir wussten auch, dass wir noch nie so lange Zeit voneinander getrennt gewesen waren. Nun würde ich Keith in wenigen Stunden wiedersehen. Ich platzte vor Freude und es lag ein neuer Schwung in meinem Schritt, als ich durch die überfüllten Straßen Londons ging.

Wenn ich sage „überfüllt“, muss man wissen, dass es eine Woche vor Beginn der Olympischen Sommerspiele 2012 war. Die Stadt quoll über von Zehntausenden Besuchern. Keiner schien wirklich zu wissen, wohin er unterwegs war. Schon eine einfach Aufgabe wie, sagen wir, den Bürgersteig entlangzugehen, wurde erheblich erschwert durch das Gewühl von Ortsfremden, die kreuz und quer durcheinanderliefen auf der Suche nach Querstraßen, vertrauten Speisen und Schildern in einer Sprache, die sie verstehen konnten. Zuerst konnte ich mit ihnen mitfühlen, aber nachdem ich drei Dutzend Touristen hatte ausweichen müssen, die sich hinter ihren Straßenkarten versteckten und daher nichts sehen konnten, hatte ich genug. Immer wenn ich zur Seite springen musste, weil jemand in der Fußgängermenge eine Kehrtwende machte, hörte ich in meinem Kopf die Warnung aus den Londoner U-Bahn-Stationen: „*Mind the gap!* Pass auf die Lücke auf!“ Normalerweise lasse ich mich von so etwas Harmlosem wie einem menschlichen Wesen, das herumspaziert, nicht beirren. Aber schließlich war ich in einer Mission unterwegs – ich musste unbedingt die perfekte Kleinigkeit zum Anziehen (wenn Sie wissen, was ich meine) für mein Wiedersehen mit Keith in ein paar Stunden finden.

Als ich mich schon bis zum Zerreißen entnervt fühlte, bog die Rettung gerade um die Kurve, und zwar in der Form eines freien Londoner Taxis. Ich sprang an die Gehsteigkante und winkte wie wahnsinnig. Das Taxi bemerkte mich gerade rechtzeitig und sauste durch eine unglaublich winzige Verkehrslücke zu mir herüber. Ich verabschiedete mich von den Menschenherden und tauchte auf dem Rücksitz des Taxis unter.

Ich seufzte laut auf, denn ich war sehr froh, dem Gedränge entkommen zu sein und mich irgendwo zu befinden, wo ich schnell vorwärtskam. Ich lehnte mich nach vorne und fragte: „Wo wollt ihr die ganzen Leute nur unterbringen, die hierherkommen?"

Der Taxifahrer wusste sofort, wovon ich sprach. „Das wird eine Katastrophe", antwortete er. „Uns graut allen davor."

Ich sagte ihm mein Fahrtziel an – ein Einkaufszentrum, wo ich meine Suche fortsetzen sollte –, und schon sausten wir weiter. Schneller als man „God save the Queen" sagen kann, waren wir auch schon angekommen. Ich gab dem Fahrer ein großzügiges Trinkgeld, denn er hatte mir mehr als nur eine Mitfahrgelegenheit geboten. Er hatte mir eine dringend benötigte Atempause beschert und ich hatte Zeit gewonnen, um meine Mission zu Ende zu führen. Mir blieben nur noch zwei Stunden.

Ich muss zugeben, ganz verstanden habe ich den Zweck von Dessous nie. Man verwendet viel Zeit, um sich aufzuputzen, und zieht etwas an, das dein Liebster augenblicklich wieder entfernen wird. Ich meine wirklich augenblicklich. Am Anfang unserer Ehe kaufte mir Keith eine ganze Reihe von Dessous, einige kaufte ich mir sogar selbst, aber ich kam nie ganz dahinter. Ich fühlte mich darin nicht wohl, sie passten nicht zu mir.

Keith und ich sprachen ein paar Mal darüber, denn es bestand eine ziemlich große Kluft zwischen der Reizwäsche, die ihm an mir gefiel, und den Baumwollnachthemden, die ich als angenehm empfand. In den letzten zehn Jahren ist diese Kluft kleiner geworden und wir haben uns auf Nachtwäsche geeinigt, die uns beiden zusagt. Aber an diesem Abend, nachdem ich so lange von ihm fort war, wollte ich einen bleibenden Eindruck bei ihm hinterlassen. Es war Zeit, ihm einmal richtig was fürs Auge zu bieten. Zunächst besuchte ich ein Kaufhaus, das mir das Hotel empfohlen hatte (ich entschied mich dafür, da es sich nicht ganz so teuer anhörte wie das andere, das sie mir vorschlugen, nämlich Harrods). Selfridges, das bekannte Kaufhaus in der Oxford

Street, war nach allem, was ich hörte, genau der richtige Ort, um etwas Schnuckeliges zu finden. Offensichtlich sind die Londoner der Meinung, Amerikaner hätten eine Menge Geld zu verschleudern.

Nach einigem Auf und Ab mit verschiedenen Aufzügen kam ich schließlich bei der Dessousabteilung an und fiel fast in Ohnmacht, als ich mir den Preis auf einem Kleidungsstück ansah. *Das kann doch nicht stimmen! Für so wenig Stoff wollen die mehr als fünfhundert Dollar?* Hier war ich verkehrt. So schnell, wie ich in das Geschäft gekommen war, verließ ich es wieder und schlängelte mich durch die Horden von Menschen, die sich nach Osten bewegten, während ich nach Westen unterwegs war.

In der Regent Street bog ich rechts ab und erhaschte einen Blick auf einen Discounter, den ich aus den Staaten kenne. Was für ein Segen, dass es H&M gibt.

Als ich nach kurzem Suchen genau das Richtige gefunden hatte, ergab sich ein neues Problem. Ich musste bisher noch nie mit europäischen Größen rechnen, noch dazu bei einer Ware, deren Namen man kaum auszusprechen wagt. Die kleinste Größe, die ich finden konnte, war Größe zehn. Ich hatte viele Jahre schon nicht mehr Größe zehn getragen, aber wie es aussah, schien es perfekt zu passen. Ich beschloss, es anzuprobieren – eine peinliche Konversation mit dem männlichen Verkaufsmitarbeiter wollte ich mir ersparen. Haben Sie schon einmal so etwas Ähnliches gekauft und dabei einen Hauch von „Verruchtheit" empfunden? Man fühlt sich eigenartig, als ob andere Menschen einen verurteilen würden. Diese Gedanken schüttelte ich jedoch schnell ab und erstand die neueste Bereicherung meiner Garderobe. Dann ging ich schnell davon und es gelang mir ganz gut, im Umkreis von anderthalb Kilometern vom Geschäft niemandem in die Augen zu sehen. Sobald ich wieder draußen war, reihte ich mich wieder in das Gedränge der hilflosen Wanderer ein und gelangte schließlich zu meinem Hotel, so schnell ich mich zwischen den Schultern der anderen Fußgänger hindurchzwängen konnte.

Als ich zu meinem Hotelzimmer zurückkam, blieben mir nur noch dreißig Minuten, um mich gedanklich einzustimmen und mein neues Kleidungsstück für den Abend anzuziehen. Dann wartete ich aufgeregt auf Keith. Ich legte mich auf meine Seite des Doppelbettes und versuchte, mich möglichst vorteilhaft zu präsentieren, dabei beobachtete ich ständig die Eingangstür.

Fünf Minuten vergingen. Dann zehn und schließlich fünfzehn. Ich begann schon leicht zu frösteln, als ich endlich den Schlüssel hörte. 18 Minuten und 43 Sekunden! Ein letztes Mal rückte ich mich zurecht und setzte mein schönstes Lächeln auf. Dann erschien Keith.

Innerlich wollte ich sofort aufspringen und ihm um den Hals fallen, aber ich dachte mir, vielleicht würde er mich lieber dort liegen sehen. Zu seinen Gunsten muss ich sagen, dass ihm nicht als Erstes mein sexy Babydoll auffiel, sondern dass er mir tief in die Augen blickte.

„Mein Baby ist zu Hause", sagte er.

Zunächst scherzten wir noch darüber, da Keith zwar meint, dass Dessous großartig aussehen, er sich inzwischen aber an meine übliche Nachtkleidung gewöhnt hat. Die nächsten Tage verbrachten wir ziemlich viel im Bett. Miteinander schlafen ist nicht dasselbe wie Liebe. Aber es wäre eine Verschwendung gewesen, uns die Chance, miteinander zu schlafen, entgehen zu lassen. So verschwenderisch wollten wir keinesfalls sein.

Wir waren versucht, uns in unser Hotelzimmer einzuschließen und die ganze Zeit das Schild „Bitte nicht stören" aufzuhängen. Andererseits wäre es auch eine Verschwendung gewesen, wenn wir uns die Stadt nicht angesehen hätten, solange wir zusammen waren. In der Zwischenzeit, wenn wir also nicht in unserem Hotelzimmer waren, genossen wir die Straßen Londons. Wir verliebten uns ganz von Neuem und kosteten mit Wildfleisch gefüllte Blätterteighäppchen und knusprige gebratene, aromatische Ente in einem Restaurant namens Yauatcha, das bald zu unserem Favoriten in London wurde.

Mit Keith zusammen zu sein und diese vielen Spezialitäten zu kosten, versetzte mich in Ferienstimmung. Es war seltsam: Schließlich war der Zweck meiner Reise, die Geheimnisse glücklicher Ehen auszukundschaften. Da dämmerte es mir: Meine eigene Ehe gehörte auch zu dieser Reise dazu. Doch ich nahm mir die Freiheit, diesem Gedanken nicht weiter nachzugehen, und beschloss, stattdessen ganz einfach dieses besondere Vergnügen einer gemeinsamen Atempause mit meinem Mann zu genießen. Sobald ich diesen Entschluss fasste und mich daran hielt, ging die Post ab.

Keith und ich haben immer sehr viel miteinander geredet. Wer neben uns saß und uns nicht kannte, konnte leicht auf den Gedanken kommen, wir hätten gerade die erste Verabredung miteinander. Wir lieben es, einander Fragen zu stellen und „Was wäre, wenn-Fragen" zu diskutieren, uns dabei an den Händen zu halten und einander in die Augen zu schauen. Das haben wir jeden Abend gemacht, solange ich mich zurückerinnern kann.

Wahrscheinlich gibt es wenige „Was wäre, wenn"-Szenarios, die wir noch nicht durchgespielt haben. Was wäre, wenn seine Firma ihn nach London versetzen würde? Was wäre, wenn wir Zwillinge bekämen oder wenn wir gar keine Kinder bekommen könnten? Obwohl unser Gott voll Überraschungen ist, gibt es wenige Dinge, denen wir gemeinsam begegnet sind und die wir nicht bereits in einem „Was wäre, wenn"-Planspiel durchgegangen sind. Hat man Einsicht in das Denken seines Partners gewonnen, fallen schwierige Entscheidungen leichter, wenn man dann mittendrin ist.

Am zweiten Abend, den wir in London verbrachten, drehte sich unsere „Was wäre, wenn"-Unterhaltung darum, in welches Restaurant wir zum Abendessen gehen würden. Wir lassen uns gern von Yelp leiten. Ganz gleich, in welcher Stadt wir gerade unterwegs sind, sobald es Leute gibt, die in dieser Gegend schon Restaurants bewertet haben, finden wir das auf Yelp.com. Dann besuchen wir die Restaurants mit den besten Bewertungen. Im Bezirk Soho war das am besten bewertete

Restaurant das Dean Street Townhouse. Also machten wir uns dorthin auf den Weg, die Regenschirme über uns aufgespannt, um nicht klatschnass zu werden.

„Es tut mir leid. Vor Viertel vor zehn haben wir nichts frei."

Na toll, dachte ich. *Das sind ja nur noch zweieinhalb Stunden.* Wir fragten unsere Gastgeber, ob sie uns einen Tipp geben könnten. Nachdem sie uns wärmstens ein Restaurant auf der anderen Straßenseite empfohlen hatten, spannten wir erneut unsere Regenschirme auf und marschierten tapfer durch den wolkenbruchartigen Regen.

Schon im Empfangsbereich des Restaurants stand es außer Frage, dass uns hier ein besonderer kulinarischer Hochgenuss erwartete. Im Hauptteil des Restaurants war kein Tisch frei, aber jemand verließ gerade einen Tisch in der Nähe der Bar und wenn es uns nichts ausmachte, dort zu sitzen, dann könnten wir ihn haben, sagte man uns. Wir waren dankbar für dieses Entgegenkommen und nach einer kurzen Wartezeit von fünf Minuten schauten wir in die Speisekarte in der Erwartung eines unvergesslichen Genusses.

Unvergesslich war es allerdings – aber leider nicht im positiven Sinn. Die meisten Speisen waren uns entweder unbekannt oder stellten etwas dar, das wir nicht für essbar hielten. Enten- und Hasenpastete mit Katoffelbrei, gegrillte Sandwiches mit geräuchertem Aal und Ogleshield-Käse, Bücklingspaste, Nierenzapfen und anderes, was uns entweder künstlich oder ungenießbar vorkam. Ich meine, läuft Ihnen etwa bei dem Wort „Nierenzapfen" das Wasser im Mund zusammen? Mir nicht!

„Schatz, ich glaube, das ist nicht der richtige Platz für uns", sagte Keith in seiner behutsamen Art, wobei er meinte: „Komm, gehen wir!" Ich dachte mir das Gleiche und ohne ein weiteres Wort standen wir gleichzeitig von unseren Sesseln auf und zogen unsere Jacken an. Wir versuchten dies möglichst unauffällig und heimlich zu machen.

Aber schon hatten sie uns gesehen. Unser Kellner sprintete geradezu herüber zu uns, schlängelte sich zwischen den Tischen hindurch und bot seine ganze Liebenswürdigkeit auf, indem er uns fragte, ob wir etwas gefunden hätten. Einen Arm hatte ich schon in meiner Jacke, der Rest baumelte auf den Tisch herunter. Ich versuchte dies zu verbergen, um den Kellner nicht zu kränken. *Vielleicht meint er, mir ist kalt und ich möchte die Jacke bei Tisch tragen,* dachte ich. Verlegen teilten wir dem Kellner mit, dass wir auf der Speisekarte nichts für uns gefunden hätten. Der aber ließ diesen Hinweis nicht gelten und ging ein Gericht nach dem anderen mit uns durch. Er wies darauf hin, wie vorzüglich diese Speisen wären und dass es uns bestimmt schmecken würde.

Widerstrebend ließen wir uns wieder auf unsere Sitze fallen.

„Was ist denn das?", fragte Keith, indem er auf ein Gericht eines Nachbartisches zeigte, das Ähnlichkeit mit irgendetwas zwischen einem Sirloin-Steak und einem Filet Mignon hatte. Dazu lagen fantastisch aussehende dick geschnittene Pommes frites auf dem Teller.

„Das ist Nierenzapfen", informierte uns der Kellner.

Als er unsere entgeisterten und auch etwas angeekelten Blicke über das Wort „Nierenzapfen" bemerkte, erklärte er uns, das sei keineswegs ein Teil der Niere, sondern der Lendenteil des Zwerchfellmuskels, so geschnitten, dass noch etwas Fett daran sei.

Unseren Instinkten zum Trotz verständigten Keith und uns wortlos und telepathisch mit unseren Augen, während uns der Kellner nicht von der Seite wich. Es war beschlossene Sache: An diesem Abend würden wir Nierenzapfen speisen!

Mein Nierenzapfensteak schmeckte wie Rindfleisch, hatte jedoch eine Konsistenz wie Lamm. Ich hatte es medium-plus bestellt, aber es wurde eher medium-rare serviert. Daher aß ich nur den Rand und gab Keith den Rest. Das Essen war sicher nicht das allerbeste, aber die „Chips" entschädigten uns. Wie die Wildfleischpasteten waren sie ein absoluter Triumph; es waren die besten Pommes, die ich je gegessen habe. Außen waren sie wunderbar knusprig; sie blieben eine Viertelstunde lang heiß und waren innen perfekt gegart. Der Kellner erzählte uns, wie die Engländer sie zubereiten: Zuerst werden sie gekocht, dann geschnitten und leicht frittiert. Dann lässt man sie trocknen und vor dem Servieren kommen sie noch einmal kurz in die Fritteuse. Absolut perfekt.

Es ist schon eine Seltenheit, wenn eine Portion Pommes frites (in den USA auch French fries genannt) zum Symbol eines ganzen Lebens wird – doch meine Zeit mit Keith war genauso absolut perfekt. Wir hielten einander an den Händen und hatten nur Augen füreinander, sodass es schon fast so aussah, als wollten wir uns gegenseitig hypnotisieren. Höflich verspeisten wir unsere Nierenzapfensteaks, lachten miteinander und ergingen uns in unseren „Was wäre, wenn"-Träumen. Vielleicht war es wegen der bevorstehenden Trennung, vielleicht lag es auch an der Stadt oder der vielen Zeit, die wir im Schutz von „Bitte nicht stören" verbrachten, aber es war für uns genau das Richtige in diesem Moment.

Ich war versucht, von meiner bevorstehenden Reise nach Kroatien zu sprechen, aber das hätte die Schönheit des Augenblicks zerstört. Sobald ich ansetzte, davon zu reden, erschien es mir irgendwie nicht richtig. Es lagen noch achtundvierzig herrliche Stunden vor uns, ich wollte einfach mit Keith zusammen sein, alles andere spielte keine Rolle.

Kapitel 11

DAS MUSEUM DER ZERBROCHENEN HERZEN

Zagreb, Kroatien

In meinem Hotel, das einer amerikanischen Hotelkette angehörte, bemerkte ich gleich, dass in Zagreb etwas anders war. Für die Speisekarte im Restaurant gab es zwar eine Übersetzung, aber nur wenn man extra nachfragte. Der Geschenkartikelladen verlieh DVDs, jedoch nur in kroatischer Sprache. „Haben Sie viele Leute aus Kroatien als Gäste?", fragte ich die Dame im Geschenkladen. Sie sagte mir, die meisten Gäste wären englischsprachig wie ich. „Warum haben Sie dann die meisten Filme nur auf Kroatisch?", fragte ich ziemlich perplex. Die Dame lächelte, als wollte sie sagen, das sei dort eben so üblich.

Zagreb ist durch und durch kroatisch und macht kein Hehl daraus. In jeder Stadt, die ich bisher bereiste, auch schon auf früheren Reisen, war immer englischer, französischer oder amerikanischer Einfluss zu bemerken. Straßenschilder waren auf Englisch, die Speisekarten in den Restaurants waren auf Englisch und die Bediensteten des Hotels sprachen fließend Englisch – nicht so in Zagreb.

Als ich am Vortag nachmittags angekommen war, wollte ich ins Stadtzentrum gehen, war aber versehentlich in die entgegengesetzte Richtung marschiert und dabei in einem nicht gerade vielversprechenden Stadtteil gelandet. Dort erstand ich ein Stück lauwarme Pizza (die ich im Gehen aß, wobei ich mir meine weißen Cargohosen und meine Tennisschuhe mit Tomatensoße bekleckerte). Die Häuser waren mit Graffiti besprüht und in den Bars (anscheinend die einzigen Läden, die offen waren) war nichts Essbares zu bekommen.

Am nächsten Tag fand ich dann den richtigen Weg in die Innenstadt und bemerkte wiederum, dass die Speisekarten in den Restaurants und Bars durchweg auf Kroatisch waren. Nur nach langem Suchen fand ich teilweise Übersetzungen ins Englische, meistens in ganz kleiner Schrift unten auf der Karte. Das Einzige, was ich wiedererkannte, waren einige kleine Autos der Marke Ford und eine Straße in der Nähe des Hotels, die *Franklina Roosevelta.*

In kurzer Zeit kam ich entlang enger Straßen mit Restaurants, Boutiquen und einzigartigen Straßenlaternen zum Stadtzentrum, welches man sofort als solches erkannte. Auf dem *Trg bana Jelačića* oder Ban-Jelačić-Platz steht die riesige Statue des Armeegenerals Ban Josip Jelačić aus dem neunzehnten Jahrhundert, zu Pferd mit erhobenem Schwert. Ein hellgelbes Gebäude ist dahinter zu sehen. Der Platz ist gepflastert und von zahlreichen Geschäften und Kaffeehäusern umgeben. Die historischen Fassaden der Gebäude erinnerten mich daran, dass ich mich in einem Land befand, das viel mehr Geschichte hat als meine Heimat.

Ich entdeckte steile Treppenaufgänge, die zu einem Marktplatz zu führen schienen, aber ich dachte nicht im Traum daran, da hinaufzusteigen. Stattdessen packte ich meinen Camcorder aus, drehte mich langsam um die eigene Achse und hielt alles fest. Dann machte ich eine

Pause und beobachtete die Menschen um mich herum. Ich konnte auf der Stelle sagen, wer Kroate war und wer ein Fremder; nicht etwa, weil die Besucher in Stadtpläne blickten oder ratlos schauten und sich nicht zurechtfanden, sondern weil sie einfach ein bisschen zaghaft wirkten. Besonders den Leuten aus Amerika oder der britischen Einflusssphäre war diese Zaghaftigkeit anzumerken. Die Kroaten hingegen gingen mit hoch erhobenen Häuptern und herausgereckter Brust umher. Eine Frau ohne Büstenhalter in einem dünnen T-Shirt (das etwas durchscheinend war) kreuzte meinen Weg; ihr Busen in C-Größe hüpfte auf und ab. Das schien ihr freilich gar nichts auszumachen.

Obwohl ich gerne noch länger die feinen Unterschiede der Kulturen studiert hätte (wie zum Beispiel, dass die amerikanisch aussehenden Leute die Einzigen waren, die Tennisschuhe trugen), kaufte ich mir bei einem Straßenverkäufer einen gegrillten Maiskolben und spazierte noch ein wenig in der Nähe des Platzes herum. Schließlich war es Zeit, zum Hotel zurückzukehren, wo bald meine Freundin Mia auftauchen würde, um mich abzuholen.

Mia war die erste Kroatin, die ich in den Vereinigten Staaten kennengelernt hatte. Sie war nach Zagreb zurückgekehrt, um ihren Traum zu verwirklichen, als Filmproduzentin zu arbeiten. Schon vor Jahren hatten Keith und ich ihr versprochen, einmal ihr Land zu besuchen, von dem sie uns so begeistert vorschwärmte. Leider war ich nun allein gekommen und würde Keith weitere vier Wochen lang nicht sehen (der Gedanke daran ging mir nicht aus dem Kopf und machte mich im Lauf des Tages immer trauriger).

Leider kam ich ein paar Minuten zu spät hinunter, als Mia eintraf, aber das bemerkte sie gar nicht, denn sie war mit ihrem Handy beschäftigt und redete lautstark auf Kroatisch mit jemandem. Ich hatte keine Ahnung, worum es ging (später erzählte sie mir, dass es mit einer unerfreulichen Geschäftsangelegenheit zu tun hatte). Wir stiegen ins Auto und los ging es durch die schmalen Straßen Zagrebs. Das Handy hielt sie mit ihrer linken Schulter ans Ohr, während sie mit der linken Hand lenkte und mit der rechten schaltete und zwischendurch heftig gestikulierte, was der Person am anderen Ende des Telefons galt. Für so einen Adrenalinschub hätte man sonst mehrere Tassen Kaffee gebraucht.

Ich kam bei den vielen Anrufen auf ihrem Handy nicht mehr mit und versuchte es nicht einmal. „Ach, das ist noch gar nichts", sagte sie. „Du hättest letzte Woche beim Festival hier sein sollen." Unvorstellbar! Mia hatte für ihre Produktionen den Emmy gewonnen, sie organisierte Filmfestspiele und Veranstaltungen in ganz Kroatien.

Ich hatte auf meiner Reise immer versucht, im Augenblick zu leben und alles etwas entspannter anzugehen, als ich es üblicherweise in Los Angeles tun muss. Aber bei Mia bewegte sich alles im Stakkato. Sie wollte in zwei Tagen nach London, um dort als Mitglied eines Produzententeams etwas über die Olympischen Spiele zu drehen. Außerdem hatte sie vom Festival der Vorwoche noch Dinge aufzuarbeiten.

Wir jagten durch die Straßen Zagrebs und fuhren dann einen steilen Berg hinauf. Einige Male ging es wieder abwärts, um einige enge Kurven herum und schließlich eine schmale Straße hinunter, die uns an unser Ziel bringen sollte. Nachdem Mia aufgelegt hatte (das heißt, eigentlich riss die Verbindung ab, als wir in eine Tiefgarage einfuhren), zeigte sie mir Gornji Grad, auch bekannt als die Oberstadt (oder die Altstadt, wie Mia sie nannte).

Die Oberstadt ist das mittelalterliche Zentrum der Stadt. Ursprünglich waren es zwei getrennte Städte, Kaptol, Sitz der Kirche und des Bischofs (wo heute eine eindrucksvolle Kathedrale steht) und Gradec, wo die meisten Bewohner lebten. Ich stand auf der Radićeva, einer Straße, die sich am niedrigsten Punkt zwischen den beiden Städten befand. Mia erklärte mir, hier habe einst eine Brücke mit hölzernen Balken zwischen zwei Erhebungen gestanden, unter der der Fluss Medveščak entlangströmte. Diese Brücke und der kleine Fluss dienten als Grenzlinie zwischen den beiden Städten.

Der Streit zwischen den Bewohnern der beiden Hügel ist die altbekannte Geschichte: Menschen gegen Mächte. Während eines Konflikts der beiden Ansiedlungen arteteten die Kämpfe so aus, dass der Fluss sich vom Blut rot färbte – daher der Name Krvavi Most, was so viel bedeutet wie „Blutbrücke“. Heute erinnert nichts mehr daran, dass die Brücke je existierte, und die beiden Hügel sind kaum noch zu erkennen vor lauter Kopfsteinpflaster, Kaffeehäusern, Geschäften und Marktständen, an denen unter freiem Himmel Lebensmittel verkauft werden. Die Einheimischen aber wissen noch von den geschichtlichen Ereignissen.

Einen Moment lang nahm ich alle Eindrücke rund um mich auf, während in der Nähe ein großer Jugendchor mitten auf der Straße sang. Dann passierten wir das Steintor, das einzige mittelalterliche Tor der Stadt, das erhalten geblieben war. Mia drosselte ihre Stimme und signalisierte mir, ihrem Beispiel zu folgen. Als wir den unebenen Fußweg weitergingen, bemerkte ich zu meiner Rechten mehrere kleine, schwarze Kirchenbänke, auf denen Leute mit geschlossenen Augen ruhig dasaßen, zu unserer Linken eine Nonne in schwarz-weißer Kleidung und ein Schrein mit einem großen Bild der Jungfrau Maria, Blumen und brennenden Kerzen. Alles im Freien. Während ich auf das Bild starrte (die Bewohner halten es für heilig, da es als einziger Gegenstand den großen Brand 1731 unbeschadet überstanden hat), legte Mia den Zeigefinger an die Lippen, als wollte sie „Shhh“ sagen. Wir bewegten uns auf heiligem Boden. Mitten auf der Straße eine Outdoorkirche. Das war auf jeden Fall ein Novum.

Wenig später blieben wir auf einem freien Platz stehen. Hier stand eine kleine Kirche aus dem dreizehnten Jahrhundert mit Kirchturm und einem wunderschönen Mosaikdach. Rote, blaue und braune Dachziegel stellten zwei Wappen dar. Das eine stand für Zagreb; das andere für das frühere vereinte Königreich Kroatien, Slowenien und Dalmatien. Die St.-Markus-Kirche ist eines der markantesten Bauwerke in Zagreb. Mia deutete zur Seite: „Hier befindet sich das Parlament.“

Da ich gerade aus London kam, war ich überrascht, ein Parlamentsgebäude zu sehen, das so schlicht aussah. Auf der anderen Seite erklärte sie: „Hier ist der Amtssitz des Premierministers."

Weiter den kleinen Hügel hinauf, entlang einer schmalen, mit Steinen gepflasterten Allee, deutete Mia links auf ein offenes Tor. Als ich gerade meinen Kopf hineinsteckte, klingelte wieder Mias Handy. Ich betrat den staubigen Hof und war verblüfft, was ich hier sah. Gut erhaltene Artefakte, die man eher in einem Museum oder zumindest außerhalb der Reichweite der Öffentlichkeit vermuten würde, lehnten an einer Steinwand. Mia nahm für einen Moment das Handy von ihrem Ohr. „Es wird jemand kommen und an der Instandsetzung arbeiten", versicherte sie mir. Bevor ich noch weiterfragen konnte, hielt sie ihr Handy wieder ans Ohr. Später erzählte sie mir, dass man an zahlreichen Abstellräumen in ganz Kroatien noch ähnliche Dinge finden könnte.

„Möchtest du dir das Museum der zerbrochenen Beziehungen anschauen?", fragte Mia, nachdem sie ihr Telefongespräch beendet hatte.

„Gibt es so etwas wirklich?", fragte ich nach. Es existiert nicht nur, sondern hat sogar 2011 den Europäischen Preis für das innovativste Museum gewonnen. Ich konnte schwerlich durch die Welt reisen auf der Suche nach dem Geheimnis einer glücklichen Ehe, ohne bei dem Museum haltzumachen, das genau das Gegenteil repräsentierte.

Als ich das Museum betrat, war ich erstaunt, dass so viele Menschen bereit waren, ihre ganz persönlichen Erfahrungen Fremden preiszugeben. Aber ich schätze, die meisten Autoren – wie ich – tun im Grunde dasselbe. Eine Axt, die an der Wand hing, erzählte die Geschichte ihrer Besitzerin, einer Frau, die die Axt gebrauchte, um fünfundzwanzig Möbelstücke kurz und klein zu hauen, während ihr Ex im Urlaub war. Eine andere Frau schickte ein umfangreiches Hochzeitsalbum und fügt auch die Geschichte ihrer gescheiterten Ehe bei. An einer der Wände wurden Videos gezeigt, die Leute gedreht haben, um ihre Beziehungen und das Leid nachzuzeichnen, das sie hinterlassen hatten.

Teddybären, Rasierzeug, alte Hochzeitskleider, pinkfarbene Plüschhandschellen, alles Erinnerungsstücke an eine enttäuschte Liebe. Mit jedem ausgestellten Gegenstand war eine Geschichte verbunden, die der frühere Besitzer über seine zerbrochene Beziehung geschrieben hatte. Einige der Schreiber liebten sich noch immer, andere waren noch immer verärgert und andere hatten Geschichten wiedergegeben, die völlig ungeeignet erschienen, um öffentlich zum Besten gegeben zu werden. „Oh, die hier ist immer noch verbittert", sagte Mia und deutete auf eine Geschichte, die ich ihrer Meinung nach lesen sollte.

Beim Verlassen des Museums erhielt Mia eine Nachricht von Sanja, einer Frau, mit der wir uns am Nachmittag zum Kaffee treffen wollten. „Wir müssen los", erinnerte mich Mia, während ich noch ein paar Schnappschüsse der ausgestellten Geschichten und Ausstellungsstücke machte.

Wir gingen über einen Marktplatz und Mia zeigte auf eine Reihe von steilen Treppen, die ziemlich halsbrecherisch aussahen. Doch leider gab es nur diesen Weg in die Unterstadt. Als wir mit dem Abstieg begannen, war ich nur froh, dass wir hinuntergingen und nicht hinauf. Wenige Minuten später erreichten wir die Statue von Ban Jelačić und kamen dann in eine Gegend, in der sich ein Café ans andere reihte.

In einem davon wollten wir uns mit mehreren von Mias verheirateten Freundinnen treffen, aber eine nach der anderen rief an oder schickte eine SMS, um sich zu entschuldigen, dass sie nicht kommen könne. Sogar ein Ehemann rief an, da seine Frau gerade stillte, als sie Mias wiederholte Nachricht las und ihr bewusst wurde, dass es zu dieser Zeit einfach nicht ging.

Sanja jedoch war früh dran und wartete schon auf uns. Deshalb gingen wir zügig auf eines der belebtesten Straßencafés zu. Als wir in die Nähe kamen, rief Mia Sanja noch einmal an, um herauszufinden, wo sie in dem weiträumigen Café zu finden war. Eine umwerfende

Brünette mit langem, wallendem Haar, perfektem Make-up und einem figurbetonten Kleid kam auf hohen Absätzen auf uns zu.

Augenblicklich war ich von dieser Frau fasziniert. Nachdem wir bestellt hatten und jeder eine Flasche Cola vor sich hatte, kam ich aus dem Staunen gar nicht mehr heraus. Zum einen hatte ich noch niemals so viele Kraftausdrücke aus dem Mund einer so schönen Frau gehört. Ich vergesse manchmal, dass Schimpfwörter in vielen europäischen Ländern zur Alltagssprache gehören. Sie erkennen die „schlimmen Wörter", aber sie behandeln sie nicht als solche.

Mit offenem Mund hörte ich Sanja zu, als sie mir erzählte, wie „zensiert" voll sie die Nase von „zensiert" nörgelnden und keifenden Ehefrauen habe. Dabei rauchte sie mehrere Zigaretten. Es nervte sie, dass man in den Medien und im Fernsehen ausschließlich hörte, wie schlecht es Ehefrauen ginge und dass die Ehe so etwas wie eine Todesstrafe sei. Sie selbst fühlte sich überhaupt nicht so und konnte es nicht ausstehen, wenn andere den Leuten so eine negative Sicht vermittelten.

Sanja handelt für die Schweden mit Waffen. Konkret verkauft sie der kroatischen Regierung im Auftrag eines schwedischen Unternehmens Überschallkampfflugzeuge, Verteidigungs- und Sicherheitssysteme. Ich konnte ihre berufliche Karriere und ihre äußere Erscheinung einfach nicht auf einen Nenner bringen. Ihr schön geschnittenes, elegantes, jasminfarbenes Kleid war nicht gerade das, was ich bei jemandem erwarten würde, der den ganzen Tag militärische Ausrüstung verkauft. Und ihre fast ausschließlich männliche Zielgruppe rechnet wohl auch nicht damit, wenn sie durch die Tür kommt, um Geschäfte zu machen.

Einmal, so erinnerte sie sich, traf sie sich mit zwei Geschäftsmännern in feinen Anzügen. Als sie den Raum betrat, sagte einer der Männer zu ihr: „Ich hätte gerne einen Espresso, bitte." Sie sah ihm ins Gesicht und antwortete: „Wunderbar. Ich nehme einen Martini." Sanja ist in jeder Hinsicht geradlinig, auch in ihrer Ehe.

Sanja ist noch nicht lange verheiratet und ein Typ Frau, bei dem viele nicht erwarten würden, dass sie verheiratet ist. Wie so viele in der heutigen Generation strahlt sie eine Aura aus, die zu sagen scheint: „Ich brauche niemanden." Das ist aber auch etwas, das sie zu ihrem Ehemann hinzog. Er war genauso souverän wie sie und stellte sich nicht unter ihre Führung. Er zähmte sie und verlieh ihr mehr Gelassenheit, aber alles im positiven Sinn. Auf diese Weise konnte sie in ihrem Erwerbsleben weiterhin die Kriegerin sein und Männer „bekämpfen", die sie total unterschätzten, während sie zu Hause die liebevolle Ehefrau war.

Da Sanja erst kurze Zeit verheiratet ist, fragte ich mich am Anfang, ob ich sie in das Buch überhaupt aufnehmen sollte. Ich entschied mich aber, von meiner selbst auferlegten Regel „mindestens fünfundzwanzig Ehejahre" abzugehen. Seien wir ehrlich: Wie oft passiert es, dass man zufällig eine Waffenhändlerin trifft, die auch als Model Karriere machen könnte und die gleichzeitig das Geheimnis einer glücklichen Ehe kennt – eines, mit dem die meisten Paare übereinstimmen?

„Behandle deinen Ehepartner mit Respekt, das ist das Geheimnis", erklärte sie. „Ich erwarte Respekt, also muss ich ihn ebenfalls mit Respekt behandeln." Viele wollen etwas haben, was sie nie zu geben bereit sind, sagte Sanja in ihrer typischen, achselzuckenden Art. Das Geheimnis ist, glaubt sie, das zu geben, was man für sich selbst erwartet, und zwar hundert Prozent. Das hört sich ziemlich ähnlich an wie *Donnant, donnant.*

Dieses Prinzip verfolgt Sanja in ihrer Ehe. Sie hofft, dass sie für immer halten wird, erkennt aber auch, dass das nur dann gelingen kann, wenn sie dauerhaft entschlossen bleibt, Tag für Tag darauf hinzuarbeiten und ihre Kämpfe mit männlichem Chauvinismus bei der Arbeit aus ihrem häuslichen Leben fernzuhalten. Sanja ist bewusst, dass es nur Unheil bringt, wenn sie den Frust, den sie in ihrem Arbeitsumfeld ansammelt, an ihrem Mann auslässt.

Ich fragte Sanja, wo sie sich selbst in zwanzig Jahren sieht. „Ich sitze irgendwo und habe Spaß mit meinem Mann“, antwortete sie.

Genau da sehe ich mich selbst in zwanzig Jahren auch.

Als unsere gemeinsame Zeit sich dem Ende zuneigte, tauschten wir unsere Kontaktinformationen aus, und ich versprach, ihr Bescheid zu geben, was ich bei den anderen Frauen, die ich noch interviewen sollte, sonst noch an „Geheimnissen“ erfuhr. Anschließend gingen Mia und ich zum Abendessen. Wir sollten uns bei dieser Gelegenheit mit ihrem Freund in einem der vielen malerischen Restaurants in der Tkalčićeva-Straße treffen, einer Fußgängerzone, durch die einst der Medveščak floss, die aber heute zu beiden Seiten von Cafés und Bars gesäumt ist.

Hier erzählte mir Mia von einer ihrer engsten Freundinnen, Zeljka. Am folgenden Tag sollte ich das Vergnügen haben, mit ihr ein Interview zu führen.

Kapitel 12

NEU ENTFACHTES VERLANGEN

Zagreb, Kroatien

Es war halb neun. Eigentlich hatte ich schon vor drei Stunden zurück im Hotel sein wollen. Aber irgendwie ließen mich die Straßen Zagrebs nicht los. Gleichmäßig angeordnete Straßenlaternen warfen ein sanftes kreisförmiges Licht auf den Gehsteig. Markisen in verschiedenen Farben zierten die Eingänge zu Geschäften, Büros und Restaurants. In diesem Stadtteil befand sich kein Gebäude, das mehr als drei oder vier Stockwerke hoch war, abgesehen von sporadischen Ausflügen in die Moderne – spiegelnde Wolkenkratzer aus Glas mit zehn oder elf Etagen, die eingezwängt zwischen jahrhundertealten Gebäuden zu finden waren. Die Geräusche der Stadt klangen gedämpft. In der Nacht hatte sich eine schwüle Gewitterluft über die Stadt gelegt. Es war fast wie eine Film-noir-

Kulisse, die mich unwiderstehlich anzog. Ich hatte nur den Wunsch, das alles ganz tief auf mich wirken zu lassen.

Inzwischen konnte ich einen Happen zu essen vertragen und fand ein hübsches Café gleich um die Ecke von der großen Geschäftsstraße Ilica, wo ich mir eine Quiche Lorraine und einen Käsekuchen bestellte. Auf der schmalen Straße zogen sich Straßenbahnschienen entlang, doch die Bahnen fuhren schon seit etwa einer Stunde nicht mehr. Nur wenige Autos waren unterwegs. Einheimische spazierten herum, scheinbar ohne bestimmtes Ziel. Ich beendete meine Mahlzeit und machte mich auf den Weg zurück ins Hotel.

Auf dem Weg fiel mir auf einmal ein Erlebnis meiner Teenagerzeit ein.

Einmal war eine junge Frau gekommen und hatte einige Zeit bei uns gewohnt. Das war nichts Ungewöhnliches, denn während meine Schwestern und ich heranwuchsen, nahmen meine Eltern öfters Menschen auf, die irgendwelche Probleme hatten. Die junge Frau war Studentin an einer angesehenen Universität in der Nähe und sie war schwanger. Ihre Eltern hatten meine gebeten, ob sie nicht eine Weile bei uns bleiben könnte, bis sie ihre neue Rolle als Mutter und ihre weitere Ausbildung regeln konnte.

Karen kam mit ihrem neugeborenen Sohn zu uns. Ich hatte immer starke mütterliche Instinkte, sogar als Kind schon, und daher fühlte ich mich sogleich zu dem Baby hingezogen. Es dauerte nicht lange, da musste Karen in der Nacht nicht mehr aufstehen, um ihn zu wickeln oder zu füttern, denn das war jetzt mein Job. Diese Aufgabe hatte ich ganz freiwillig und mit Begeisterung übernommen. Die nächtlichen Stunden mit Similac-Milchpulver und Babyfeuchttüchern besiegelten für immer meinen Wunsch, auch Mutter zu sein.

Die junge Mutter blieb einige Monate bei uns und ihr Sohn Tyler war wie mein eigenes Kind, zumindest so weit ich es damals in meinen jungen Jahren verstehen konnte. Eines Tages aber war seine Mutter weg. Einfach so. Wir wussten nicht, wo sie hingegangen war. Ihr Kind, der süße kleine Tyler, war zurückgeblieben. Tag für Tag kümmerte ich mich um ihn, während meine Eltern beharrlich nach einer Familie suchten, die ihn adoptieren würde. Ich konnte damals nicht verstehen, warum ich ihn nicht adoptieren konnte, wo ich doch viel besser für ihn sorgte, als seine Mutter es je getan hatte. Da ich aber gerade erst zwölf war, hieß es, dass das Gericht es wohl kaum erlauben würde.

Schließlich kam der Tag, an die Entscheidung fiel, wer Tylers neue Eltern sein würden: ein nettes Ehepaar aus unserer Kirchengemeinde. Tyler war inzwischen ein Kleinkind. Als meine Eltern ihn und alle seine Sachen zu seiner neuen Familie brachten, war es mir, als würde man mir das Herz aus dem Leib reißen. Weil aber die Familie zu unserer Kirche gehörte, versicherte man mir, ich könnte ihn sehen, so oft ich wollte, und dass er nicht einfach bei irgendwelchen Pflegeeltern verschwunden war.

In der folgenden Woche zählte ich die Tage bis zum Sonntag, denn ich konnte es nicht erwarten, Tyler wiederzusehen. Als wir in die Kirche kamen, hielt ich sogleich nach ihm Ausschau. Sobald ich erfuhr, dass er sich in der „Ladies Lounge" befand, dem großen Vorraum vor den Damentoiletten, riss ich die Tür auf, streckte ihm meine Arme entgegen und rief aufgeregt: „Tyler!" Er schaute mir geradewegs in die Augen und lief dann weg zu seiner neuen Mutter.

Der Schmerz saß so tief, dass ich ihn nie vergessen werde.

Als wir nach Hause kamen, lief ich in mein Zimmer und weinte unaufhörlich. Ich weinte, bis mir das Gesicht zuschwoll, bis ich dehydriert war, bis mir der Magen wehtat. Tagelang ging es so weiter. Irgendwann kam meine Mutter ins Zimmer und sagte zu mir: „Fawn, du bist die einzige Mutter, die Tyler je hatte, und jetzt glaubt er, du hättest ihn im Stich gelassen. Es braucht ganz einfach seine Zeit."

Von jenem Tag an war ich mir sicher, dass Gott mich zur Mutter bestimmt hatte. Ich wollte vieles im Leben angehen, aber die Mutterrolle erfüllte mein Herz am meisten.

Doch es kam anders. Ich heiratete nicht mit einundzwanzig oder zweiundzwanzig, wie ich gedacht hatte. Ich wurde auch nicht wie geplant mit dreiundzwanzig Mutter. Ich war noch nicht so weit, Mutter und Ehefrau zu sein, denn ich musste mich noch selbst weiterentwickeln. Ich war unsicher und kratzbürstig gegenüber jedem und allem. Mir fehlte noch die Substanz für eine lebenslange Partnerschaft.

Jahre später traf ich Keith und heiratete ihn. Inzwischen war ich sechsundzwanzig und meine biologische Uhr tickte. Unüberhörbar. Vor der Hochzeit waren wir übereingekommen, zumindest ein Jahr zu warten, bevor wir Kinder haben würden. Zuerst wollten wir unser Leben als Ehepaar genießen. Doch als wir geheiratet hatten und bei meinen Freundinnen ein wahrer Babyboom ausbrach, begann ich an dieser Abmachung zu zweifeln. Ich wollte sofort auch ein Kind, aber Keith hielt an unserer ursprünglichen Entscheidung fest.

Keith und ich hatten viele schwierige Gespräche über Kinder. Wir gingen miteinander, verlobten uns und brannten durch, um zu heiraten – und das alles innerhalb von neun Monaten. Wir mussten uns aneinander anpassen und lernen, Kompromisse zu schließen und alles miteinander auszudiskutieren. Dies wäre noch viel schwieriger gewesen, hätten wir gleich ein Kind gehabt. Offensichtlich ist es machbar, denn viele Menschen leben so und kommen damit zurecht. Bei unserem hektischen Lebensstil aber befürchtete Keith, wir würden Schiffbruch erleiden, wenn gleich auch noch Kinder dazukämen. Unsere Ehe würde ebenso darunter leiden wie unsere Fähigkeit, gute Eltern zu sein.

Nachdem ich ein paar Tränen vergossen hatte, pflichtete ich meinem weisen Ehemann schließlich bei, sogar so sehr, dass ich am Ende des Jahres noch ein weiteres Jahr warten wollte, und dann noch eines und noch eines. Es war so schön, seine Frau zu sein, mit meinem besten Freund zusammenzuleben und gleichzeitig an meiner Karriere zu arbeiten. Fast alle glücklich verheirateten Paare in unserem Alter, die wir kannten, hatten mindestens fünf Jahre gewartet, bevor sie Kinder bekamen. Daraus schloss ich, es wäre besser für uns, bis nach unserem fünften Ehejahr zu warten. Das erschien uns beiden weise.

Dann aber wurde ich wieder unsicher. *Es wäre doch so schön, Kinder zu haben,* dachte ich. Keith stimmte zu und wir beschlossen, die Geburtenkontrolle aufzugeben und an der Erweiterung unserer Familie zu arbeiten. Das war sehr aufregend. In meiner Familie wurden die Frauen immer sehr leicht schwanger. Als meine Mutter ihren vierzigsten Geburtstag feierte, erlebte sie gleichzeitig eine Überraschung. Mein jüngstes Geschwisterkind wurde fast sechzehn Jahre nach mir geboren. Der Gedanke, ich würde vielleicht nicht auf der Stelle schwanger werden, kam mir überhaupt nicht.

Ein Monat verging und es trat keine Schwangerschaft ein. Dann noch ein Monat und dann noch einer. Bald verspürte ich so etwas wie Panik.

Inzwischen fingen die Leute schon an, mir zu erzählen, dass wir immer noch verliebt und glücklich seien, hinge damit zusammen, dass wir keine Kinder hätten. Konnte das stimmen? Aus irgendeinem Grund hörte ich diesmal darauf, obwohl ich doch sonst alle negativen Äußerungen über die Ehe nach den Flitterwochen weit von mir wies.

Ich beobachtete nun noch aufmerksamer, wie sich die Partnerschaften anderer veränderten, sobald sich ihre Familien vergrößerten. Sie hatten weniger Zeit, man sah sie mit ERGO-Babytragen beladen herumlaufen und ihre Kleidung war angesabbert. Sie kündigten ihre Jobs und zogen sich von ihren Freunden zurück. Ich wusste, dass sie schon monatelang nicht mehr als drei Stunden pro Nacht geschlafen hatten. Ehrlich gesagt, kleine Kinder sind am Anfang nicht das beste Aushängeschild, so hinreißend sie auch sind und wie viel Freude und Zufriedenheit sie der Familie auch schenken.

Ich bekam kalte Füße, was Kinder betrifft, da ich nicht bereit war, mein Leben so radikal zu ändern. So, jetzt habe ich es gesagt.

Eines Tages, mitten in der Arbeit, rief ich Keith an und sagte: „Schatz, ich glaube, ich bin noch nicht bereit, Kinder zu bekommen.“ Hilfreich wie immer, erkundigte er sich nach dem Grund und vergewisserte sich, dass wir die richtige Entscheidung trafen. Kaum hatte ich das Telefon aufgelegt, rief ich meine Ärztin an, um einen Termin zu vereinbaren und von Neuem mit der Geburtenkontrolle zu beginnen.

Diese Entscheidung habe ich nie bereut. In Wahrheit habe ich in den letzten Jahren nur selten an Kinder gedacht. Ich ertappte mich sogar dabei, dass ich Ausreden dafür suchte, warum wir noch keine haben. Ich bin jetzt Ende dreißig, sicher kein junges Küken mehr, was die Empfängnis betrifft.

Erst als ich nach Zagreb kam, wurde mir bewusst, dass eine unbekannte Angst an mir nagte: Angst, unsere Ehe würde sich mit Kindern verändern, wie es uns so viele unglückliche Ehepaare erzählt haben. Angst, Kinder könnten das Leben aus mir heraussaugen und mein Ehemann könnte sich zurückgesetzt fühlen. Angst, Kinder würden unsere Beziehung komplizierter machen und wir müssten uns zwischen einer glücklichen Ehe und der Elternschaft entscheiden.

Ich musste auch noch ein Gespräch innerlich verarbeiten, das ich auf meiner Reise von Kapstadt nach Mauritius geführt hatte. Bevor ich Südafrika verließ, hatte ich beschlossen, ein paar Tage Zwischenstopp in Johannesburg zu machen. Dort hatte ich zwar keine Interviews vor, aber ich wollte die Stadt besichtigen, die ich schon als kleines Mädchen auf einer Postkarte gesehen hatte. Am Tag vor meiner Abreise aus Kapstadt bekam ich eine Nachricht von der Redakteurin einer der größten Zeitungen Südafrikas. Sie hatte gerade von einer Journalistin in Kapstadt, die meine Reise verfolgte, erfahren, dass ich nach Johannesburg (Joburg, wie die Einheimischen sagen) kommen würde.

Da ich unter Zeitdruck stand, legten wir das Interview für den Tag nach meiner Ankunft in Johannesburg fest. Als Kashiefa und ihr Fotograf erschienen, waren sie ziemlich verwundert, eine zierliche afroamerikanische Geschäftsfrau von Mitte dreißig vor sich zu sehen. „Ich hatte mit einer reichen, alten, weißen Lady gerechnet, die ihr ganzes Leben am heimischen Herd bei den Kindern zugebracht hat“, bekannte sie. „Jemanden wie Sie habe ich nicht erwartet!" Ich war mir nicht sicher, ob ich das als Kompliment auffassen sollte oder ob sie damit ihre ungefilterte Enttäuschung zum Ausdruck brachte.

Kashiefa war Anfang dreißig, also etwas jünger als ich, und wie ich unheimlich getrieben. Gleich zu Anfang erzählte sie mir von ihrer Skepsis gegenüber „glücklichen Ehen". „Ist ja schräg", sei ihr erster Gedanke gewesen, als sie unsere Facebookseite besuchte. Es kam ihr einfach merkwürdig vor, dass Tausende Frauen positive Nachrichten über die Ehe und ihre Ehemänner posteten. Ich kann es ihr nicht verdenken. Es ist nicht die Norm, dass man einen Haufen Frauen zusammenbringt und sie auffordert, über das Thema Ehe zu reden. Sie erinnerte mich – wie so viele vor ihr und vermutlich auch nach ihr – daran, dass sich mit Kindern alles ändert. Ich konnte spüren, dass sie an meiner Glaubwürdigkeit als Ratgeberin für eine so vielfältige Gruppe von Frauen, von denen viele Mütter waren, ihre Zweifel hatte.

Ich versicherte Kashiefa, dass ich keinen Rat erteilte, nicht nur deshalb, weil ich selbst keine Kinder habe, sondern weil ich zu dem Zeitpunkt noch keine zehn Jahre verheiratet war. Ich gebe nur das weiter, was ich von anderen Frauen und Ehepaaren erfahren habe, die weitaus länger verheiratet sind als ich. Dann nahm ich mir ihre felsenfeste Überzeugung vor, dass Kinder jede Ehe unwiderruflich verändern. Ich erzählte ihr von der gemeinsamen Ansicht, die ich von etlichen Frauen gehört hatte – sowohl im Klub als auch bei meinen Recherchen in aller Welt: Mit einer Ehe musste es keineswegs bergab gehen, nachdem Kinder da waren. Die Ehe verändert sich, ja, aber Kinder können eine Ehe auch verbessern, wenn man es darauf anlegt und bereit ist, der Beziehung zum Partner die Priorität zu geben. Kashiefa schien mir das nicht ganz abzukaufen. Als sie mir den Artikel nachsandte (auf einer Zeitungsseite, auf der, wie es die Ironie wollte, gleichzeitig über die Scheidung von Tom Cruise und Katie Holmes berichtet wurde), schloss sie mit: „Die Wahrheit ist, zumindest für mich, dass das Leben manchmal gegen die Beziehungen arbeitet. Die wichtigste Person in meinem Leben ist mein Kind. Ich liebe meinen Ehemann über alles, aber mein Kind steht an erster Stelle." Mit dieser Meinung ist Kashiefa nicht allein. Aber eine allgemeingültige Wahrheit ist sie deshalb noch lange nicht.

Kurz vor meiner Abreise saßen Keith und ich bei einem Hochzeitsempfang neben einem Paar, das einige Jahre älter war als wir. Während sie uns zusahen, wie wir uns an den Händen hielten, verstohlene Küsse austauschten und uns in die Augen sahen, als ob niemand anderer im Raum wäre, fragten sie uns, ob wir Kinder hätten.

„Nein", antworteten wir.

„Das ist gut. Lasst es dabei. Alles ändert sich mit Kindern."

Ich hatte keine Ahnung, dass das nun folgende Gespräch meine Sicht über Kinder so verändern und meine Angst in freudige Erwartung verwandeln würde. Ich war im Begriff zu lernen, dass die Neinsager nur die halbe Wahrheit kennen. Es gibt noch eine zweite Seite, die glückliche Ehefrauen entdeckt haben.

Kapitel 13

LIEBE IST EINE KERZE

Zagreb, Kroatien

Ich glaube ganz fest an von Gott gefügte Begegnungen. Sie wissen schon, solche Momente, in denen genau die richtige Person in Ihr Leben tritt und Ihnen genau das richtige Wort sagt, das Sie gerade dringend hören müssen. Momente, in denen sich das richtige Jobangebot auftut oder etwas, was einem im ersten Augenblick wie eine Katastrophe erscheint, sich über die Maßen als Segen entpuppt. Ich glaube, wir alle erleben solche Momente, die so haargenau auf uns zugeschnitten sind, dass es nur Gott sein kann, der sie so zeitgerecht und befreiend inszeniert.

Ich wusste es noch nicht, als ich auf dem Weg zu Zeljka war, aber es sollte eine solche von Gott gefügte Begegnung für mich werden. In mir selbst fand gerade ein Umdenken in Bezug auf Kinder statt. Zeljka sollte nun zu einem ergreifenden lebendigen Beispiel werden, das dem ganzen negativen Getöse über Ehe und Kinder widersprach, das ich immer zu hören bekam, man müsse das eine opfern, damit einem das andere gelingen kann. Die meisten Frauen, die ich bisher interviewt hatte, waren älter als ich. Und das finde ich klasse. Ich sauge die Weisheit der Alten auf, als hinge mein eigenes Leben davon ab (was es auch oft tut). Aber es geht noch eine ganz andere Kraft davon aus, wenn man die glaubwürdige Perspektive einer gleichaltrigen Person hört, die unter ähnlichen Zwängen steht wie man selbst und dennoch mehr bewältigt, als man selber schafft. Zeljka war genau das: Ehefrau, Mutter und erfolgreiche Karrierefrau. Sie gehörte zu den wenigen Ausnahmen von meinem „Mindestens-fünfundzwanzig-Ehejahre"-Filter für die Frauen, deren Geheimnisse ich herausfinden wollte. Sie gehört mit dazu, weil ihre Erfahrungen das heutige Leben betreffen – nicht etwa die Kindererziehung vor vierzig Jahren – und es gibt Lektionen, die uns nur eine Frau von heute lehren kann.

Zur Zeit des Interviews waren Zeljka und ihr Ehemann seit dreizehn Jahren zusammen und seit neun Jahren verheiratet. Sie hatte mit achtundzwanzig Jahren geheiratet; er war ein Jahr jünger. Ihr erstes Kind, ein Sohn, kam nicht lange nach ihrem ersten Hochzeitstag zur Welt. Sie waren vier Jahre lang miteinander befreundet gewesen und hatten beschlossen, ihre Familie zu vergrößern, sobald sie verheiratet waren.

Als Zeljka und ich uns zum Kaffee trafen, merkte ich ihr gleich ihr freundliches Wesen an, als sie sagte: „Es tut mir wirklich leid, ich bin spät dran. Ich hatte heute vier Meetings und das vierte ging gerade erst zu Ende." Ich war glücklich, dass sie es überhaupt geschafft hatte. Sie ist Marketingchefin zweier großer kroatischer Zeitungen und hatte vor der Ankunft der Kinder zwölf bis vierzehn Stunden am Tag gearbeitet. Als sie schwanger wurde, entschied sie, dass ihre Familie Vorrang hatte.

Sie traf sich mit der Unternehmensleitung und erklärte, sie könne von nun an nur noch acht Stunden pro Tag und fünf Tage in der Woche arbeiten. Falls das bedeutete, dass sie innerhalb des Unternehmens auf eine niedrigere Position absteigen musste, so würde sie das klaglos hinnehmen, versicherte sie, denn sie wisse ja, dass ihre Prioritäten sich geändert hatten.

„Am Anfang war es nicht leicht", rekapitulierte sie. „Ich hatte vorher unglaublich lange Arbeitsstunden, dann war ich zu Hause, versorgte meinen Sohn und sah ihm dabei zu, wie er ein Schläfchen machte. Es schnürte ihr ein wenig den Hals zu, als sie mir vom Stillen und den Schwierigkeiten erzählte, die sie dabei anfänglich hatte. Sie hatte nicht genug Milch und fühlte sich schuldig. Gleichzeitig fütterten die Ehesaboteure sie mit ihren Standardsprüchen: Jetzt, wo das Baby da war, könne sie sich all die guten Jahre mit ihrem Mann im Rückspiegel anschauen.

Es war ihr am Anfang noch nicht bewusst, doch auch Zeljka ging teilweise den negativen Schlagzeilen auf den Leim. „Elend hat gern Gesellschaft, schätze ich", sagte sie, als sie an diese schwierige, erste Zeit zurückdachte. Als sie die schlimmste Zeit der schlaflosen Nächte hinter sich hatten („nicht mehr als drei Stunden am Stück, und das monatelang"), setzten ihr Ehemann und sie sich zusammen und zogen eine Grenzlinie.

„Wir entschlossen uns, nur noch auf unsere eigenen Stimmen zu hören, auf die Träume, die wir beide hatten, und auf den Optimismus zu vertrauen, der immer Teil unserer Beziehung gewesen war. Wir wollten auch alles daransetzen, immer den gegenwärtigen Moment möglichst auszukosten."

Es war offensichtlich, dass sie in diese Lebenshaltung viel Nachdenken und Übung investiert hatte durch all die gehetzten Tage und Zeiten voller hektischer Arbeit, Kinderbetreuung rund um die Uhr und Pflege der Beziehung zu ihrem Mann, den sie so sehr liebte. „Wer in der Vergangenheit lebt, kommt niemals vorwärts", meinte sie, „und wer auf die Zukunft wartet, wird immer das Gegenwärtige verpassen."

Beim Zuhören wurde mir klar, dass die Entscheidung, die Zeljka und ihr Mann getroffen hatten, keine Wunderwaffe gegen die bestehenden

Zwänge ihres Lebens war. Sie war vielmehr ein Pfeiler, eine Haltung dem Leben gegenüber, wie man die täglichen Herausforderungen besser bewältigen konnte, auch mit dem Wissen, dass Kinder größer werden. Mit dem Heranwachsen der Kinder werden sie auch reifer, die Bedürfnisse verlagern sich (wodurch man Gott sei Dank auch wieder mehr Schlaf bekommt).

Zeljka sah wirklich nicht aus wie eine Frau in einer einflussreichen und fordernden beruflichen Position, deren Mann nach wie vor zwölf Stunden am Tag arbeitet und die zu Hause ein sechsjähriges und ein einjähriges Kind hat. Sie sah *zufrieden* aus. Man kann es nicht anders nennen. Sie wirkte glücklich. Und es war keine gezwungene Fröhlichkeit mit einem aufgesetzten Lächeln über einem miesepetrigen Gesicht. Ich habe schon genug Gespräche mit verheirateten Frauen hinter mir, um ganz leicht den Unterschied zu erkennen.

„Was würdest du anders machen, wenn du mit deinem ersten Kind noch einmal von vorne beginnen könntest?", fragte ich.

Die Frage schien sie zu amüsieren, aber ihre Stimme klang auch wehmütig. „Ich würde mir weniger Sorgen machen", sagte sie lächelnd.

„Bei allem, was du am Hals hast, schaffst du es, deinen Mann an die erste Stelle zu setzen?"

„Selbstverständlich", antwortete sie, fügte aber hinzu: „Und meine Kinder auch."

„Wie meinst du das?", hakte ich nach.

„Du weißt, Eltern erklären ihren Kindern immer, dass sie alle gleich lieb haben, dass keiner der Bevorzugte ist und so weiter", sagte sie. „Ich bin nur ein Mensch und kann niemals jemanden vollkommen lieben – meinen Mann nicht und meine Kinder auch nicht. Aber ich bemühe mich, jedem die Liebe zu geben, die er gerade braucht. Dass mein Mann Priorität hat, bedeutet nicht, dass die Kinder hintenangestellt werden, und umgekehrt. Es ist jeden Tag eine Gratwanderung. Ich mache es nie ganz richtig, aber so war es auch, bevor ich Kinder hatte.

Wir versuchen einfach, uns von Augenblick zu Augenblick aufeinander einzustellen und unsere Liebe bedingungslos zu verschenken."

Von einer anderen Mutter hörte ich ein schönes Gleichnis, das in dieselbe Richtung ging. Sie hatte damals ein Kind und erwartete ein weiteres. Als ihre Tochter sie fragte, ob ihre Mutter sie weniger lieben würde, wenn der kleine Bruder geboren wäre, beteuerte die Mutter, das sei ganz ausgeschlossen. Wie jedes altkluge Kind aber war auch diese Tochter mit der Antwort nicht zufrieden. Wie konnte sie sich dessen sicher sein? Die Mutter verhielt sich sehr geschickt. In der Nähe stand eine brennende Kerze. Sie sagte zu ihrer Tochter, sie solle einen Moment still sitzen bleiben, während sie den Raum verließ.

Augenblicke später kam diese kluge Mutter mit einer anderen Kerze zurück. „Siehst du diese zwei Kerzen?", fragte sie. „Du bist die eine Kerze" – sie zeigte auf die angezündete – „diese kleine Flamme ist ein Zeichen meiner beständigen Liebe zu dir." Dann hob sie die noch nicht angezündete Kerze in die Höhe: „Diese Kerze ist dein kleiner Bruder. Wenn er auf die Welt kommt, werde ich ihn genauso lieben, wie ich dich liebe." Dabei zündete sie die zweite Kerze an der ersten an.

Das kleine Mädchen blickte verwundert, während es über die eben gehörte Lektion nachdachte.

„Schau auf die Kerze", sagte die Mutter. „Ist die Flamme ausgegangen, weil ich die Kerze deines Bruders angezündet habe? Brennt sie deshalb weniger?" Das kleine Mädchen verneinte. „So ist es mit meiner Liebe zu dir. Wenn dein Bruder da ist, werde ich euch beide gleich lieb haben." Denn Liebe lässt sich unbegrenzt vermehren.

Zeljka erzählte weiter: „Als mein Sohn fragte, ob er die wichtigste Person für mich sei, sagte ich: Ja, natürlich, er und seine Schwester und sein Vater. Ich musste ihm erklären, dass alle gleich wichtig sind. Wie ich mit ihm und seiner Schwester Zeit verbringe, so muss ich auch manchmal Zeit alleine mit Papa verbringen. Ich möchte alle Liebe geben, die mir möglich ist, und ich verteile sie unter ihnen. Sie wissen, dass mir nichts so wichtig ist wie sie."

Als Nächstes fragte ich sie, wie es ihr gelang, dass weder ihr Ehemann noch ihre Kinder sich zurückgesetzt fühlten. Das sei ganz einfach, meinte sie: Da alle an erster Stelle stehen, wird niemand zurückgesetzt. Aber hatte sie denn nie das Gefühl, dass die beruflichen Anforderungen, ihr Ehemann und ihre Kinder sie in verschiedene Richtungen zerrten? Doch, war die Antwort. „Aber das geht ja vorbei", sagte sie, als wäre das ganz selbstverständlich. Wie alle anderen Paare, die ich interviewt habe, ist sie der Ansicht, dass die Kinder nur eine begrenzte Zeit da sind, vielleicht die nächsten zwanzig Jahre, und dann ohnehin erwachsen sind.

In wenigen Jahren werden beide Kinder in eine weiterführende Schule gehen und dann werden sie und ihr Mann wieder mehr Zeit für sich haben. Im Moment teilen sie sich die Zeit zwischen sich und den Kindern auf. Für sie ist das so in Ordnung, denn so funktioniert Familie und sie wollten es nicht anders.

Zeljka ist gerne Mutter und Ehefrau und sie liebt auch ihren Beruf. Sie hat nicht das Gefühl, dass sie eine dieser Aufgaben für die anderen aufgeben müsste. Dazu müssen zwar immer wieder Kompromisse gefunden werden, aber das gehört zum täglichen Leben dazu.

Nach meinem Treffen mit Zeljka fühlte ich mich wie ein Gärtner, der Unkraut jätet, das sich im Herzen breitgemacht hat. Eine glückliche Ehefrau nach der anderen – ob neun Jahre verheiratet oder fünfzig – versicherte mir, das Elterndasein könne am Anfang zwar eine Herausforderung sein, aber es sei eine gute Herausforderung und sie gehe auch wieder vorbei. Das Leben geht weiter, die Kinder werden erwachsen, nichts bleibt stehen.

Mag sein, dass meine Ehe eine Zeit lang ihren Schwerpunkt auf Babys verlagern wird, die sich nicht selbst versorgen können. Aber auch das ist es wert. Solange unsere Ehe absolute Priorität behält und wir es nicht zulassen, dass sie zu einer zweitklassigen Sache degradiert wird, können wir aus allem gestärkt hervorgehen. Wir werden einander noch mehr lieben und wir werden gemeinsam das größte Projekt des

Lebens angepackt haben. Alle Frauen, mit denen ich bisher gesprochen habe, bestätigten dies auf die eine oder andere Art. Es war ermutigend und anspornend.

Eine Stunde spazierte ich noch durch die Straßen Zagrebs und dachte über diese von Gott gefügte Begegnung und die Veränderung nach, die sie in meinem Herzen bewirkt hatte. Dann kehrte ich ins Hotel zurück und rief Keith an.

„Schatz, wenn ich nach Hause komme, möchte ich zu meiner Ärztin gehen und mit ihr besprechen, was wir tun können, damit wir Kinder bekommen." Schon vor einer Weile hatte mich Keith gefragt, ob ich eine künstliche Befruchtung in Betracht ziehen würde, falls es auf natürlichem Weg nicht ginge. Unsere Versicherung käme sogar dafür auf. Ich war zunächst dagegen gewesen, hauptsächlich deshalb weil ich wusste, dass sich dadurch die Wahrscheinlichkeit einer Schwangerschaft deutlich erhöhen würde. Jetzt am Telefon jedoch versicherte ich Keith, falls sich herausstellte, dass wir zu lange gewartet hatten und es ohne Hilfe nicht mehr möglich war, schwanger zu werden, würde ich alles in Betracht ziehen – von künstlicher Befruchtung bis zur Adoption.

Ich war mir bewusst, dass er seinen Wunsch, Vater zu werden, lange Zeit auf Eis gelegt hatte, bis ich so weit wäre. Schon oft hatte er mich getröstet und mir versichert, er sei so gerne mit mir verheiratet, dass er auch ohne Kinder glücklich sein könne. Kinder wären schön, aber wir hatten auch so ein gutes Leben und es wäre nicht gut, etwas zu erzwingen, zu dem wir nicht beide bereit waren. (Wie sehr ich diesen Mann liebe!)

Nun schmolzen meine Ängste dahin. In meinem Herzen keimte etwas auf. Gott hatte es wunderbar für mich inszeniert und Zeljka war das letzte Sprachrohr für diesen göttlichen Ruf, meine alten Wunden hinter mir zu lassen.

Aber man kann viele Jahre des Zögerns nicht in einem einzigen Moment ungeschehen machen. Eine historische Stadt und lange Spaziergänge durch Alleen und Straßen eines fremden Landes waren noch nötig, um meine Ängste vollends auszuräumen, damit ich an meine Träume von der eigenen Familie wieder anknüpfen konnte. Als ich ganz überwältigt von den letzten Geschehnissen auf meinem Hotelbett saß, überkam mich ein seltsames Gefühl. Ich wusste wieder genau, was ich empfunden hatte, als ich Tyler als Baby zum ersten Mal im Arm hielt.

Kapitel 14

DER PERFEKTE UMWEG

Rom, Italien

Rom war lange Zeit meine Lieblingsstadt. Das Altertum ist dort allgegenwärtig. Man spürt den Stolz darauf, der ruhmreichen Vergangenheit mit all ihren Beiträgen zur westlichen Kultur treu geblieben zu sein. Dieses Altertum wird aber nicht einfach in klimatisierten Museen verwahrt. Man findet es überall: an den bröckelnden Stuckfassaden vieler Gebäude, in den verschlungenen Straßen und den eindrucksvollen Einfassungsmauern rund um den Vatikan. Rom ist eine Verkörperung der Geschichte und es zog mich in seinen Bann. Man spürt, dass die Stadt unter der Last der Vergangenheitsverehrung auf Kosten der Gegenwart förmlich zerbröckelte. Mir imponierte dieses herrliche rebellische Auftreten gegenüber dem unbarmherzigen Tempo der Kultur.

Was man in anderen Städten als Touristenattraktionen ansehen würde, sind in Rom nur Kleinigkeiten. Ich kann mich ohne Schwierigkeiten in der Stadt zurechtfinden, indem ich mich an den historischen

Wahrzeichen orientiere: Kolosseum, Pantheon, Trevi-Brunnen, Circus Maximus, der Petersdom, der Spanische Platz, der Tiber, der durch die Stadt fließt, verschiedene Museen, Statuen – eine endlose Liste. Solange ich bei meinen Spaziergängen auf diese Kennzeichen achtete, war es mir immer möglich, den Weg zurück zu finden.

Da ich vorher schon einmal in Rom gewesen war, wusste ich, dass man sich hier von der Stadt führen lassen kann, wenn Sie verstehen, was ich meine. Ein Stadtplan ist nicht vonnöten, lediglich etwas Abenteuerlust. Vielleicht hatte ich mir deshalb vorgenommen, in Rom kein Interview einzuplanen. Hier schien mir genau der richtige Ort für ein bisschen Spontaneität zu sein. Die Stadt würde mich schon zu den richtigen Leuten und Gesprächen führen, die ich für den Klub festhalten könnte.

Bei meinem letzten Besuch in Rom mit Keith vor einigen Jahren hatten wir uns am Nachmittag in einem Café einen Happen Süßes und einen Cappuccino gegönnt. Für den perfekten Espresso am Nachmittag stehen die Leute in Rom gerne Schlange. Und wenn ich sage perfekt, dann meine ich das auch so. In Italien ist der Espresso eine Sache des Nationalstolzes mit seiner goldbraunen Crema über einem kräftigen Schuss Koffein, in fliegender Eile serviert in kleinen Tässchen. Die meisten Leute, die wir beobachteten, setzten sich dazu nicht einmal hin; sie tranken die kleine Tasse in einem Zug aus und stellten sie anschließend wieder neben die Espressomaschine zurück.

Diesmal hatte ich, obwohl ich keine formellen Interviews vereinbart hatte, das Gefühl, mein Café sei genau der richtige Ort für eine zufällige Begegnung. Ich betete sogar dafür, Gott möge mir die richtige Person für ein Interview schicken. Die Sorge, Gott könnte vielleicht nicht antworten, hatte ich nie, denn er antwortet immer auf meine Gebete. Manchmal ist die Antwort zwar *nein* oder *noch nicht*, aber weitaus öfter ist seine Antwort *ja*. Als Keith und ich jung verheiratet waren, fiel ihm das an meinen Gebeten auf. Er bat mich sogar, für seine Anliegen zu beten, weil er meinte, dass Gott meine Gebete immer erhörte, egal wie exzentrisch und weit hergeholt sie klangen. Nun da ich in Rom war und Gott bat, mich zu den richtigen Leuten zu führen, hatte ich große Erwartungen.

Nach meiner Ankunft am späten Nachmittag stieg ich in ein Taxi und ließ mich geradewegs zum Hotel bringen. Ich hatte mir eine Unterkunft außerhalb der Stadt ausgesucht, weil die Zimmer dort billiger waren und ich von dort aus jeden Tag mit dem Hotelbus in die Stadt fahren konnte. Nachdem ich mich angemeldet und das Gepäck im Zimmer verstaut hatte, sah ich, dass es schon Zeit für das Abendessen war. Da ich noch nichts gegessen hatte, ging ich die Treppe hinunter ins Restaurant.

Dort fielen mir zwei Frauen im mittleren Alter auf, die bei Brot und Pommes frites mit irgendeinem Dip an der Bar saßen und an ihren Sektgläsern nippten. Hoch gespannt auf Gottes Antwort auf meine Gebete fragte ich mich, ob diese Frauen gemeint sein könnten. Ich kletterte auf einen Barhocker neben ihnen und bestellte eine Pizza Margherita.

„Wünschen Sie sonst noch etwas?“, fragte der Kellner.

„Ich hätte gerne das gleiche Getränk, das diese Damen trinken.“ Ich befand mich in Hörweite und vermutete, meine Bestellung könnte ein Gespräch anregen, und wirklich war es so.

„Hallo, ich heiße Cindy und das ist Barbara“, sagte die Frau, die neben mir saß im gedehnten Zungenschlag der Südstaaten. „Wo kommen Sie her?“

„Aus Los Angeles. Und Sie?“

„Aus Lafayette in Louisiana.“

Für eine Amerikanerin ist es nichts Ungewöhnliches, an den meist bereisten Touristenorten der Erde Landsleute zu treffen. Das hat etwas zugleich Angenehmes und Frustrierendes. Obwohl ich diese Frauen in meinem Leben wohl kaum wiedersehen würde, fühlten wir uns sogleich als Gefährten, die sich so nahe waren wie Nachbarn. Es verdirbt aber auch ein bisschen den Spaß, so als würde man lieber völlig eintauchen und so tun, als wäre man ganz allein in der Fremde. Trotzdem setzte ich hohe Hoffnungen auf diese Frauen – vielleicht hatten sie ja wertvolle Ehegeheimnisse für mich.

„Warum sind Sie in Rom?“, fragte mich Cindy.

„Ich bin hier, weil ich an einem Buch über die Ehe arbeite. Dazu bereise ich die ganze Welt, um herauszufinden, was eine gute Ehe ausmacht.“ Diese Antwort führte in der Regel zu einer Reaktion und weckte auch Cindys Neugier. „Haben Sie vielleicht ein paar Tipps, die Sie mir weitergeben möchten?“, fragte ich sie. „Ach und sind Sie schon länger als fünfundzwanzig Jahre verheiratet?“

„Hm, ja, das schon, ich bin schon länger als fünfundzwanzig Jahre verheiratet, aber ich würde sagen, meine Ehe ist okay, aber mehr auch nicht.“ Während sie noch sprach, stand Barbara auf und sagte, sie müsse nur schnell etwas nachschauen. Ich bekam nicht genau mit, was es war. In der Zwischenzeit unterhielt ich mich mit Cindy über mein Projekt und sie zeigte sich interessiert, die Geheimnisse glücklicher Ehen zu erfahren.

Nach etwa fünfzehn Minuten kam Barbara wieder und wo sie auch immer gewesen war, offenbar war ihr dort etwas zum Thema eingefallen. „Wissen Sie, was meiner Meinung nach das Geheimnis ist?“, verkündete sie, als sie auf ihren Sitz kletterte und Platz nahm. „Glück.“

Das war nicht gerade die Antwort, die ich erwartet hatte.

„Glück spielt eine große Rolle“, erklärte sie und sagte mir dann, sie sei jetzt zum dritten Mal verheiratet und „wurschtele sich so durch“. Ihre Schwester hingegen war schon seit über dreißig Jahren verheiratet und liebte ihren Mann sehr. Ihre Schwester hatte in der Ehe gute Karten bekommen, sie schlechte – und das drei Mal.

Als ich sie reden hörte, war ich sicher, dass sie *garantiert* nicht die Person sein konnte, die mir Gott als Antwort auf meine Gebete geschickt hatte.

Trotzdem war noch nicht alles verloren. Die Lage war gerettet, als meine Pizza serviert wurde. Sie hatte einen ganz dünnen, knusprigen Teig und war mit Marinarasoße, frischem Mozzarella und Strauchtomaten belegt. Es kam mir vor wie Italien in essbarer Form.

Cindy und Barbara verließen das Restaurant, um sich mit ihren Ehemännern zu treffen, und bald danach ging ich hinauf, um wie immer abends Keith anzurufen. Ich wollte neue Kraft schöpfen für den nächsten Tag und das erhoffte Auftauchen der noch unbekannten glücklichen Ehefrau, mit der ich mich unterhalten würde.

Als ich Los Angeles verließ, hatte ich zwei Audiobücher auf meinem iPhone: *Eat, Pray, Love* von Elizabeth Gilbert und *Kind in seinen Armen* von Brennan Manning.

Beide befanden sich schon geraume Zeit auf dem iPhone, aber ich hatte keines von beiden fertig gehört, da ich zu beschäftigt gewesen war. Einmal hatte ich ein kurzes Stück von *Kind in seinen Armen* angehört, aber es war für mich zu langsam vorwärtsgegangen. Da es mir aber eine gute Freundin und Mitbegründerin des Klubs wärmstens empfohlen hatte, ließ ich es auf dem iPhone und nahm mir vor, es irgendwann einmal anzuhören. Es ging mir mehr darum, meine Freundin nicht zu enttäuschen und etwas zu haben, was uns verband, als dass mich das Buch (oder das, was ich bisher davon kannte) wirklich interessierte.

Da ich den größten Teil von *Eat, Pray, Love* bereits gehört hatte, beschloss ich auf der Busfahrt von meinem Hotel zum Kolosseum, *Kind in seinen Armen* noch eine Chance zu geben. Diesmal rührte es mich ganz anders an, als ich vom ersten Mal in Erinnerung hatte. Ich hatte meine Ohrhörer aufgesetzt und ließ mich von Brennan Manning für kurze Zeit an diesem Tag vom Sightseeing ablenken. Durchs Fenster sah ich die Pracht Roms an mir vorbeihuschen und hin und wieder eine Vespa, die sich halsbrecherisch durch den dichten Verkehr schlängelte.

Ich stieg in der Nähe des Viktor-Emanuel-Denkmals aus. Dieses Denkmal ist ausschließlich aus weißem Marmor gefertigt, mit korinthischen Säulen im oberen Teil und den Nationalflaggen links und rechts. Die Umrisse des Bauwerks bilden ungefähr einen Halbkreis. Auf den Dächern dieser atemberaubenden Kulisse sind an beiden Seiten zwei Bronzestatuen angebracht, die Pferdegespanne zeigen, welche von geflügelten Reitern gelenkt werden. In der Mitte des Halbkreises steht eine Statue des Namensgebers, König Viktor Emanuels II., des ersten Königs des neu gegründeten italienischen Staates. Bei diesem sehenswerten Denkmal findet man auch die ewige Flamme am Grabmal des unbekannten Soldaten. Während ich das alles betrachtete, musste ich an das nur einen Steinwurf weit entfernte Forum Romanum denken, wo nach der Mythologie Vesta, die Göttin des Herdfeuers, in Gestalt einer ewigen Flamme wohnte. Tausende Jahre später bewahrten die Menschen in Rom noch immer diese Sinnbilder auf. In einer Stadt, wo vieles baufällig erschien, erstrahlte dieses *monumento nazionale* (Nationaldenkmal) in schimmernder Pracht. Ein Eindruck unermesslicher Stärke ging davon aus.

Von meinem Standort aus konnte ich das Kolosseum sehen und wollte meine Schritte schon dorthin lenken, aber ich war auch in Versuchung, mich stattdessen meinem Hörbuch zu widmen. Außerdem passten die großen Menschenmassen, die dorthin strömten, nicht zu meiner eher nach innen gerichteten Stimmung. Also ging ich in die entgegensetzte Richtung. Was Gott mir durch *Kind in seinen Armen* sagen wollte, wurde mir wichtiger, als einen Tag mit Sehenswürdigkeiten zu verbringen. Stundenlang ging ich durch die Stadt, durch alte Ruinen, an Bahnschienen entlang und durch zahllose Straßen.

Bald blieb ich in einer Straße stehen und fing an, in fieberhafter Aufregung Notizen in mein Smartphone zu schreiben. *Woher stammt mein Gefühl, dass ich wertvoll bin? Kann ich es annehmen, dass Gott mich bedingungslos liebt? Warum fühle ich mich immer unter dem Druck, Erfolg haben zu müssen, um akzeptiert zu werden? Empfinde ich wirklich, dass meine Vergangenheit vergeben ist – habe ich mir selbst vergeben? Warum zeige ich immer eine Fassade von Stärke und Undurchdringlichkeit, wenn ich in Wirklichkeit demütig und verletzlich sein will?* Mitten auf dem Bürgersteig schrieb ich das mit meinen zwei Daumen so schnell wie möglich nieder. Manchmal gingen Leute an mir vorbei, aber in diesem Stadtviertel war es eher ruhig. Ich sah mich um, ob ich eine der Sehenswürdigkeiten Roms entdecken könnte, aber vor mir war nur etwas, das wie ein Haufen alter Mauerteile aussah.

Ich ging ein Stück bergauf, vorbei an einem Gelände zu meiner Linken, das aussah wie ein Unisportplatz (nur dass es sich irgendwo im Nirgendwo befand), wo Sportler liefen oder Gewichte stemmten, und dann durch eine Pforte, an der ich drei Euro bezahlte, auf einen großen offenen Platz mit Rasenflächen, Gärten und nur einer Handvoll Menschen.

Zufällig war ich auf einen der ruhigsten Plätze in Rom gestoßen, die antiken Caracalla-Thermen.

Während ich durch diesen teils verfallenen, teils wunderschön erhaltenen öffentlichen Badekomplex aus dem Jahr 216 n. Chr. spazierte, hörte ich weiter *Kind in seinen Armen*, bis ich merkte, dass es Zeit war, einige der Fragen zu beantworten, die Gott mir stellte. Ich wusste nicht, was der Grund war oder was diese Fragen mit Rom zu tun hatten. Zum einen waren es keine heiteren Fragen, die ich in meinem Herzen hörte, und sie hatten auch nichts mit dem Thema Ehe zu tun. Dennoch versuchte ich eine Antwort auf jede dieser Fragen zu finden, wie unangenehm sie mir auch war. Es waren sehr persönliche Fragen, die in die Tiefe gingen. Den Großteil meiner Zeit in Rom verbrachte ich auf diese Weise.

Ist es nicht ein Jammer, an einem solchen Ort zu sein und alles zu ignorieren? „Es liegt nicht an dir, es liegt an mir“, hätte ich am liebsten zu der Stadt gesagt. Es lag wirklich an mir. Monatelang vorher schon hatte ich für diese Reise gebetet und Gott um seinen Segen und seine Bewahrung gebeten. Hätte ich es nicht besser wissen müssen? Jetzt erfuhr ich, dass so ein „Segen“ eine markerschütternde Seelenprüfung sein kann. Und das war nicht gerade angenehm.

Dennoch hielt ich meine Augen weiter offen nach einer Überraschungsinterviewpartnerin. Dass ich sie bisher noch nicht entdeckt hatte, überraschte mich nicht, da ich so sehr mit mir selbst und meinen Gedanken beschäftigt war.

Dann dämmerte es mir. Gott würde mir in Rom keine Frau über den Weg schicken.

Er hatte mich zu mir selbst geschickt, um herauszufinden, was bei *mir* noch unerledigt war, damit ich meine Ehe verbessern konnte. Es war ein passender Umweg auf meiner Reise.

Kapitel 15

WAS UNS ZURÜCKHÄLT

Rom, Italien

Ich vermute, Sie lesen dieses Buch nicht in erster Linie, um etwas über mein persönliches Leben zu erfahren. Ich meine den Teil, der mit Ehe nichts zu tun hat. Daher will ich Sie mit langwierigen Details verschonen und nur einige Highlights schildern. Aufgewachsen bin ich in einem, wie ich es empfinde, ziemlich strengen Elternhaus. Regeln und Religion waren mir zuwider. Kurz nach meinem sechzehnten Geburtstag verließ ich mein Zuhause, schlief auf den Sofas von Freunden und fand drei Mal Unterschlupf in Jugend-Obdachlosenheimen. Die Highschool brach ich ab. Zweimal versuchte ich mich umzubringen. Und das alles noch vor meinem zwanzigsten Lebensjahr.

In der ersten Hälfte meines Lebens bin ich weitgehend gescheitert und es dauerte Jahre, meine Verunsicherung, die sich durch dieses Scheitern noch verstärkte, zu überwinden. Zumindest dachte ich, ich hätte sie endgültig überwunden, nachdem die Situation sich wendete und ich anfing, mich ernsthaft um das Leben zu bemühen, das ich gerne führen wollte. Nämlich genau das Leben, das ich jetzt habe, abgesehen von Kindern.

Warum passierte es gerade in Rom, dass die Gedanken an meine Vergangenheit auf einmal wieder massiv hochkamen? Warum durchlebte ich von Neuem meine ganze Jugend, während ich mit Tränen in den Augen durch die antiken Ruinen wanderte? Die Selbstprüfung, die in Kroatien auf einem Bürgersteig begonnen hatte, setzte sich nun auf den Kopfsteinpflasterstraßen der Ewigen Stadt fort. Es waren viele Fragen, die Gott mir vorhielt, aber was uns hier interessiert, sind zum Beispiel diese:

> Was hatte mich sonst noch gehindert, Mutter zu werden? Gab es da noch etwas anderes außer der Angst, dass meine Ehe sich zum Nachteil verändern könnte?
>
> Was hielt mich davon zurück, eine wirklich gute Ehefrau zu sein?

Ja, ich musste mir eingestehen, dass da etwas nicht stimmte. Wie kam ich dazu, einen Klub der glücklichen Ehefrauen zu gründen, wo ich doch selbst meine Mühe mit den Idealen hatte, für die er stand? Wie Sie sich vorstellen können, war ich verwirrt und auch ziemlich enttäuscht.

Ich will aber auch nicht ins andere Extrem fallen. Ich bin wirklich eine glückliche Ehefrau. Möglicherweise die glücklichste, die ich persönlich kenne. Ich liebe meinen Mann und unser gemeinsames Leben. Mein Mann ist glücklich, er bewundert und schätzt mich und hat ein Eheleben, das alles, was er sich erhofft oder erwartet hatte, weit übertrifft. Er ist gerne mit mir verheiratet und das sagt er mir auch mindestens einmal am Tag (und das seit dem Tag, an dem wir Ja zueinander gesagt haben). Aber ich musste mit mir selbst ins Reine kommen – da war etwas, was ich noch nicht loslassen konnte, ob nun bewusst oder unbewusst.

Zum Teil wusste ich das instinktiv, doch zu einem anderen Teil war es eine ganz sachliche Erkenntnis. Schon Wochen vor meiner Abreise hatte ich Keith eine Frage gestellt, die jede Frau ihrem Mann stellen sollte (vorausgesetzt Sie sind bereit, die Antwort zu hören, ohne dass Ihr Partner seine Ehrlichkeit bereuen müsste): „Schatz, wenn du mich als Ehefrau auf einer Skala von eins bis zehn einstufen müsstest, wobei zehn das Höchste ist, wo würde ich da liegen?"

Er fing an, mich mit anderen Ehefrauen zu vergleichen, die wir kannten. „Verglichen mit Soundso liegst du bei hundert. Und verglichen mit Soundso bist du auf jeden Fall eine Hundert auf einer Skala von eins bis zehn!"

So wunderbar sich das anhörte, das war nicht meine Frage gewesen.

„Ich möchte, dass du mich nur mit mir selbst vergleichst. Die Ehefrau, die ich jetzt bin, im Vergleich zu der, die ich sein könnte."

Sie kennen die Situation, wenn jemand nicht sofort antworten kann, sondern sich zuerst eine Antwort zurechtlegen muss? Kein gutes Zeichen, stimmts? Keith starrte einige Zeit an die Decke.

„Hmm, na ja ..." Er hielt inne und sah mir in die Augen. „Ich gebe dir eine Sieben."

Seine Antwort war nicht böse gemeint. Ich glaube, er selbst hielt sieben nicht für eine schlechte Bewertung. Ich aber war bestürzt. Nicht seinetwegen, sondern meinetwegen. Wie jede Frau wollte ich, dass mein Mann mich für makellos hielt. Keith liebt mich bedingungslos, aber er ist auch von Grund auf ehrlich. Er hatte eine Bewertung abgegeben, von der ich innerlich wusste, dass sie stimmte: Als Ehefrau habe ich noch eine Wegstrecke vor mir, bevor ich die bestmögliche Frau für meinen Mann sein kann.

In meinen jungen Jahren war mein größter Traum, eine gute Ehefrau und Mutter zu werden. Und nun war ich keines von beiden. Letzteres natürlich mangels Kinder. Auf das Erstere dagegen konnte ich Einfluss nehmen. Was also hielt mich davon ab?

Vielleicht denken Sie jetzt: *Fawn, sei doch nicht so hart mit dir. Eine Sieben ist doch nicht schlecht.* Für mich ist es ein totaler Misserfolg. Das hat zum Teil mit meiner beruflichen Vergangenheit zu tun, als ich Geschäftsführerin einer international bekannten Hotelkette war. Als ich das Hotel leitete und von unseren Gästen nach mehreren Kriterien ihrer Erfahrungen bewertet wurde, machte ich die Erfahrung, dass die Hauptgeschäftsstelle des Unternehmens eine bestimmte Politik verfolgte. Jede Bewertung mit acht oder darunter war gleichzusetzen mit einer Null. Alles unter neun war unakzeptabel.

Obwohl mir also Keith eine solide Sieben gegeben hatte, verwandelte sie sich in meinem Herzen in eine Null. Ich gebe zu, das ist nicht wirklich logisch, aber wer hat gesagt, dass das menschliche Herz logisch ist? Keith' Bewertung ging mir wochenlang nicht aus dem Kopf und trieb mich zu der Selbsterforschung, durch die Gott mich dahin führte, mich selbst tiefer zu verstehen.

Ich war ja nicht wütend auf Keith, weil er unbeabsichtigt meine Gefühle verletzt hatte. Ich wollte nur die beste Ehefrau für ihn sein. Aber anstatt mich selbst zu bedauern oder meine Wunden zu lecken, wurde ich aktiv. Ich bat Keith, mir eine Liste mit sechs Punkten zu schreiben, in denen ich mich als Ehefrau verbessern könnte.

Wenn unsere Beziehung nicht so stark wäre, hätte er bestimmt den Eindruck gehabt, ich wolle ihm eine Falle stellen. Aber so war es nicht. Es dauerte einige Tage, aber schließlich überreichte er mir die Liste. „Hallo Schatz", stand da. „Hier sind sechs Bereiche, an denen du nach und nach arbeiten könntest. … Ich erwähne sie nur, weil du mich ausdrücklich darum gebeten hast, aber ich merke auch, dass ich mich bei einigen der erwähnten Dinge auch selbst bei der Nase nehmen sollte. Alles ‚Fehlerhafte' an dir ist nur untergeordneter Kram, mit dem ich den Rest meines Lebens auskommen kann. Ich zeige es dir nur auf, weil du es wolltest."

Ich musste ihm applaudieren. Er weiß, wie man konstruktive Kritik gut verpackt. Hier ist die Liste:

1. Mehr Zeit für Freunde und Familienmitglieder.
2. Sei eher bereit, mal etwas Neues auszuprobieren (z. B. ein anderes Restaurant).
3. Bestelle die Speisen so, wie sie in der Speisekarte angegeben sind.
4. Denk mehr nach, bevor du sprichst – das hat sich schon sehr verbessert, aber es kann nicht schaden, daran weiter zu arbeiten.
5. Mehr Flexibilität (z. B. nicht an einer bestimmten Routine festkleben).
6. Versuche im Moment zu leben und nicht an irgendetwas anderes zu denken – besonders an die Arbeit.

Ich las mir die Liste durch und dachte sofort: *Houston, wir haben ein Problem.*

Während Keith an der Liste für mich arbeitete, hatte ich auch eine für mich selbst aufgestellt. Unter anderem wollte ich sehen, wie weit meine Selbsteinschätzung seiner Liste entsprechen und ob beide zusammenpassen würden. Nun ja, nur ein Ziel auf seiner Liste stimmte mit den zwölf Zielen überein, die ich für mich selbst herausgefunden hatte. Demnach hatte ich nicht nur keine Ahnung, in welchen Bereichen ich wachsen musste, sondern die Dinge, von denen ich glaubte, sie wären meinem Mann wichtig, schafften es auf seiner Liste nicht einmal unter die ersten sechs. Einerseits war ich enttäuscht, dass ich als Ehefrau überhaupt Defizite hatte. Andererseits war ich ganz aus dem Häuschen darüber, dass einige der Ziele, die ich mir aufgeschrieben hatte (besonders Bereiche, die mir sehr schwerfielen), auf seiner Liste gar nicht vorkamen. Seine Ziele waren alle machbar. Ich konnte schon vor meiner Rückkehr beginnen, daran zu arbeiten.

Keith hat mir über die Jahre etliche Male gesagt, er finde es bedenklich, wie sehr ich auf meine Arbeit fixiert sei und wie wenig Zeit ich für die Familie und für Freunde habe. Alle um mich herum kennen die hektische Gangart, die ich vorlege, und haben akzeptiert, dass ich eben so bin. Wenn sie sich mit mir zum Mittagessen treffen wollen, ist ihnen klar, dass es bei meinem vollen Terminkalender zwei Monate dauern wird, bis es so weit ist. So war das schon immer.

Ich erinnere mich, wie vor zwölf oder dreizehn Jahren ein Freund mich besuchte und meine „W-Liste" sah (so nannte meine Mutter immer ihre Aufgabenliste; ich glaube, das „W" stand für „wichtig"). Ein Eintrag in dieser Liste lautete: „Eric anrufen." Ich fand das völlig in Ordnung, aber er sah mich an und murmelte: „Heißt das, du hättest nicht mehr daran gedacht, mich anzurufen, wenn es nicht auf der Liste stünde?" Wichtiger Hinweis. Genauso ist es bei mir in den letzten fünfzehn Jahren gelaufen – mit W-Liste und allem Drum und Dran. Es war für mich nicht überraschend, dass Keith das ansprach.

Ich war entschlossen, alles auf seiner Liste anzupacken. Aber damit behandelte ich nur die Symptome eines größeren Problems. Auf Keith' Liste stand nichts, worüber wir nicht vorher schon gesprochen hätten. Um ehrlich zu sein, es war nichts dabei, worauf er mich nicht schon mindestens *zehn Mal* hingewiesen hatte.

Was hielt mich also davon ab, eine noch bessere Ehefrau zu werden? Was hinderte mich, alles zu geben, so wie die glücklichen Ehefrauen, die ich in den letzten beiden Jahren interviewt habe, sowohl während meiner Reise als auch durch den Klub? Warum bat mich Keith, nicht immer mit den Gedanken bei der Arbeit zu sein, obwohl wir schon zehn Jahre zuvor unsere erste Diskussion darüber hatten?

Wenn es meine wichtigsten Aufgaben im Leben sind, als Ehefrau, Mutter und als Mensch Spitze zu sein, warum hat dann der Erfolg im Beruf für mich immer so einen hohen Stellenwert eingenommen? Diese Frage stellte ich mir während meines schonungslosen „Interviews" mit mir selbst immer wieder. Innerlich kannte ich die Antwort, aber ich hätte es nie gewagt, sie laut auszusprechen. Der Grund, warum ich mich so hineinkniete, um erfolgreich zu sein, und die meiste Zeit, seit ich erwachsen war, abends nach einem Zwölfstundentag noch aufs College gegangen war, war meine Angst vor dem Versagen.

Es ist seltsam, aber was das Geschäft betrifft, habe ich das Risiko nie gescheut. Ich setze alles ein, und wenn es nicht klappt, dann probiere ich etwas anderes. Genauso gehe ich bei Aktien und Vermögensanlagen vor. Die Risiken, die ich eingehe, sind kalkulierbar, aber es sind dennoch Risiken. Aber vielleicht liegt das daran, dass es mir niemals *wirklich* wichtig war, eine erfolgreiche Geschäftsfrau zu sein.

Für mich war es immer am wichtigsten, eine großartige Mutter zu werden. Eine Mutter, die in den Augen ihrer Kinder ihre beste Freundin ist. Jemand, zu dem sie kommen können und der offen ist für alles; der sie nicht verurteilt, sondern bedingungslos liebt. Ich wollte eine Ehefrau und Mutter sein, deren Kinder und deren Ehemann jeden Tag neu erleben, dass mir nichts wichtiger ist als sie.

Hals über Kopf stürzte ich mich in die Ehe und das war eine wunderbare Erfahrung und ein Segen in meinem Leben. Kinder dagegen erschienen mir als ein viel größeres Risiko, weil sie nicht nur das Glück meiner Ehe gefährden konnten, wie ich dachte, sondern auch das Potenzial hatten, mein größter Misserfolg von allen zu werden. Meine Mutter hatte gute Vorsätze mit mir, aber wir bekämpften uns wie Hund und Katze. Ich verurteilte ihre Erziehungsqualitäten scharf, als ich noch nicht die leiseste Ahnung davon hatte. Jetzt freilich, wo ich reifer bin und ein paar Jahre mehr auf dem Buckel habe, sehe ich sie als großartige Mutter und als einen wunderbaren Menschen. Dennoch hat sie in mancher Hinsicht noch immer das Gefühl, an mir versagt zu haben, als ich jung war, und ich kann nichts tun oder sagen, um das zu ändern.

Meine Zurückhaltung gegenüber der Mutterschaft war in der Vergangenheit nicht nur durch meine Angst begründet, meine Beziehung zu Keith könnte darunter leiden. Auch Angst vor dem Versagen steckte dahinter. Was ist, wenn ich gar nicht schwanger werden kann? Wenn wir Kinder haben und diesmal ich die Katze bin und die Kinder die Hunde? Wenn es nun mein Schicksal ist, genauso als schlechte Mutter dazustehen wie meine Mutter in meinen Augen, als ich heranwuchs, und meine Großmutter in ihren Augen, als sie selbst heranwuchs, und deren abwesende Mutter in den Augen meiner Großmutter, als sie in Deutschland als Waise heranwuchs?

Meine Angst vor dem Versagen und davor, Mutter zu werden, meine schon grenzwertige Arbeitswut, es schien alles zusammenzuhängen. Gott musste mir das eine bewusst machen, damit ich das andere entdeckte. Ich sagte mir, dass ich zwei Dinge tun müsste. Erstens meinem Mann eine bessere Frau und den Menschen um mich her eine bessere Freundin und Familienangehörige werden. Zweitens musste ich die Angst davor, als Mutter zu versagen, auf den Kopfsteinpflasterstraßen Roms zurücklassen. Normalerweise schrecke ich nicht vor einem Kampf zurück, aber wie sich zeigt, ist es am schwersten, wenn man mit sich selbst kämpft. Doch mir war klar, dass ich meine neuen Erkenntnisse nicht einfach ignorieren konnte, wenn ich nicht weiter im Selbstbetrug leben wollte. Ich sah meine einzige Chance, die dunklen Flecken meiner Vergangenheit in Angriff zu nehmen und zu erkennen, wie sie die Gegenwart beeinflussten – sei es Arbeit, Ehe, Familie oder anderes, das ich Ihnen hier ersparen möchte.

In meiner verbleibenden Zeit in Rom hielt ich weiter die Augen offen, ob ich spontan noch jemanden für ein Interview finden würde. Wenn ich in einem Restaurant oder Kaffeehaus saß, wartete ich stets ein paar Minuten und musterte jeden, der zur Tür hereinkam. Aber es fand sich niemand.

Sogar noch als mein Flugzeug abhob, musterte ich die glücklichen Paare, die in meiner Nähe saßen, um herauszufinden, ob sich ein

Gespräch ergeben könnte. Dann fiel mir ein, dass es mir ja wieder nur darum ging, *nicht zu versagen* – in diesem Fall beim Schreiben dieses Buches. Ich hatte kein neues überprüfbares Geheimnis erfahren, aber mir war enthüllt worden, wie meine eigene Ehe noch besser werden konnte.

Übrigens, nachdem Keith mir eine Sieben gegeben hatte, hatte ich ihn gefragt, ob er seine Bewertung auch wissen wolle. Das machte ihn ziemlich nervös, denn er hatte gerade miterlebt, wie nach seiner spontanen Einschätzung alles Blut aus meinem Gesicht gewichen war.

„Ich gebe dir eine Neun", sagte ich zu ihm. „Du bist so nahe an der Zehn, wie man sich nur vorstellen kann, aber niemand ist perfekt und wir alle haben noch an uns zu arbeiten."

Niemand ist vollkommen; wir alle haben noch Arbeit vor uns. Also vorwärts.

ASIEN

Kapitel 16

GRUNDLOS GLÜCKLICH

Manila, Philippinen

„Haben Sie vor, auf dem Flug zu schlafen?", fragte ich sie.

„Aber nein, ich bleibe wach", erwiderte sie fröhlich entschlossen und schüttelte den Kopf, dass ihre Haare hin und her flogen. Ich stellte meine Frage in einem beiläufig freundlichen Ton, um mich von der sympathischen Seite zu zeigen. Aber eigentlich wollte ich die Lage erkunden. Ich wollte wissen, was für eine Reisegefährtin ich auf dem neunstündigen Flug von Doha, wo ich zwischengelandet war, zu den Philippinen an meiner Seite haben würde. Offenbar würde mir meine einzige Chance auf Ruhe dank einer unglaublich vergnügten Filipina durch die Finger rinnen. Sie wirkte wie eine fröhliche Puppe, deren Aufziehschnur viel länger war, als der Hersteller es geplant hatte. Wie es aussah, würde ihre Fröhlichkeit noch stundenlang vorhalten.

Im Grunde war ich nicht überrascht. Nach meiner Erfahrung sind philippinische Frauen bei Weitem die nettesten und fröhlichsten

Frauen, denen ich in den Vereinigten Staaten begegnet bin. Eine meiner engsten Freundinnen, ein Gründungsmitglied des Klubs, Jocelyn, stammt von den Philippinen und sie hat das gleiche überschäumende Temperament wie meine Sitznachbarin im Flugzeug. Im Hotelbereich habe ich mit philippinischen Frauen zusammengearbeitet. Ihr Fingerspitzengefühl in der Kundenbetreuung ist ohne Ausnahme das Beste, das ich je gesehen habe. Es scheint fast, als ob ihre Kultur einfach so viel Freude und Glück hervorbringt, dass sie es mit jedem in ihrer Umgebung teilen möchten. (Zugegeben, sicher gibt es auch missmutige Filipinos.)

„Hallo, ich heiße Lyn", sagte sie und beachtete kaum, dass ich über ihre zusammengepressten Knie klettern musste, um auf meinen Fenstersitz zu gelangen. Von diesem Moment an redete sie unentwegt wie ein Wasserfall auf mich ein, und das um zwei Uhr morgens. Ich wollte mich nur in meine blaue Ärmeldecke kuscheln und schlafen. (Ja, ich bin stolze Besitzerin einer Snuggie-Ärmeldecke. Und jawohl, auch wenn ich noch so sparsam packe, gehört meine Snuggiedecke immer zu den Dingen, die wirklich mit müssen.)

„Der Flug geht sehr schnell, nur fünf Stunden", informierte sie mich.

Das verwirrte mich, denn man hatte mir gesagt, der Flug würde neun Stunden dauern. Vielleicht richtet sich sogar die Zeit nach dieser fröhlichen Frau, für die sich neun Stunden genauso anfühlen wie fünf.

Zunächst unterhielt ich mich mit Lyn über ihre Arbeit in Doha, von wo wir gestartet waren. Sie war sehr aufgeregt, weil sie zum ersten Mal nach zwei Jahren wieder nach Hause flog. Dann nahm ich meine Ohrstöpsel, lehnte meinen Kopf gegen das Fenster und versuchte einzuschlafen. Doch als die Flugbegleiterin mit dem mobilen Bordservice kam, tippte mir Lyn freundlich auf die Schulter. Schlaftrunken öffnete ich die Augen zu missmutigen Schlitzen, um das Angebot mit einem Abwinken abzulehnen. Durch die schmalen Schlitze konnte ich Lyns strahlendes Lächeln und ihren wippenden Kopf ausmachen. Sie hatte wohl gar nicht mitbekommen, dass meine Augen während der ersten zwanzig Minuten des Flugs geschlossen waren.

Es folgten sechs herrliche Stunden; dann weckte mich das leise Klappern des Servicewagens, der durch den Gang geschoben wurde. Es war Zeit zum Frühstücken und wir waren der aufgehenden Sonne gefolgt, die durch heruntergelassene Rollos und freie Fenster hereindrang. Schlafen im Flugzeug hat seine Grenzen. Es ist besser als nichts, aber mit dem Schlaf im eigenen Bett ist es nicht zu vergleichen. Oder auch mit dem Schlaf irgendwo anders, wo man sich in die Horizontale begeben kann. Ich war noch verschlafen, aber Lyn lachte, während sie sich einen Film ansah. Ich bin ziemlich sicher, dass sie keinen Augenblick geschlafen hatte. Ihre Aufregung über ihre Rückkehr nach Hause hatte ihr einen gewaltigen Adrenalinstoß verschafft.

Sie drehte den Kopf ein wenig und bemerkte, dass ich munter war. Ich gähnte gerade, als sie sich über meine Armstütze lehnte und die Welt unter sich betrachtete. Es ist seltsam, wenn man gerade aus dem Reich der Träume zurückkehrt und sich als Erstes einem wildfremden Menschen gegenübersieht, der sich einem quer über den Schoß lehnt. Mir schoss die Frage durch den Kopf, wie oft das wohl vorkam, wenn ich schlief. Auf eine Antwort auf diese Frage konnte ich verzichten.

Aus den Lautsprechern kam der altvertraute knisternde Klang einer Ansage aus dem Cockpit, die unseren Landeanflug auf die Philippinen anzeigte. Ich blickte aus dem Fenster, Lyns Kopf gleich neben mir, als wir Manila überflogen, das mich mit seinen Hochhäusern und den Hauptverkehrsadern, die kreuz und quer durch die Stadt liefen, an San Diego oder Chicago erinnerte. Das Ganze hing wie ein Vogelnest an einer Klippe, die von Wasser umgeben war. Ich war beeindruckt, wie modern diese Stadt durch den kleinen Ausschnitt des Bordfensters wirkte.

Mittlerweile war ich im Verlassen von Flugzeugen schon Expertin. Ich hatte meine Routine dafür, meine Sachen zusammenzupacken, ohne die Leute im Gang zu behindern, und reibungslos und zügig von Bord zu gehen. Außerdem hatte ich einen erstaunlichen sechsten Sinn dafür entwickelt, das Wort „Gepäckabholung" in den unterschiedlichsten Sprachen zu erkennen. Ich holte meinen Koffer und beschleunigte meine Schritte, um nach draußen zu kommen und ein Taxi zu erwischen.

Sobald ich ins Freie trat, spürte ich, wie feucht die Luft hier war. Es kam mir vor, als wäre ich gegen einen klatschnassen, unsichtbaren Vorhang gelaufen. Binnen Augenblicken fühlte ich mich von einem glitzernden Feuchtigkeitsfilm überzogen. Noch nie hatte mir ein Klima etwas ausgemacht, wohin ich auch unterwegs war. Ich fühlte mich wirklich unbehaglich. Mein einziges Ziel war es nun, ein Auto mit funktionierender Klimaanlage zu finden. Hier trat Big Boy auf die Szene.

Dieser Fahrer hatte es auf mich abgesehen – ich muss so ausgesehen haben wie „Ich brauche ein Taxi" und „Ich habe Geld".

Es kommt nicht oft vor, dass jemand sich als „Big Boy" vorstellt. Doch nach dem Aussehen des Fahrers zu urteilen, der sich sogleich auf mich stürzte – offenbar war mir an der Nase anzusehen, dass ich ein Taxi brauchte und Geld hatte –, war Big Boy alles andere als ein passender Spitzname für ihn. Er war dürr wie eine Bohnenstange. Ich fragte mich, ob er in seinen Namen noch hineinwachsen und den Big Boy in seinem Innern herauslassen wollte. Immerhin hievte er meine kleinen Koffer ins Auto und wir sausten los.

Wie sich herausstellte, war Big Boy früher einmal wirklich ziemlich dick gewesen war. „Aber dann bekam ich Diabetes und musste abnehmen", erzählte er mir auf der Fahrt in die Stadt. Wir befanden uns auf dem Weg nach Makati, dem Wirtschafts- und Finanzzentrum des hauptstädtischen Großraums Metro Manila. Big Boy war fröhlich, entwaffnend und redselig, freundlich wie die meisten Filipinos. Da ich auf dem Flug doch noch etwas Schlaf genossen hatte, war ich munter und unterhielt mich gern. Währenddessen sah ich immer wieder seltsame, altmodische, Jeep-ähnliche Autos voller Leute, die sich im Innern zusammendrängten und außen an der Karosserie hingen.

„Was sind denn das für Autos, Big Boy?“ (Es machte mir Spaß, seinen Namen auszusprechen.)

„Man nennt sie Jeepneys.“

Jeepneys sind für die Einheimischen das Hauptbeförderungsmittel innerhalb der Stadt. Stellen Sie sich darunter eine Mischung aus einem Schulbus ohne Fenster, einem Geländewagen ohne Sitze und einem Militärfahrzeug ohne jegliche Zugeständnisse an die Bequemlichkeit vor. Je nachdem wie groß die Firma war, der die Jeepneys gehörten, wirkten einige gleichförmig und alltäglich, während andere mit den verschiedensten Farben, Designs und Aufklebern aufgemotzt waren. Die meisten von ihnen hatten Aufkleber wie „Gott liebt dich“, „Gott ist Liebe“ oder „Viel Glück“. Die Jeepneys wurden ursprünglich aus zurückgelassenen amerikanischen Militärfahrzeugen aus dem Zweiten Weltkrieg umgebaut. Damals konnten vier Personen bequem darin sitzen, aber später wurden sie für sechzehn Passagiere ausgebaut. Ein Metalldach wurde hinzugefügt, um Schatten zu spenden, und aus den Jeepneys wurden öffentliche „Busse“.

Während ich einen Jeepney betrachtete, der auf der übernächsten Spur neben uns herfuhr, rauschte ein Paar mit einem kleinen Mädchen auf einem Moped an uns vorüber. Das Mädchen war nicht älter als zwei Jahre und saß zwischen beiden eingezwängt. Wenig später – mein Gesicht war nur ein paar Zentimeter vom Autofenster entfernt – warf sich ein Junge, der nicht älter als acht sein konnte, gegen unser Auto, dass es einen lauten Bums machte. Er presste sein Gesicht gegen das Fenster, durch das ich hinaussah, und bewegte seine linke Hand zum Mund. Er war ungewaschen und für das augenblickliche Wetter unzulänglich gekleidet und seinen Handbewegungen nach zu schließen, war er hungrig.

Zuerst erschrak ich über das Geräusch. Dann ließ mich der hungrige Junge erstarren. Noch nie war mein Gesicht dem eines hungrigen

Kindes so nahe gewesen. Seine verzweifelten Augen drangen in mein Herz. Binnen Kurzem setzte sich das Auto wieder in Bewegung und ich schaute zu dem Jungen zurück und fragte mich, ob es während meines Aufenthalts öfter vorkommen würde, dass kleine Kinder auf der Straße auf mich zukamen und um Essen bettelten. Bei meinem weichen Herzen würde mir das ziemlich schwerfallen.

Schon vor Jahren waren Keith und ich übereingekommen, Geld an Organisationen zu spenden, die armen Menschen helfen, aber nicht einzelnen Leuten auf der Straße Geld zu geben. Später änderte er das ab, weil es für mich so schwer ist, an jemandem vorüberzugehen, der mich um Geld bittet und ihm nichts zu geben. Daher versuche ich immer ein paar Dollars bei mir zu haben, die ich jemandem geben kann, der darum bittet. Aber während meiner Reise sollte ich niemandem Geld geben, das hatten wir gemeinsam beschlossen. Keith begründete das damit, dass es ein Sicherheitsrisiko für mich darstellen konnte. Obwohl mein Taxi den Jungen längst hinter sich gelassen hatte, war ich hin- und hergerissen zwischen meinem Verstand, der meinem Mann zustimmte, und meinem Herzen, das mich zum Helfen drängte.

Das alles schmerzte mich und auf einmal hatte ich keine Lust mehr zum Reden. Big Boy betrachtete mich im Rückspiegel, erkannte meine Stimmung und war auf der weiteren Fahrt ruhig.

Auf der weiteren Fahrt nach Makati kamen wir an philippinischen Slums vorbei. Die Wohnstätten waren aus allem zusammengeflickt, was an Resten vom Bau zu finden war: Blech, Steine, Kartonagen, unbehauenes Holz. Viele dieser „Häuser" hatten keine Türen, manche nicht einmal vier Wände. Sie bestanden einfach nur aus einem Dach mit kaum genug Bruchstücken darunter, um es aufrecht zu halten. Kleine Jungen spielten in einem Wasserloch, zogen Wassereimer aus einem Brunnen herauf und schütteten es sich gegenseitig über die Köpfe. Ich fühlte mich ein bisschen besser, als ich sah, dass selbst die Einheimischen es heiß und feucht fanden. Die Jungen hatten ihren Spaß daran, sich abzukühlen.

Trotz der wuchernden Armut ist die philippinische Gesellschaft eine der zufriedensten, die ich kennengelernt habe. Die Filipinos sind dankbare Menschen. „In Amerika ist man niemals zufrieden mit dem, was man hat. Immer will man mehr“, erklärte Big Boy. „Aber auf den Philippinen sind wir dankbar für alles.“ Viele halten die Philippinen für ein Dritte-Welt-Land, aber wer hier aufgewachsen, der möchte nicht weg.

Ich verabschiedete mich von Big Boy, betrat das Hotel und meldete mich an. Minuten später war ich in meinem Zimmer, packte meine Sachen aus und zog Bilanz über meinem Reiseplan. Ich hatte nicht mehr viel Energie. Das Bett sah wirklich gut aus. Meine Fahrt durch die Stadt und die Zufriedenheit der Menschen, denen ich begegnet war, machten es vielleicht aus, dass ich mich beschwingt und hoffnungsvoll fühlte, als ob sich etwa Großartiges ereignen würde.

Während ich mich auf meine kommenden Interviews vorbereitete, dachte ich über die erstaunliche Dankbarkeit und Zufriedenheit der Filipinos nach. Nachdem ich mich eingerichtet und das Schlafengehen auf später verschoben hatte, öffnete ich meinen Laptop und rief auf Facebook die offizielle Seite des Klubs auf. Dort postete ich eine Nachricht, auf der ich alle verfügbaren Happy-Wives-Club-Mitglieder vor Ort einlud, sich mit mir im Café Banapple in den Ayala Triangle Gardens hinter dem Hotel zu treffen. Das Bistro liegt inmitten gepflegter Rasenflächen auf einem dreieckigen, von Straßen begrenzten Gelände. Großzügige Spazierwege, symmetrisch beschnittene Bäume mit dünnen Baumstämmen und massiven Baumkronen, alle Arten von Kunst und Blumen, all das gab es in dem Park, in dem sich die gut besuchte Konditorei befand. Trotz der verlockenden Schönheit und der entspannten Umgebung war es immerhin mitten am Tag an einem Donnerstag, wo sicherlich die meisten an der Arbeit waren. Deshalb war ich mir nicht sicher, ob jemand kommen würde. Doch als ich die Enter-Taste auf meiner Tastatur drückte, um die Nachricht abzuschicken, hatte ich das Gefühl, das Glück sei mit mir.

Kapitel 17

LIEBE VERRÄT IHRE GEHEIMNISSE

Manila, Philippinen

Nervös saß ich im Café Banapple, schaute ständig nach neuen Nachrichten und spielte mit meinem Handy herum, um mir meine Anspannung nicht anmerken zu lassen. Der Tisch war für sechs Personen reserviert und der Kellner schaute immer wieder einmal bei mir vorbei. Ich war frühzeitig gekommen, damit ich einen Tisch für uns sichern konnte, aber nach einer halben Stunde spürte ich, dass der Kellner sich dachte, ich sei versetzt worden und mich bemitleidete. Offen gesagt, das tat ich selber auch.

Kurz nach drei Uhr nachmittags erschien Euraldine, eine wunderschöne Filipina mit langem schwarzen Haar und einem umwerfenden Lächeln. Euraldine hatte diesen Treffpunkt vorgeschlagen und ich war froh, dass zumindest sie gekommen war. Sie hatte Asami mitgebracht, eine ihrer Englischschülerinnen aus Japan, damit diese sich in Konversation üben könnte. Nun konnte ich mir endlich einen Tee bestellen, ohne dass ich wie ein Kind auf dem Spielplatz wirkte, das keine Freunde hat.

In den folgenden fünfundvierzig Minuten trudelten noch weitere Frauen ein. Mai (wie engl. „May“ ausgesprochen) erschien mit ihrer freundlichen Art und ihrem sprudelnden Temperament. Dann kamen Gee und Lorna, deren Freude durch nichts zu erschüttern war. Später Joyce und nach ihr Lod, die sehr schüchtern wirkte und den Eindruck machte, alles in sich aufsaugen zu wollen. Schließlich Consuelo, dann Beth, die schon einundzwanzig Jahre verheiratet war und ihre mühevoll gewonnenen Erfahrungen gern weitergeben wollte. Und nicht zuletzt kam noch Erlinda. Sie war schon vierunddreißig Jahre verheiratet und daher die Erfahrenste der Gruppe.

Bevor alles gesagt war, was zu sagen war, musste unser Tisch zweimal erweitert werden.

Jede der Frauen war schick angezogen, voll ansteckender Begeisterung und strahlte Fröhlichkeit, Bescheidenheit und freundschaftliche Verbundenheit aus. Schon das Zusammensein mit ihnen gab mir das Gefühl, als ob ich dazugehörte, obwohl wir uns doch gerade erst kennengelernt hatten.

Als wir es uns gemütlich gemacht hatten, kam ich zur Sache und stellte Erlinda dieselbe Frage, die ich den meisten Paaren gestellt hatte, die seit mindestens fünfundzwanzig Jahren zusammen glücklich waren. „Wenn ich morgen heiraten würde und du könntest mir nur einen einzigen Rat geben, eine Sache, die wirklich notwendig ist, was würdest du sagen, dass mein Mann und ich tun können, damit unsere Ehe ein Leben lang hält?“

„Respekt. Und Vertrauen.“ Ihre Antwort kam wie aus der Pistole geschossen, kaum dass ich meine Frage gestellt hatte. Wenn ich an diesen Augenblick denke, dann ist mir bewusst, dass hier etwas ganz Unglaubliches passierte. Respekt und Vertrauen. Vertrauen und

Respekt. Bis zu diesem Zeitpunkt hatte ich sieben Länder bereist, mit einer großen Spannbreite an verschiedenen gesellschaftlichen Verhältnissen, Familiengeschichten, Werten und Glaubensvorstellungen. Von Kroatien nach Kalifornien, von Südafrika auf die Philippinen, überall wo ich Frauen diese offene Frage gestellt hatte, bekam ich fast wörtlich die gleiche Antwort. Vertrauen und Respekt. Respekt und Vertrauen. Im Gespräch mit diesen Frauen vor dem Hintergrund der Antworten all der anderen, die ich getroffen hatte oder mit denen ich durch den Klub Verbindung hatte, gewann ich den Eindruck, dass der Schlüssel zu einer guten Ehe in einem einzigen, universellen Geheimnis zu finden war.

Ich lächelte Erlinda an.

„Ich habe schon sechs Länder bereist – das hier ist das siebente – und immer bekomme ich die gleiche Antwort. Immer diese zwei Wörter, in jeder Ehe, in jedem Land."

Mai rieb sich ihre verschränkten Arme: „Ich habe Gänsehaut."

Alle am Tisch waren aufmerksam geworden und tauschten erstaunte Blicke aus. Es war, als ob jemand behauptet hätte, er habe die Weihnachtsliste von Santa Claus geklaut und könne uns nun sagen, was wir bekommen würden. Der Unterschied zwischen Leuten, die fünfundzwanzig, fünfunddreißig oder sogar fünfundfünfzig Jahre glücklich verheiratet sind, und solchen, die sich in der Ehe über jedes winzige Detail aufregen und darum kämpfen, scheint auf zwei Dinge hinauszulaufen: Respekt und Vertrauen zwischen den Partnern.

Die Gespräche gingen weiter. Die jüngeren Frauen fragten die erfahreneren um Rat. Es war eine Gemeinschaft, wie man sie nur selten findet – Frauen, die sich gegenseitig ermutigten, ohne ihre Ehemänner unter die Jeepneys zu werfen. Ich saß einfach dabei und hörte zu.

Ich folgte dem Gespräch nur lückenhaft. Ich versuchte präsent zu bleiben, aber meine Gedanken wanderten immer wieder zu den Zusammenhängen, die mir in dieser Zeit aufgegangen waren, was den wesentlichen Schlüssel zu einer glücklichen Ehe betrifft. Vor lauter

Plaudern, Essen und nachdenklichem Schweigen verging die Zeit wie im Flug. Nach Stunden neigte sich das Treffen schließlich seinem Ende zu.

Bei einer so großen Gruppe neuer Freundinnen tut man sich oft ein bisschen schwer damit, das Signal zum Aufbruch zu geben. Keine will die Erste sein, die sagt: „Sieht so aus, als sollten wir Schluss machen." Schließlich fiel einer jungen Frau eine elegante Überleitung zum Aufbruch ein.

„Machen wir noch ein Foto!", schlug Gee vor. Eine großartige Idee. Vor dem Hintergrund der Ayala Triangle Gardens holten alle ihre Kameras heraus und die Kellner machten Schnappschüsse damit. Dann wollte noch jede der Frauen ein Bild von sich mit mir allein. Ich wollte meine Sandalen mit Keilabsatz ausziehen, da die meisten von ihnen mir nur bis an die Achseln gingen, aber sie versicherten mir, das wäre schon in Ordnung, wenn ich wie eine Amazone über ihnen thronte. Es fühlte sich gut an, einmal größer zu sein als die meisten anderen.

Die Damen tauschten noch ihre Kontaktinformationen aus und versprachen einander, dass sie sich als Gruppe regelmäßig treffen wollten. Dann ging jede ihrer Wege, miteinander verbunden durch das unsichtbare Band, das wir geknüpft hatten.

Kapitel 18

LASS ES NICHT REGNEN, SONDERN SCHÜTTEN!

Quezon City, Philippinen

Am Tag meines geplanten Interviews ... verschlief ich. Auf dem Wecker neben meinem Bett leuchtete die Ziffer zwölf. Mein Herz begann zu rasen. *Das kann doch nicht wahr sein!,* kam es mir noch, bevor ich in Panik aufsprang. Das Treffen mit dem Ehepaar, zu dem ich auf die Philippinen gekommen war, sollte um elf Uhr vormittags stattfinden, eine Fahrstunde durch dichten Verkehr noch nicht eingerechnet, um ihr Zuhause in Quezon City zu erreichen. Ich war Tausende von Kilometern gereist, nur um den eigentlichen Anlass meiner Reise zu verschnarchen.

Rasch kramte ich in Zetteln und Papieren auf meinem Hoteltisch nach der Telefonnummer der beiden. Als ich sie entdeckt hatte, nahm ich das Telefon und wählte fieberhaft. *Hoffentlich sagen sie jetzt nicht ab!*, dachte ich.

„Hallo?“, hörte ich eine freundliche Stimme.

„Ja, hallo, hier spricht Fawn Weaver.“ Ich keuchte fast vor Aufregung.

„Ach, hallo Fawn. Hier spricht Gloria.“

„Gloria, es tut mir schrecklich leid. Ich weiß nicht, wie das passieren konnte! Noch nie im Leben bin ich so spät aufgewacht. Ich habe schon eine Stunde Verspätung und ich brauche noch eine weitere Stunde um zu euch zu kommen.“

Vielleicht war es Mitgefühl oder auch eine weitere Facette des philippinischen Charakters, aber Gloria wirkte nicht im Geringsten erschüttert. Ich versuchte ihrem Beispiel zu folgen.

„Kann ich trotzdem noch kommen?“, fragte ich mit einem entschuldigenden, bittenden Unterton.

„Aber natürlich“, gab sie zur Antwort. „Wenn das für dich passt, fangen wir schon mal mit dem Mittagessen an und sehen zu, dass dein Essen fertig ist, wenn du ankommst.“

Sie hatten die Absicht gehabt, um elf Uhr vormittags zu essen, hatten also wahrscheinlich nicht viel gefrühstückt, oder auch gar nicht, und waren vermutlich schon ganz ausgehungert. Aber diese liebenswürdige Dame klang nicht im Geringsten vorwurfsvoll und half mir damit aus der Patsche.

„Selbstverständlich. Ich bin in ein paar Minuten fertig und komme, so schnell ich kann.“

Wenig später sauste ich die Stiege hinunter, sprang in ein Taxi und bat den Fahrer, auf die Tube zu drücken. Der Stadtverkehr kommt einem am schlimmsten vor, wenn man spät dran ist. Nicht, dass er messbar verkehrsreicher wäre als sonst, aber man wird ganz kribbelig auf seinem Sitz und will andere gedanklich antreiben. Nachdem ich etwa eine Viertelstunde den Autos um uns her „Na los, Beeilung!“ zugemurmelt hatte, wurde mir klar, dass der Fahrer mich wohl für verrückt hielt. Also zwang ich mich zur Ruhe und akzeptierte die Tatsache, dass ich die nächsten fünfundvierzig Minuten nicht unter

Kontrolle hatte. Stattdessen nutzte ich die Zeit, um mich auf das Gespräch mit Ben und Gloria vorzubereiten.

Dieses liebenswerte ältere Ehepaar sind die Tante und der Onkel meiner Freundin Jocelyn. Das Interview war schon Monate vorher arrangiert worden und Gloria hatte mich dazu in ihr Haus eingeladen. Ein paar Wochen vorher versuchte ich die beiden zu erreichen und erfuhr, dass Gloria wegen einer Lungenentzündung ins Krankenhaus musste. Sie wurde erst einige Tage vor meiner Ankunft entlassen und war dennoch unglaublich freundlich. Als ich bei Ben und Gloria ankam, öffnete mir eine Frau in der Tracht einer Krankenschwester. Nachdem sie mir einen Sitzplatz angeboten hatte, ging sie wieder hinein, um Gloria zu holen.

Wenige Minuten später erschien Gloria an der Hand einer jungen Dame. Sie trug eine Atemschutzmaske über Nase und Mund und begrüßte mich mit einer herzlichen Umarmung.

„Es tut mir so leid, dass ich zu spät komme. Ich weiß nicht, wie das passieren konnte“, sagte ich noch einmal.

Offensichtlich machte das aber gar nichts aus. Sie führten mich hinüber zum Esstisch, wo eine herrliche Mahlzeit auf uns wartete.

„Ihr habt auch noch nicht gegessen? Das tut mir leid. Ich dachte, ihr fangt schon ohne mich an.“

„Ach, meine Liebe, wir haben schon einmal ein bisschen geknabbert. Aber wir wollten mit den Leckerbissen auf dich warten.“

Ihre jüngste Tochter Aleli, die sich vollzeitlich der Pflege ihrer Mutter und ihres Vaters widmete, half Gloria auf ihren Sitzplatz. Ben würde gleich zu uns stoßen.

Sie waren ein ganz reizendes Ehepaar, trotz der gesundheitlichen Probleme, die in den letzten Jahren ihren Tribut gefordert hatten. Gloria musste sich einer Reihe von Operationen unterziehen und danach viele Tabletten einnehmen. Sie erzählte mir, sie müsse zweimal in der Woche zur Dialyse. Ben hatte grünen Star und wäre beinahe erblindet. Er nahm es aber nicht allzu tragisch, wie er sagte, und erklärte mir, er könne nur meine Silhouette sehen, obwohl ich ihm am Esstisch direkt gegenüber saß. Details konnte er nicht mehr erkennen. Also versicherte ich ihm, ich sähe genauso aus wie Halle Berry.

Bei jedem Interview, das ich irgendwo auf der Welt führte, verwendete ich meinen zuverlässigen Digitalrekorder. Auch an diesem Tag war es nicht anders. „Was ist das?“, fragte Ben, als er die Leuchtanzeige des Rekorders wahrnahm.

„Ach, das ist nur das Aufnahmegerät, das ich heute benutzen möchte, damit mir kein Wort von dem verloren geht, was ihr mir sagen wollt.“

„Wie lange kann man damit aufnehmen?“, fragte er.

„Zwanzig Stunden, fast einen ganzen Tag.“

Er starrte das Ding fasziniert an. Man könnte meinen, dass Leute einen anderen Tonfall annehmen, wenn sie mitbekommen, dass sie aufgenommen werden. So, als wollten sie sichergehen, dass ihre Aussagen sogar für einen Pressebericht geeignet wären. Diese Beobachtung habe ich bei meinen Interviews nicht gemacht. Vielleicht ist es ein Nebeneffekt von stabilen Beziehungen, aber die Frauen und Ehepaare, die ich getroffen habe, hielten sich an die Redewendung „what you see is what you get“. Ben und Gloria müssen sich nicht verstellen. Ohne noch ein Wort über den Rekorder zu verlieren, begannen sie mir von ihrem fünfzigsten Hochzeitstag zu erzählen, den sie vor einigen Monaten gefeiert hatten.

„Es war eine riesige Party“, erinnerte sich Ben, „riesig und absolut perfekt.“ Alle ihre engsten Freunde und Familienmitglieder hatten sich in Abendkleidern und Anzügen herausgeputzt und stießen mit Ben und Gloria auf ein erfülltes gemeinsames Leben an. Da Gloria erst wenige Tage zuvor nach einer ihrer vielen Operationen aus dem Krankenhaus entlassen worden war, hatte sie mit dem Tanzen ihre Mühe. Stattdessen waren sie Arm in Arm durch den Raum gegangen, um allen zu danken, die sie auf ihrem Weg begleitet hatten.

Etwa fünfzehn oder zwanzig Minuten lang erzählten mir Ben und Gloria von ihrem Hochzeitsjubiläum. Die ganze Zeit über stand vor uns ein gedeckter Tisch, wie er eines Königs würdig gewesen wäre. Irgendwann, dachte ich, würde der Appetit stärker sein als das Bedürfnis nach einem guten Gespräch. Zum Glück bekamen wir beides. Meine Gastgeber stellten mir die verschiedenen Gerichte vor, die auf dem Tisch standen: *Pancit palabok* (ein Reis-Nudel-Gericht mit Garnelensoße, Frühlingszwiebeln, Knoblauch und in Scheiben geschnittenen gekochten Eiern), gegrillte Schweinespießchen, Puto (weiße Reisküchlein), pikanter Brokkolisalat mit Zwiebeln, Rosinen und Speck in einer weißen Soße und Sans-Rival-Kuchen (der seinem Namen „konkurrenzlos" alle Ehre machte). Dieses philippinische Leibgericht schmeckt so, als bisse man in eine Scheibe süßer Butter. Das einzige Gericht, das zu einem traditionellen philippinischen Festmahl noch fehlte, war *Lechón* – und glauben Sie mir, das machte mir nichts aus. Lechón ist gebratenes Spanferkel, wobei jeder Körperteil des Tieres (einschließlich des Gesichts) gegessen wird. Seit London hatte ich meine Grenzen. Da es aber ohnehin bei Tisch fehlte, blieb es mir erspart, unhöflich zu sein.

Über zwei Themen sprach Ben anscheinend besonders gerne: seine Begeisterung für seine Arbeit („Ich wäre niemals in Ruhestand gegangen, wenn mein Augenlicht nicht versagt hätte") und seine Ehe. Dadurch kamen wir natürlich zurück zum fünfzigsten Hochzeitstag.

„Möchtest du Fotos sehen?", meldete sich Aleli.

„Ja, sehr gerne", antwortete ich mit Begeisterung. Seit ich etwas im Magen hatte, war ich in bester Stimmung.

Während Aleli mir alle Leute auf den Bildern zeigte und erklärte, wie jeder zu ihrer Familie in Verbindung stand, schaltete Ben sich ein.

„Bei unserer Feier sagte man mir, ich hätte zwei Minuten, um ein paar Worte zu sprechen und mich bei allen zu bedanken. Zwei Minuten! Ha! Das würde vorne und hinten nicht reichen. Wenn ich schon einmal so viele aus der Familie zusammen hatte, vor allem die

Jüngeren, dann wollte ich ihnen auch von den wichtigsten Dingen erzählen, die mir geholfen hatten, ein zufriedenes Leben zu führen.

Ich erklärte ihnen, dass es in dieser Welt nichts Beständiges gibt – außer den Steuern und dem Tod. Du bist nicht immer oben und du bist nicht immer unten. Nichts ist von Dauer." Ich verstand ihn so: In schwierigen Zeiten sollte man daran denken, dass es nur vorübergehend ist und es nicht glauben, dass es niemals besser wird. Und umgekehrt stimmt es ebenso.

„Wer über seine Verhältnisse lebt, hat bald nichts mehr zum Leben", fuhr er fort. Ich staunte, dass er sich an die Punkte seiner Rede noch nach sieben Monaten genau erinnern konnte – und das sogar in chronologischer Reihenfolge. „Besser sparsam leben als im Elend verderben."

Es war herrlich, Gloria zu beobachten, während Ben seine Hochzeitstagrede rekapitulierte. Mit einem zufriedenen Lächeln saß sie neben ihm, als wäre es einfach eine Freude, mit einem Mann zusammen zu sein, dem Weisheit im Leben wichtiger war als vergänglichere Dinge. Außerdem erwies sie ihm tiefen Respekt – nicht ein einziges Mal unterbrach sie ihn oder schnitt ihm das Wort ab.

„Gott ist das Wichtigste im Leben und in allen Beziehungen."

„Arbeite hart und lass keine Faulheit aufkommen. Erinnere dich daran: Was ein Mensch sät, das wird er ernten. Wenn du zu den Menschen freundlich und liebevoll bist, werden sie dich ebenso behandeln."

Wenn man bedenkt, wie rasch er dies alles bei Tisch zum Besten gab, war es nicht ausgeschlossen, dass er es tatsächlich innerhalb der vorgegebenen zwei Minuten hätte schaffen können. Seine Einsichten erschienen nicht wirklich bahnbrechend – ich glaube nicht, dass er damit in seinen späteren Jahren so etwas wie ein Selbsthilfeguru hätte werden können. Aber der Unterschied war: Ben hatte das alles *gelebt*. Als eine Frau, die sich ihren Weg im persönlichen Leben und im Beruf erkämpfen musste, scheue ich mich nicht zu wiederholen, dass Reden und Tun so verschieden sind wie ein Modellflugzeug von einem richtigen Flugzeug. Bens Worte während unseres Essens brachten mich zum wiederholten Mal auf all meinen Reisen ins Staunen darüber, wie einfach es doch ist, eine gute Ehe zu führen. Es ist keine erhabene Wissenschaft; es ist lediglich eine Herausforderung, die man bewältigen und der man auf der langen Strecke standhalten muss.

Wenn ich von den Köstlichkeiten auf meinem Teller hochblickte, schaute ich mich im Wohnzimmer um, das mit unzähligen Erinnerungsstücken vollgestellt war. Auf einem Couchtisch standen Fotos der Familie, die ihre reiche Lebensgeschichte erzählten. Es herrschte auch kein Mangel an Fotoalben, die sie mir zeigen wollten und die ihr Leben und ihre Liebesgeschichte von Anfang an dokumentierten. Ein Bild ihrer Hochzeit vor fast einundfünfzig Jahren zeigte ein elegantes junges Paar, eine schmucke Braut und einen Bräutigam, der ein bisschen Elvis Presley ähnelte (wie Aleli scherzhaft anmerkte).

Bevor sie heirateten, hatten sich Ben und Gloria zehn Jahre lang Briefe geschrieben. Ben hielt sich fünf Jahre lang zu einer Ausbildung in den Vereinigten Staaten auf, gefolgt von zwei weiteren Jahren, in denen er eine Facharztausbildung absolvierte. Nach diesen zehn Jahren der Trennung heirateten sie sofort, als er auf die Philippinen zurückkehrte.

„Seither versuchen wir die verlorene Zeit wettzumachen", sagte Ben.

Obwohl Gloria die gemeinsame Apotheke geführt und die Angestellten betreut hatte, stand die Familie für sie an erster Stelle. Auch für Ben hatten seine Frau und seine Familie Priorität; auch als er ein erfolgreicher Anästhesist geworden war. Er unternahm nie eine Geschäftsreise ohne seine Frau und das hätte sie auch nicht anders haben wollen. Sie waren auch zusammen, als er im Alter von fünfundsiebzig Jahren beschloss, in Ägypten den Berg Sinai zu besteigen.

Während sie erzählten, läuteten in der Ferne zum fünften Mal, seit ich gekommen war, die Kirchenglocken. Ich wusste, dass es für mich an der Zeit war, ins Hotel zurückzukehren. Doch eine Frage hatte ich noch.

„Wenn ihr an eure früheren Jahre denkt, gibt es da irgend etwas, worüber ihr sagen würdet: ‚Wenn ich damals gewusst hätte, was ich heute weiß, würde ich es anders machen'?" (Es lohnte sich immer. diese weitreichende Frage zu stellen. Jeder hat schließlich Dinge, die er bedauert.)

Sowohl Gloria als auch Ben hielten inne, schauten zur Decke hinauf und sahen sich dann gegenseitig an.

„Ganz ehrlich, ich kann mich an nichts erinnern", sagte Gloria. „Wir haben alles am Anfang auch schon so gemacht wie heute. Ben war immer sehr liebevoll, aufmerksam und großzügig, von Anfang an. Und er hat sich nicht verändert", sagte sie und ergriff seine Hand.

„Wir fragen einander immer um Rat, bevor wir große Entscheidungen treffen", ergänzte Ben. Ich sah ihm an, dass er die Wahrheit sagte. Die ganze Zeit, die ich dort verbrachte, bemerkte ich nicht die geringsten Machtkämpfe oder versteckte Aggressionen. Sie waren Partner in jedem Sinn des Wortes, vom Geschäftsleben bis zur Erziehung der Kinder und bis dahin, dass sie einander am Abend ins Bett helfen („Ich kann nicht einschlafen, bevor ich ihr die Füße massiert habe", erklärte Ben).

„Als er noch als Anästhesist in einem der städtischen Krankenhäuser tätig war", erinnerte sich Gloria wehmütig, „brachte er mir immer Schnittblumen mit, weil er wusste, dass ich frische Blumen liebe."

Solche Gesten, die einer dem anderen erwies, waren keine Einzelfälle. Aus ihren Erzählungen und auch der Ausstattung ihres Hauses, das viel von ihrer gemeinsamen Geschichte repräsentierte, ging deutlich hervor, dass sie sich ihre Liebe zueinander immer wieder zeigten – durch freundliche Gesten, die keinen besonderen Anlass brauchten. Das war eines ihrer Geheimnisse für eine glückliche und gute Ehe.

Als Ben und Gloria alle meine Fragen beantwortet hatten, wurden wir von einem Naturereignis unterbrochen. Es war ein so gewaltiger

Regenguss, dass es sich anhörte, als würden Männer in Stiefeln auf dem Dach herumtrampeln. Aleli öffnete die Vordertür, damit ich sehen konnte, was es auf den Philippinen bedeutet, wenn es „wie aus Eimern" regnet. Es war sehr eindrucksvoll. Riesige Regentropfen fielen so schnell und dicht, dass ich wohl kaum trocken hinausgekommen wäre. Wir verabschiedeten uns, als der Taxifahrer beim äußeren Gartentor anläutete. Durch den Regenguss sah ich die Scheibenwischer auf höchster Stufe laufen, aber bei dem Regen richteten sie nicht viel aus. Ich machte mich darauf gefasst, ordentlich durchweicht zu werden.

Gerade als ich hinausgehen wollte, überreichte Aleli mir ein Päckchen.

„Mach es auf", forderte Gloria mich stolz auf.

Aleli nickte mir aufmunternd zu, als wollte sie sagen: *Na los doch!*

Es war eine wunderschöne Geschenktasche aus Chiffon mit einem gewichtigen Inhalt, so eine Art Geschenk, über das man am Weihnachtsmorgen in Aufregung gerät (falls man eine Vorliebe für so etwas hat). Ich löste die Bänder des Geschenkbeutels und staunte, denn vor mir lag eine herrliche Perlenkette. Es war eine kurze Halskette mit einem silbernen Verschluss im Nacken, etwas Besonderes, nicht einfach nur aneinandergereihte Perlen. Ich hatte noch nie derartige Perlen gesehen.

„Es ist ein Dankeschön, dass du in unser Land und in unser Haus gekommen bist", sagte Aleli.

Ich war sprachlos. Sie hatten nicht nur meine Unpünktlichkeit gelassen hingenommen und beschlossen, mit dem Essen auf mich zu warten, um mir als Gast Ehre zu erweisen, sondern schenkten mir nun auch noch ein wunderschönes Erinnerungsstück. Ich erinnerte mich an das kleine Geschenk, das ich am Vortag nach dem gemeinsamen Tee von Mai bekommen hatte. Das war eine Großzügigkeit, die man einfach nicht gewöhnt ist.

Ich brachte ein leises Dankeschön heraus in der Hoffnung, dass mein Gesichtsausdruck mehr ausdrücken würde, als meine Worte es konnten. Ich wollte die Halskette wieder in das Geschenksäckchen zurücklegen, aber dann beschloss ich, dass es der perfekte Tag war, um Perlen zu tragen. Mit Alelis Hilfe legte ich die Perlenkette an. Wir quetschten uns im Wohnzimmer noch zusammen und machten ein Foto. Jocelyn hatte ihre Tante und ihren Onkel viele Jahre nicht gesehen, daher schickte ich ihr das Foto schnell über mein Handy.

„Vielen Dank nochmals, dass du gekommen bist", sagte Aleli.

„Nein, ich danke euch!" Jedes Dankeschön erschien unzureichend.

Der Taxifahrer hupte und uns allen war klar, dass es nun wirklich Zeit war zu gehen. Ich schwang meine Handtasche über die Schulter und bewegte mich zum Ausgang. Glorias Krankenschwester hielt einen großen Regenschirm über meinen Kopf und wir gingen rasch zum Taxi.

Auf dem Rückweg bekam ich einen Eindruck davon, wie sich ein durchsichtiges Glas in einem Geschirrspüler fühlt. Es regnete so unausgesetzt heftig, dass ich mich an meine Tasche klammerte und mich während der Fahrt die meiste Zeit fragte, wie der Mann am Steuer überhaupt etwas sehen konnte. Ein Reisender muss sich eben auf den Instinkt der Einheimischen verlassen und sich damit trösten, dass eine solche Situation für ihn völlig neu ist.

Als ich ins Hotel zurückkam, war es bereits dunkel. Da Keith und ich jeden Tag miteinander telefonierten, meist abends, wo auch immer ich mich gerade befand, bekam ich Heimweh nach Keith.

„Noch einen Tag, dann bin ich in Australien", sagte ich im leeren Zimmer laut vor mich hin. „Noch drei Länder und dann bin ich wieder zu Hause."

Zu dieser Verabredung wollte ich auf keinen Fall zu spät kommen.

AUSTRALIEN

Kapitel 19

WILLKOMMEN IN AUSTRALIEN?

Perth, Australien

Nervös stand ich an der australischen Passkontrolle in einer Menschenschlange. In der rechten Hand hielt ich meinen Reisepass und meinen Laptop, den ich verzweifelt zu öffnen versuchte. Ich musste dringend die E-Mail finden, die bestätigte, dass mein Visum freigegeben war, und hoffte inständig, der Grenzbeamte, der zwischen mir und der exotischen Pflanzenwelt auf der anderen Seite stand, würde sich damit zufriedengeben.

Ich schickte Atalie eine kurze Nachricht: „Bin in Perth gelandet." Wenige Augenblicke später schrieb sie zurück: „Wow. Du bist schon gelandet? Okay. Bin unterwegs."

„Nur keine Eile", antwortete ich. „Es könnte eine Weile dauern, da ich vergessen habe, mein Visum auszudrucken, das mein Reisebüro mir per E-Mail zugesandt hat." Dazu ein Reisehinweis: Australien ist das einzige der von mir besuchten Länder, das für einen Kurzaufenthalt ein Visum verlangt.

Normalerweise wäre so etwas wie das Ausdrucken einer E-Mail nichts Besonderes für mich. Doch nach der Art und Weise, wie die australische Beamtin am Abfluggate in Singapur versucht hatte, meine Reisegeschichte zu zerpflücken, war mir mehr als unbehaglich zumute. In schneller Abfolge feuerte sie Fragen auf mich ab, während sie meinen Pass durchblätterte. Sie schien überzeugt, dass ich aus einem anderen Grund nach Australien gekommen war, als in meinen Reisepapieren stand.

„Wen besuchen Sie in Perth?“ *Meine Freundin Atalie.* „Wo, sagten Sie, lebt Ihre Tante?“ *Ich habe keine Tante in Perth. Ich sagte, ich besuche meine Freundin.* “ „Oh, tut mir leid. Das haben Sie wirklich gesagt. Und wie lange möchten Sie bei Ihrer Tante bleiben?“ Spätestens jetzt wurde mir klar, dass Australien nicht irgendein Gesindel im Land haben wollte und ich bereits als potenzielle Gefahr erkannt worden war.

Nach meiner Erfahrung gibt es eine Sache, die niemals ein Vergnügen sein wird: eine Seite auf dem Laptop zu suchen, während man sich unter lauter von der Reise erschöpften Passagieren in einer langsam vorwärtskriechenden Menschenschlange befindet. Einige warfen mir mitleidige Blicke zu, andere waren sauer, weil ich nicht schnell genug aufschloss, wenn sich in der Reihe eine Lücke ergab; dann wieder trafen mich herablassende Blicke von Reiseveteranen. „Anfängerin“, schienen ihre Blicke zu sagen. Wenn ich die E-Mail mit dem Visum nicht bald fand, sah ich mich schon ausgestreckt auf den Sesseln von Gate 27 schlafen und von Kängurus und Wallabys träumen, während alle anderen eine großartige Zeit verlebten.

Es war beinahe Mitternacht. Meine seelische Verfassung war nicht die beste; ich war so entkräftet, dass ich fast umfiel. Ich bereitete mich innerlich auf die Möglichkeit vor, von bewaffneten Beamten mit zähnefletschenden Hunden abgeführt zu werden. Ich überlegte schon,

Keith eine SMS zu schreiben: „Lebenslang in Australien gefangen. Warte nicht auf mich. Ich liebe dich."

Vier Personen waren noch vor mir. Mir blieben nur noch Minuten, um mir überzeugende Argumente einfallen zu lassen, und ich hatte mein Visum immer noch nicht gefunden. Eilig drückte ich Ctr+F, schrieb mit einer Hand „Visum" und betete, es würde auf dem Bildschirm erscheinen, bevor ich am Schalter an der Reihe war.

Auf einmal war es da – die wunderbarste E-Mail-Betreffzeile, die ich je gesehen hatte: „Australisches Visum". Das offizielle Dokument war an die E-Mail angehängt. Darin stand: „Das ETA (Electronic Travel Authority – elektronisches Visum) wurde elektronisch von einem Computer für das Amt für Einwanderung und multikulturelle Angelegenheiten Australiens (DIMA) ausgestellt. Geprüfte Anträge werden elektronisch in Australiens Regierungssystem gespeichert."

Ich seufzte erleichtert. Das Dokument befand sich bereits in ihrem System. Als ich nun an die Reihe kam, bekam ich mit australischem Akzent und einem hinreißenden Lächeln ein rasches „Willkommen in Australien" zu hören.

Sobald ich abgefertigt war, schickte ich Atalie eine Nachricht, ich sei sicher auf der anderen Seite angekommen und käme gleich hinaus. Das dachte ich aber nur.

Zunächst musste ich vor der Sicherheitskontrolle noch in der längsten Menschenschlange warten, die ich bei der Einreise in ein Land je erlebt hatte. Dann holte ich mir mein Gepäck ab und übergab dem letzten Grenzbeamten meine Zollpapiere, in denen ich erklärte, dass ich weder Speisen noch Pflanzen ins Land einführte. Nun war es amtlich. Ich war im „Land Down Under" angekommen!

Als ich ins Freie trat, schlug mir eine erfrischende Kälte entgegen. Das half mir, die Unannehmlichkeiten an der Grenze zu vergessen. Da mein Wintermantel gut verstaut im Koffer lag, stellte ich mich an den Straßenrand und hoffte, Atalie würde jeden Moment da sein.

Die kalte Luft fuhr mir derart in die Glieder, dass ich schon überlegte, meine Koffer auf dem Bordstein zu öffnen, um meinen Mantel herauszuholen. Da hörte ich eine bekannte Stimme mit australischem Akzent: „Bist du es, Fawn?"

Ich blickte in Richtung der Stimme und war verunsichert. Das war nicht die Atalie, die ich aus den Vereinigten Staaten kannte.

Vor vielen Jahren hatte ich Atalie kennengelernt, einige Monate, bevor sie nach Perth zurückgekehrt war. Da ich ihre Stelle als Verkaufs- und Marketingleiterin eines Hotels in Los Angeles übernahm, kannten wir uns nur im Zusammenhang mit der Arbeit. Aber ich hatte ihr versprochen, falls ich jemals nach Australien kam, würde ich sie in Perth besuchen. Über die Jahre waren wir Freundinnen geworden und als ich wusste, dass ich nach Australien reisen würde, war sie die Erste, mit der ich Kontakt aufnahm. Aber *diese* Atalie hätte ich bei einer polizeilichen Gegenüberstellung nicht identifizieren können – und das wäre vielleicht zum Problem geworden, wenn man bei der Grenzkontrolle von mir verlangt hätte, die Freundin zu identifizieren, die ich besuchen wollte.

Die Atalie, die ich aus den Vereinigten Staaten kannte, hatte fast zwanzig Kilo mehr gewogen und kurzes, rotes Haar getragen. Die Frau, die mich jetzt abholte, war eine umwerfende Blondine von fast einem Meter achtzig (ohne Absätze) mit langem, wehenden Haar und dem Idealgewicht für ihre Größe. „Ich war ziemlich übergewichtig, als ich aus den Staaten zurückkam", erklärte sie. „Ich hatte dort zwanzig Kilo zugenommen."

Atalie und ich fanden sofort den Anschluss an alte Zeiten – wer inzwischen geheiratet hatte, wer noch Single war, wer Kinder bekommen hatte, wer das Hotelgewerbe verlassen hatte und so weiter – und dann trug sie mir den Programmablauf für den folgenden Tag vor. Wir würden zeitig aufstehen und den Morgen mit einem Powerwalk am Swan River Richtung Kings Park beginnen. Dann würden wir nach Fremantle fahren, einem Innenstadtviertel, in dem man sich ins neunzehnte Jahrhundert zurückversetzt fühlt, mit gut erhaltenen Bauwerken und dem ältesten Gebäude in Westaustralien, einem Gefängnis mit Namen „Round House". Australien wurde 1788 von den Briten als Sträflingskolonie gegründet und Atalie wollte mir alles zeigen, was noch an diese Wurzeln erinnerte.

Nach dem Besuch von Fremantle hatte sie geplant, durch die Innenstadt zu fahren, um mir dort die Wolkenkratzer zu zeigen. Dann weiter zum Kings Park und dem Botanischen Garten, anschließend ein traditioneller High Tea in einem englischen Teehaus. Da der Sonntag der einzige Tag war, an dem sie mir die Stadt zeigen konnte, ehe sie am Montag wieder arbeiten musste, wollte sie so viel wie möglich von Perth in diesen Tag hineinpacken. Der Programmablauf für die wenigen Tage beinhaltete auch Interviews mit zwei glücklich verheirateten Paaren, die sie sehr schätzte – ihre Eltern Doug und Barbara und zwei gute Freunde der beiden – und natürlich das unvermeidliche Abendessen mit Fish & Chips.

Ich wurde schon müde, wenn ich nur an das Programm dachte, das sie für meinen Aufenthalt geplant hatte. Ganz zu schweigen davon, dass neben Atalie sogar ein Kolibri träge wirkte. Aber ich freute mich auf meinen ersten Aufenthalt in Perth, nicht zuletzt weil ich seit über einem Monat wieder in einem Privathaushalt wohnen würde. Es hätte mir nicht einmal etwas ausgemacht, wenn das Bett die Größe eines Küchenschwamms gehabt hätte und mit Laken aus Schleifpapier bezogen gewesen wäre. Wirklich wichtig war, dass ich in einem richtigen Zuhause und nicht in einem Hotelzimmer schlafen konnte.

Da es schon ziemlich spät war, als wir schließlich in ihrer Wohnung ankamen, führte mich Atalie gleich zum Gästezimmer. Das Bett war herrlich und wunderbar kuschelig, eines von der Sorte, die einen wohlig in sich aufnimmt, sobald man sich hineinlegt. Die letzten wachen Momente verbrachte ich damit, an die Decke zu schauen und an daheim zu denken: „Nur noch zwei Länder, die ich besuchen muss."

Wenn am nächsten Tag nicht die Sonne in meinen Schlafraum geblinzelt hätte, hätte ich geschworen, ich sei eben erst ins Bett gegangen. Nach einem tiefen, traumlosen Schlaf fühlte ich mich ausgeruht, aber ein wenig durcheinander.

Atalie und ich hatten vor, am frühen Morgen durch einige malerische Viertel von Perth zu walken. Langsam wurde ich wacher, während ich meine Trainingskleidung anzog und meine Schuhe zuband. Wir marschierten rasch einen kleinen Hügel hinauf und gelangten zu einem schönen, grasbewachsenen Park in dem Stadtteil, in dem Atalie eine Wohnung mit zwei Schlafzimmern gemietet hatte. Ich holte meinen Camcorder heraus, um unseren Walk zu filmen und wurde beinahe von einem übereifrigen Radfahrer überrollt, der auf dem sandigen Weg in die entgegengesetzte Richtung unterwegs war. Daher entschloss ich mich, während des Powerwalks keine Filmaufnahmen mehr zu machen.

Genau in dem Augenblick deutete Atalie nach links auf etwas, was man nur selten sieht: Es war der Vogel, der auf der australischen Nationalflagge abgebildet ist. „Schwarze Schwäne sind in Westaustralien heimisch“, erzählte sie mir und zeigte auf das anmutige, tiefschwarze Tier, dessen roter Schnabel an der Spitze einen weißen Fleck hatte. Beim Walken beobachteten wir den Schwan, der zu unserer Linken schwamm, und seine Dutzende von Artgenossen, die zu unserer Rechten auf den Rasenflächen lagerten, und bewunderten die Schönheit dieses einheimischen Vogels. Außerhalb dieses Kontinents ist er nur selten zu sehen. Der Swan River mündet in den Ozean und seine ausgedehnten Flussufer wirken mehr wie eine Bucht als wie ein Fluss. Die urtümlich erhaltene Innenstadt von Perth bildet den Hintergrund zum plätschernden Wasser und den Strandpromenaden, wo sich Radfahrer, Jogger und Touristen tummeln. Das Wasser wirkte wie ein Magnet auf die Menschen in Perth und es tat wohl zu sehen, wie ausgiebig und selbstverständlich die Einheimischen ihre Umgebung genossen.

„Ich hätte nicht gedacht, dass es in Perth so wunderschön ist", musste ich zugeben. Ich blickte über die Wasserflächen und fühlte mich in der Stadt gleich heimisch. Es geht nichts über Sydneys Großstadtsilhouette mit dem berühmten Opernhaus am Bennelong Point oder der Harbour Bridge, deren Stahlkonstruktion in der ganzen Welt gerühmt wird. Einige Stadtteile von Perth erinnern an Küstenstädte, wie man sie im südlichen Teil der Vereinigten Staaten auch findet – Charlotte, Nashville oder Dallas –, und in anderen Gegenden könnte man meinen, man blicke über den Hudson River auf Manhattan.

Perth ist eine atemberaubende Stadt. Im Gegensatz zu vielen anderen großen Städten, in deren Nähe die Gewässer völlig verschmutzt sind, ist das Wasser rund um Perth kristallklar und blau. In der Innenstadt fand gerade ein richtiger Bauboom statt. Überall schossen Wolkenkratzer in die Höhe; Kräne standen an jeder Straßenecke, und Bauarbeiter gingen eifrig ihrer Tätigkeit nach.

Der Bergbauboom in Australien in den letzten einundzwanzig Jahren hat dem Land eine größere Rezession erspart und wie es scheint, konzentriert sich der Bergbau rund um Perth. Die Stadt ist voller Bergleute, von denen viele Bierbäuche haben, was anscheinend zum Anforderungsprofil für den Job gehört. Die Bergleute in Perth und Umgebung verdienen mehr als der Großteil der Amerikaner. Hier ist es nicht ungewöhnlich für einen Highschoolabbrecher, 150 000 Dollar pro Jahr zu verdienen, indem er mit Bohrgeräten in den unterirdischen Minen nach Gold und anderen Bodenschätzen schürft. Wenn es nicht so schwierig wäre, eine Arbeitsgenehmigung zu bekommen, würden die Leute wohl zu Tausenden in dieses Land strömen.

Das alles erzählte mir Atalie, während wir am Fluss entlangmarschierten. Es war herrlich, die Lungen mit frischer Luft zu füllen und die Schläfrigkeit der letzten Nacht endgültig von sich abzuschütteln. Doch wenn ich an meine holperige Einreise ins Land zurückdachte, wusste ich, dass ich nicht nur hier war, um mir die Sehenswürdigkeiten anzuschauen oder etwas über schwarze Schwäne zu erfahren. Ich hatte ein paar glückliche Ehepaare zu befragen und wollte schon am nächsten Morgen mit dem Interview einer Frau beginnen. Welche Geheimnisse würde sie wohl auf Lager haben?

Kapitel 20

EIN LIEBESPAAR IM WOHNMOBIL

Perth, Australien

Barb kann sich heute nicht mehr erinnern, wann Doug ihr zum ersten Mal einen Heiratsantrag machte. Und Doug weiß nicht mehr, dass sie zuerst Nein gesagt hat. Doug war amerikanischer Soldat und in Vietnam stationiert. Während einiger freier Tage kam er mit anderen Soldaten nach Australien, um sich eine schöne Zeit zu machen. Hier traf er Barb.

Barb verbrachte den Abend mit ihren Freundinnen und Ehe war das Letzte, was sie im Sinn hatte. Die Mädchen amüsierten sich in einer Bar und Barb hielt keineswegs Ausschau nach einem zukünftigen Ehemann. Doch wie es das Schicksal wollte, schlenderte Doug in die Bar, und der Rest ist Geschichte, wie man so schön sagt. Sie fanden sofort Gefallen aneinander – der raubeinige amerikanische Soldat und die umwerfende Australierin mit dem brillanten Akzent. Zwei Tage lang versuchten sie so viel Zeit wie möglich miteinander zu verbringen, gingen mittags und abends essen – ihre Herzen fanden zueinander. Sie wichen einander nicht von der Seite. Bald jedoch musste Doug nach Vietnam zurückkehren. „Ich komme zurück", versprach er ihr. *Ja, natürlich*, war Barbs erster Gedanke, wie sie sich erinnert. „Dasselbe dachte ich auch", gestand Doug. Aber sie konnten nicht verhindern, dass die Liebe in ihre jungen Herzen einzog und sie nicht aufhören konnten, aneinander zu denken, auch nachdem sie sich verabschiedet hatten und Doug nach Vietnam abgereist war.

Kurze Zeit später beschloss er, nach Australien zurückzukehren, um Barb wiederzusehen. Er hatte sich nicht vorstellen können, dass es ihm so schwerfallen würde, diese wunderschönen blauen Augen nicht mehr zu sehen. Zwei Monate später löste er sein Versprechen ein. Eine Woche waren sie zusammen und bevor er wieder fortging, wusste er, dass sie die Richtige war. Doug war nicht auf Brautschau und konnte es nicht erwarten, in die Staaten zurückzukehren, aber nun hatte er sich in einem fremden Land Hals über Kopf in eine Frau verliebt, die er nach Hause mitnehmen und heiraten wollte.

„Ich tat das, was ein Mann in einer solchen Situation tut. Ich fragte sie, ob sie mich heiraten wollte." (Ich versicherte ihm, das sei nicht unbedingt, was Männer meistens tun, nachdem sie nicht einmal acht Tage – verteilt über zwei Monate – mit einem Menschen verbracht haben.) Doch Barb ließ ihn abblitzen: „Ich habe eine Weltreise vor und dabei hast du nichts verloren." Sie hatte zusammen mit mehreren jungen befreundeten Krankenschwestern diese Weltreise geplant. Unterwegs wollten sie als Krankenschwestern arbeiten. Die Reise sollte bald beginnen und Barb hatte nicht die Absicht, ihre Pläne für einen Mann aufzugeben, den sie erst seit Kurzem kannte.

„Dann werde ich eben warten", versicherte er ihr. Das tat er dann auch. Vierzehn Monate lang schrieben sie sich regelmäßig Briefe, während sie um die Welt reiste und er weiterhin in Vietnam stationiert war.

Wie das Schicksal es wollte, landete Barb auf ihrer Reise schließlich in Nebraska. Sie arbeitete dort in einem Krankenhaus und pflegte einen Richter. Dougs Zeit in Vietnam ging zu Ende und er wurde in Pensacola in Florida stationiert.

Von dort nahm er seine Verfolgung wieder auf und fuhr über 1 700 Kilometer mit dem Auto, um Barb wiederzusehen und seinen Heiratsantrag zu wiederholen. Zu der Zeit bekam sie die Mitteilung, dass die Vereinigten Staaten ihr Visum widerriefen und sie binnen dreißig Tagen nach Hause zurückkehren musste. Sie war mit einem Touristenvisum nach Amerika eingereist, aber als sie es verlängern wollte, wurde sie gefragt, ob sie in den USA einer Arbeit nachging, und sie sagte die Wahrheit. Daraufhin leiteten die US-Behörden sofort ihre Ausweisung in die Wege.

Barb begann ihr Leben ohne Doug zu planen. Aber er wollte sie nicht gehen lassen. Jeden Tag, wenn sie nach Hause kam, machte er ihr wieder einen Antrag. Als sie dem Richter von ihrem Dilemma erzählte, bot der ihr eine Lösung an. „Sobald ich aus dem Krankenhaus entlassen werde, traue ich euch beide."

„Der Druck war mir einfach zu groß", sagte Barb, als sie an jene Zeit dachte. „Ich sagte dem Richter, dass mein Freund mir jeden Tag, wenn ich zum Abendessen nach Hause komme, einen Antrag macht. Dann komme ich zur Arbeit und Sie wollen uns trauen. Das wird mir alles zu viel. Ich bin weg."

Innerhalb der vorgeschriebenen dreißig Tage verließ Barb die Staaten und reiste nach Europa. Sie und einige ihrer Freundinnen arbeiteten dort als Krankenschwestern, während Doug nach Wegen suchte, sie in die Staaten zurückzuholen. Ein Verlobungsvisum war die rettende Idee. Aber sie musste „Ja" dazu sagen.

„An einem Tag arbeitete ich als Kellnerin in London; am nächsten überlegte ich, mit dem Peace Corps nach Afrika zu gehen, dann wieder wollte ich nach Amerika zurück", erzählte Barb. Sie konnte sich nicht entscheiden. Aber Doug war nicht bereit, ein Nein zu akzeptieren.

Schließlich gab sie nach und kehrte nach Amerika zurück, wo sie und Doug sogleich heirateten. Die kurze gemeinsam verbrachte Zeit und die Briefe, die sie hin und her über den Atlantik geschickt hatten, hatten ihre Liebe gefestigt. Zwei Jahre später wanderten sie nach Australien aus und Doug hat es nie bereut.

Wenn man die beiden beobachtete, war es offensichtlich, dass Liebe und Freundschaft ihre Ehe prägten. Ich fragte sie nach ihrem Geheimnis.

„Ich möchte deine Meinung hören", sagte Barb schelmisch zu Doug, „meine kenne ich ja schon."

„Ich glaube nicht, dass ich eine normale Antwort auf diese Frage geben kann", sagte er.

„Normal ist an dir sowieso nichts, Süßer", scherzte Barb.

„Mir ist beigebracht worden, die goldene Regel zu befolgen", begann Doug. „Solange du für andere das Richtige tust, werden sich die Dinge von selbst regeln." Diese goldene Regel, erklärte er mir, bezog sich zunächst und vor allem auf seine hübsche Frau. „Man muss einen Menschen schon ganz schön gern haben, um vierzig Jahre mit ihm verheiratet zu sein." Und es war ihre Freundschaft, die sie durch diese vier Jahrzehnte hindurchgetragen hat. Darum ist es auch kein Problem für sie, in einem Wohnmobil mit weniger als vierzehn Quadratmetern zu leben und sich dennoch nicht eingeengt zu fühlen oder zu meinen, sie brauchten Zeit ohne den anderen. Sie necken sich gegenseitig und machen Späße übereinander, aber alles in Liebe und mit einem Scherz auf den Lippen; das ist nicht zu verkennen.

Doug sprach fast zehn Minuten lang darüber, was nötig sei, damit eine Ehe über so viele Jahre gut geht: Freundschaft, Lachen, Respekt, Vertrauen, einander zuhören und den anderen über sich selbst stellen. „Nun, nach dieser sehr langen Rede von Doug", stichelte Barb, „möchte ich auch etwas sagen." Ich hörte aufmerksam zu, denn durch ALS (eine degenerative Erkrankung des motorischen Nervensystems) war sie gezwungen, langsamer und mit weniger Nachdruck zu sprechen als Doug.

„Man muss die Beziehung pflegen“, sagte Barb. Als ich sie bat, das weiter auszuführen, gab sie mir ein Beispiel. Als junge Ehefrau war sie nach Australien zurückgekommen und hatte sogleich einen guten Pflegeposten übernehmen können. Für Doug war es schwieriger, Arbeit zu finden, da er als ehemaliger Militärangehöriger keine andere Ausbildung oder berufliche Erfahrungen vorweisen konnte. Es blieb ihm nichts übrig als manuelle Arbeit, und der einzige Ort, wo er für seine Bedürfnisse genug verdienen konnte, war eine staubige Bergwerksstadt, wo außer dem Bergbau nichts los war. Barbs Mutter hatte die Frage aufgeworfen: „Wie zufrieden wird Doug sein, wenn er keine Arbeit hat, während du arbeitest?“

Barb dachte über diese Frage nach und beschloss, den Pflegeposten aufzugeben und mit Doug in die Bergbaustadt zu ziehen. Als Krankenschwester konnte sie überall Arbeit finden, aber Doug hatte nicht so viele Möglichkeiten, was für einer Tätigkeit er nachgehen konnte und wo. „Es ist ein Geben und Nehmen“, diese Lektion hatte sie schon bald in ihrer Ehe gelernt. „Es geht nicht so sehr um mich, es geht um uns.“

Barbs Mutter war eine sehr emanzipierte Frau. Zu ihrer Zeit war ihr Beruf – politische Journalistin – für eine Frau noch ungewöhnlich. Aber ihr Zuhause und ihre Familie standen immer an erster Stelle. Sie brillierte in ihrem Beruf, zeichnete sich in allem, was sie tat, aus und brachte diese Arbeitsmoral auch ihren beiden Töchtern bei, bestand aber auch darauf, dass sie ihren Prioritäten treu blieben. „Frauen können alles, was Männer können, aber denkt immer zuerst an das Glück eures Partners“ hatte sie ihnen eingeschärft.

Jede Frau ist verschieden, hat ein anderes Temperament, andere Träume und eine andere Erziehung. Als ich Barb zuhörte, wurde ich daran erinnert, dass es für jede Frau gut ist, eine eigene Haltung zu Werten und persönlichen Prioritäten zu gewinnen, damit ihre Ehe wirklich gut wird. Als Frau unabhängig sein, bedeutet nicht, dass man herablassend, gefühllos oder für die Nöte anderer unempfänglich ist. Ich lernte von Barb, dass persönliche Opfer für einen anderen Menschen, den Ehemann eingeschlossen, Kraft und Charakter entfalten. Sie sind keine Schwäche. Wie sie vom Beispiel ihrer Mutter gelernt hatte, sah sich Barb gesellschaftliche Erwartungen genau an und überlegte dann, was für sie gut war und was nicht. Ob das, was sie tat, als „traditionell" oder „progressiv" erschien, spielte für sie keine wesentliche Rolle mehr. Es muss nicht immer der Mann sein, der hauptsächlich für die Brötchen sorgt, schloss sie, und die Frau muss nicht unbedingt Hausfrau sein. Beide können arbeiten und beide können Betttücher zusammenlegen.

Auf dieser Reise habe ich eine sehr befreiende Wahrheit immer wieder bestätigt bekommen: Zu einer großartigen Ehe gehört, dass Mann und Frau sich ihr gemeinsames Leben und ihre Entscheidungen nicht von gesellschaftlichen Erwartungen diktieren lassen. Zwei Menschen bauen sich ein einzigartiges Wertesystem auf; sie ehren, ermutigen und respektieren einander; sie sind bereit, persönliche Opfer zu bringen, einschließlich ihrer Träume, Wünsche und Wahlmöglichkeiten.

Genau betrachtet müssen wir das sowieso. Dann doch lieber für jemanden, den man liebt und der einem diese Gunst erwidert, wenn es darauf ankommt. Aber ich schweife ab …

Barb erzählte nun von ihren (unverheirateten) Töchtern, denen sie eine ähnliche Botschaft weitergegeben hatte. „Ich sage ihnen immer, der Mann, der für euch der Richtige ist, ist der, der euch unterstützt und den ihr umgekehrt gleichermaßen unterstützt." Das Entscheidende sei, dass man seine Ehe pflegt und seinen Partner unterstützt, sagte sie mir. Und „Sinn für Humor hilft eine Menge". Doug bestätigte das. „Man darf sich selbst nicht zu ernst nehmen." Wenn man bedenkt, wie oft Doug seinen Heiratsantrag wiederholen musste, bevor er ein „Ja" erntete, bin ich sicher, dass er sich selbst nicht zu ernst nimmt.

Bei diesem Paar spürt man eine Leichtigkeit, aber niemals eine Leichtfertigkeit. Sie beschäftigen sich mit Dingen, auf die es in ihrer Ehe und in ihrem Leben wirklich ankommt. Sie lassen sich nicht von den Erwartungen anderer aus dem Konzept bringen, und auch wenn es mal hart auf hart geht zwischen den beiden, bringt sie das nicht auf Abwege. Offensichtlich funktioniert ihre Beziehung gut so, wie sie ist.

Ich bin mir sicher, wenn Barb das alles schon gewusst hätte, als Doug das erste Mal um ihre Hand anhielt, hätte sie sofort Ja gesagt.

Kapitel 21

DICKE BRETTER BOHREN

Perth, Australien

Ich war froh, als es zu regnen anfing. Es war beruhigend und friedlich. Am liebsten wäre ich im Pyjama geblieben und hätte mich in ein Buch vertieft, aber es stand noch ein Interview auf dem Programm, das versprach, mindestens ebenso aufschlussreich zu werden wie das am Vortag mit Barb und Doug. Ich musste das Letzte aus mir herausholen, um mein Vorhaben zu Ende zu führen. Aber ich wusste, es würde sich lohnen, meine persönlichen Reserven auszuschöpfen, wenn ich nach der Reise einen Schritt zurücktreten und alles vor mir sehen konnte, was ich erfahren hatte. Judiths und Rays Beitrag würde ebenso wichtig sein wie der am ersten Tag meiner Reise. Aber im Moment konnte ich über das alles nicht nachdenken, weil ich wieder einmal spät dran war. Zwar nicht so unverschämt spät wie bei meiner peinlichen Episode auf den Philippinen, aber immerhin zu spät. Ich ließ die Uhr nicht aus den Augen und hoffte, die beiden würden zumindest fünf Minuten später kommen. Aber ich hatte kein Glück!

Fast genau um zehn Uhr klingelte es an der Tür. Wir begrüßten uns und ich entschuldigte mich, dass ich noch nicht ganz so weit war. Schnell huschte ich ins Badezimmer und machte mich fertig, dann kehrte ich in die Küche zurück, wo sie am Tisch Platz genommen hatten. Zumindest Atalie hatte vorgesorgt. Wie jedes gute Interview begann auch dieses mit gemeinsamem Essen: Karottenkuchen mit einer Glasur aus Frischkäse (Kompliment an Atalie, die diese selbst gemachte Köstlichkeit schon aufgeschnitten und mit Plastikfolie abgedeckt sowie in den Kühlschrank gestellt hatte, bevor sie zur Arbeit gefahren war).

Während dieses ganzen Prozesses hatte ich es immer großartig gefunden, dass die Paare in dem Wissen, dass sie offiziell interviewt wurden, immer gut vorbereitet und Feuer und Flamme waren. Ich sah diesen Blick in ihren Augen, diesen Eifer, sich mitzuteilen und ihren schwer erarbeiteten Lektionen über Liebe und Ehe eine Chance zu geben, sich zu multiplizieren.

Oder vielleicht galten ihre Blicke auch nur dem Kuchen.

Von dem Augenblick an, als ich mich setzte, erkannte ich, dass es mit Judith und Ray etwas Besonderes auf sich hatte. Während ich jedem auf unseren kleinen Tellern ein Stück Kuchen servierte und dazu Litschitee anbot, beobachtete ich ihr Zusammenspiel. Es war offensichtlich, dass sie sehr gute Freunde waren. Das erkannte man daran, dass einer wusste, was der andere dachte, an der spielerischen Art, wie sie auf die ernsteren Dinge ihres Lebens zu sprechen kamen und an ihrer Begeisterung dafür, füreinander da zu sein. Darüber war ich nicht erstaunt, denn diese Kameradschaft hatte ich bei jedem der interviewten Paare bemerkt. Dennoch zeichneten sich Judith und Ray dadurch aus, dass sie immer noch genauso gute Freunde waren wie früher. Sie waren offensichtlich noch immer verliebt ineinander.

Wenn einer von ihnen sprach, überließ ihm der andere das Feld. Doch trotz ihrer gegenseitigen Rücksicht waren beide in der Lage, den Satz des anderen zu Ende zu führen, als ob in zwei verschiedenen Köpfen die gleichen Gedanken steckten. Vielleicht war ihr Denken immer ähnlich gewesen oder es hatte sich mit der Zeit so entwickelt, aber ich hatte das Gefühl, sie wichen in den wirklich wichtigen Punkten des Lebens nur wenig voneinander ab.

„Wenn man älter ist, hat man mehr Zeit, die man miteinander verbringen kann", sagte Judith zwischen zwei Bissen zur Erklärung dafür, warum die beiden so eng verbunden erschienen. „Es passiert manchmal morgens, dass Ray und ich uns getrennt anziehen und uns, ohne dass wir einander gesehen haben, Sachen aussuchen, die unheimlich ähnlich aussehen", sagte sie.

Ray fügte hinzu: „Dann bleiben wir stehen und lachen, bis wir nicht mehr können."

Während wir zusammen waren, erzählten sie eine ganze Reihe von Witzen. Sie scherzten miteinander und neckten sich. Sie waren wie zwei junge Tiger, die miteinander rauften.

„Was ist, wenn Judith mit etwas nicht einverstanden ist, was du im Scherz gesagt hast?", fragte ich ihn.

„Dann muss ich mich sofort entschuldigen", sagte er lachend und schaute sie mit funkelnden Augen an.

Anschließend erzählte Ray eine Geschichte, die am Vortag erst passiert war. Er hatte sich einen Spaß mit Judith gemacht und sie hatte verlangt: „Jetzt entschuldigst du dich aber!" Erst solle er sagen, dass es ihm leidtat, vorher werde sie die Autotür nicht aufmachen. Aber bevor er dazu kam, fingen beide an zu lachen, weil die ganze Sache so albern war.

Judith und Ray waren immer sehr beschäftigt, mit ihrer Arbeit, mit der Erziehung ihres Sohnes und mit ihren persönlichen Hobbys. „Ich glaube, das ist ein großes Geheimnis", sagte Judith. „Dass man sich nicht so sehr auf den anderen stützt, dass man zur Klette wird, sondern seine eigenen Interessen findet. Ich glaube, das ist ein Muss in einer Beziehung. Und dann freut man sich, einander wiederzusehen."

Ray war schon seit ein paar Jahren im Ruhestand, doch Judith hatte noch weiter von zu Hause aus gearbeitet. Obwohl ihr Terminkalender voller wurde, erklärte sie, habe doch ihre Ehe immer Vorrang gehabt. Zum Beispiel war da ihr wöchentlicher gemeinsamer Abend, immer am Mittwoch, und das schon so lange sie sich erinnern können. Es ist für sie keine unverbindliche Vereinbarung, die man so mir nichts, dir nichts verschieben könnte. In der Mitte der Woche haben sie einen unverrückbaren Termin miteinander.

Als Ray Nachtschichten machte und Judith am Tag arbeitete, kamen sie sich vor wie nächtlich aneinander vorbeifahrende Züge, die sich zweimal am Tag trafen. Wenn er von der Nachtschicht nach Hause kam, wachte sie gerade auf, um ihren Tagesablauf zu beginnen. Dennoch frühstückten sie immer gemeinsam. Nach ihrem Arbeitstag aßen sie immer zusammen zu Abend, dann war es Zeit für ihn, zur Arbeit zu gehen. Jahrelang ging es so. Als ihr Sohn geboren wurde, arbeiteten beide weiter, aber sie legten ihre Arbeitszeit so, dass immer einer von ihnen bei ihm zu Hause war, und zumindest einmal am Tag hatten sie als Familie eine gemeinsame Mahlzeit.

Da Ray bereits im Ruhestand ist und Judith von zu Hause aus arbeitet, sind für sie Frühstück, Mittagessen und Abendessen mit Ray feste Termine auf ihrem Kalender. Nachmittags gönnt sie sich immer eine Arbeitspause und sie setzen sich ein Weilchen auf dem Balkon zusammen, um Tee zu trinken und ein paar Kekse zu essen. Dann geht Judith wieder an ihre Arbeit.

Kompromisse seien in der Ehe nötig, sagten die beiden und man müsse bereit sein, sich darum zu bemühen. „Ich unterstütze Judith bei ihrer Arbeit und sie unterstützt mich im Ruhestand", erklärte Ray. „Unsere Freundschaft ist noch enger geworden." Sie sind unzertrennlich, und das schon seit über vierzig Jahren. Stolz sagt er: „Ich kann es an einer Hand abzählen, wie oft Judith ohne mich im Supermarkt war."

So gerne sie zusammen sind, sie genießen auch ihre getrennte Zeit. Judith liebt ihre Arbeit und beide genießen ihre Hobbys und ihre Zeit mit Freunden und mit ihrem Sohn. „Ich glaube, eines der wichtigsten Dinge ist", sagte Ray, „dass wir nie glaubten, weil wir verheiratet sind, seien wir der Besitz des anderen und müssten einander kontrollieren. Uns war immer bewusst, dass wir Individuen sind. Was wir beschlossen haben, darüber wurde geredet, wie bei einem Unternehmen, wobei wir der Vorstand sind." Das betrifft jeden Bereich ihres Lebens, betonte er, von der Erziehung des Sohnes bis zu den Finanzen.

„Was macht euch so viel Spaß an eurer Ehe?", fragte ich ihn.

„Ich habe mit Judy viel zu lachen. Manche von den ‚Judyismen', die sie von sich gibt, sind unbezahlbar. Absolut unbezahlbar."

Als ich ihnen sagte, ihr Umgang miteinander sei ein wunderbares Vorbild und ihre Freundschaft eine Ermutigung, erwiderte Judith, das habe mit ihrem großen Respekt füreinander zu tun. Respekt war übrigens auch die Antwort auf meine Frage nach dem Geheimnis einer glücklichen Ehe.

„Was meinst du dazu, Ray? Was ist das Geheimnis glücklicher Ehen?"

„Dass die beiden Partner gute Freunde bleiben. Wenn man das kann, dann ist diese Freundschaft das Vertrauen; diese Freundschaft ist die Zuversicht; die gute Freundschaft ist alles, was dazugehört. Und in einer guten Freundschaft kommst du auch mit den Macken deines Freundes zurecht; du kannst auch die kleinen Missetaten des Freundes verkraften, weil ihr ja Freunde seid."

Judith fügte noch etwas hinzu, was ich sehr wichtig fand: „Wenn man eine Auseinandersetzung hat, muss man wollen, dass es wieder gut wird. Man muss sozusagen wieder zusammenkommen wollen. Ich habe erlebt, dass Leute sagen: ‚Ach, der taugt ja doch nichts' oder so, und sie laufen davon oder umgekehrt. Wenn einer der beiden es nicht wieder zum Laufen bringen will, wird es nie gelingen."

Heutzutage gibt man viel zu leicht auf, erklärten sie mir. „Das ist heute bei den jungen Leuten das Problem. Wenn man Streit hat, ist es ganz einfach auseinanderzugehen, statt dass man sagt: ‚Wir arbeiten daran und wir werden eine Lösung finden.' Ist doch viel leichter, einfach zu gehen und sich jemand anderen zu suchen", fuhr Ray fort. „Das ist das Problem. Man braucht ein Band, sodass man sagen kann: Wir stehen auch die schweren Zeiten durch, wir bleiben und suchen gemeinsam eine Lösung."

„Und wenn man sich gegenseitig mit Respekt behandelt", ergänzte Judith, „wird man über die Sache freundschaftlich reden und nicht eine Schlammschlacht austragen." Aber das erfordere viel Mühe und Hingabe, erklärten die beiden. Doch was man dafür bekommt, sei viel wertvoller als alles, was man dafür in Kauf nimmt. In einer felsenfesten Freundschaft erntet man mehr, als man sät. Aber man sollte immer nur eine Herausforderung nach der anderen in Angriff nehmen.

Ich muss zugeben, dass ich mich nach so vielen Interviews fragte, ob es noch etwas Neues zu erfahren gab. Nach dieser Begegnung aber wurde mir klar, dass ich eine Menge lernen konnte, indem ich einfach Zeit mit Ehepaaren verbrachte, die beharrlich gegen alle Widerstände ankämpfen, und mit eigenen Augen sehen konnte, dass die Freundschaft in der Ehe im Lauf der Jahre nicht nachlassen oder ermüden muss. Freundschaft muss bewässert werden. Sie ist wie eine immerwährende Pflanze, die immer weiter blüht und Früchte hervorbringt – solange man gewillt ist, sich um sie zu kümmern.

Kapitel 22

NIRGENDS IST ES WIE ZU HAUSE

Am Flughafen Auckland, etc.

Mein ganzes Leben lang haben die Leute stets mit großer Bewunderung über meinen Vater geredet. Wenn man mit Gold- und Platinschallplatten im ganzen Haus aufwächst, vergisst man leicht, dass sie da sind, denn sie gehören einfach zu deinem Vater. Aber anderen Leute fallen sie auf. Als Keith das erste Mal zu uns nach Hause kam, blieb er wie angewurzelt einige Schritte vor dem Wohnzimmer stehen, während ich lässig herbeischlenderte.

„Was ist denn das?", fragte er in einem Tonfall, der sich anhörte wie: „Warum hast du mir das nicht vorher gesagt?"

„Ach so, mein Vater hat einmal für die Plattenfirma Motown gearbeitet."

Keith fragte mich, welche Lieder mein Vater geschrieben hätte und ich erinnerte mich an nichts außer „You've Made Me So Very Happy" und „Still Water (Love)". Weil ich so wenig darüber wusste, beschloss Keith, in Wikipedia nachzuschauen.

„Schatz, hast du eine Ahnung, wie viele bekannte Lieder dein Vater geschrieben und produziert hat?" Fehlanzeige. Ich wusste nur noch, dass Leute wie Smokey und Stevie immer Fixpunkte in unserem Leben gewesen waren und mein Vater das Musikgeschäft aufgegeben hatte, als er am Höhepunkt war, da er den Eindruck hatte, dass Gott ihn zu einem anderen Dienst berufen wollte.

Inzwischen habe ich herausgefunden, dass mein Vater Miturheber einer ganzen Reihe von bemerkenswerten Liedern über die Liebe war. Er liebte nicht nur meine Mutter, er beobachtete auch die Liebe bei anderen, wie sie gelingt, wie sie scheitert und warum sie manchen Leuten so leicht von der Hand zu gehen scheint, während andere immer wieder damit Schiffbruch erleiden. Es war zwar nicht als Gegenstand meiner Studienreise zu diesem Buch vorgesehen, mehr über meinen Vater zu erfahren, aber das kam als zusätzlicher Bonus dazu. Einer seiner engsten Freunde lebt in Neuseeland und ich musste um den halben Globus reisen, um Insiderinfos über den Mann zu bekommen, der in meinen frühen Lebensjahren immer nur ein paar Zimmertüren weit weg war. James Anderson und seine Frau Hila waren jahrzehntelang mit meinen Eltern befreundet und ich habe sie immer sehr geschätzt. Meine Eltern bewunderten sie, und das wollte schon etwas heißen. Wie meine Eltern sind auch James und Hila schon länger verheiratet, als ich auf der Welt bin. Als ich beschloss, bei meiner Reise auch Neuseeland zu besuchen, bat ich James und Hila, mir Leute aus ihrem Freundeskreis und ihrer Gemeinde zu zeigen, von denen wir etwas über Liebe lernen können.

Ich konnte nicht ganz erkennen, woher das Licht kam, das meine Schritte leitete. Mitten durch die große Halle zog sich eine Reihe von Lichtern, die immer dann aufleuchteten, wenn die gleich hinter mir erloschen. Wie ein kleines Mädchen einem Schmetterling nachjagt, versuchte ich auf ein Licht zu steigen, aber es wechselte zu schnell. Als ich dieses kleine Spiel schließlich aufgab, schaute ich mich um und sah um mich her etwas Erstaunliches: Riesige Maorischnitzereien von Bergkatzen zierten die Wandmalereien, die die Schönheiten der Natur zeigten, die draußen wartete. Ein stolzes Panorama bot sich dem Betrachter – Berge und Flüsse, herrliche Aussichtspunkte, ein kristallklarer Horizont – Bilder, die jeden Rückkehrer begrüßten und Neuankömmlinge mit Vorfreude erfüllten.

Ich war in Neuseeland gelandet.

Über meinem Kopf wies eine Leuchtschrift die durchreisenden Passagiere zu ihren Anschlussflügen. Die restlichen wurden zur Passkontrolle geleitet. Ich stand und schaute mit leerem Blick auf das Schild. Ich liebe das Reisen – es ist eine meiner Leidenschaften und ich bin auch ziemlich gut darin. Aber in jenem Augenblick erschienen mir die beiden Wege, die ich einschlagen konnte, irgendwie ungewöhnlich bedeutungsschwer, als müsste ich wählen, ob ich dort sein wollte oder zu Hause. Ich schüttelte es als Heimweh ab oder auch als Sehnsucht nach meinem Mann und wusste, ich konnte meine wartenden Gastgeber nicht einfach sitzen lassen. James und Hila warteten sicher schon auf der anderen Seite der Gepäckausgabe. Außerdem hatte Hila sich so bemüht, mir bei meinen geplanten Verabredungen zu helfen.

Schon vor meiner Abreise aus Amerika hatte Hila ein Dokument auf Briefpapier mit blauem Himmel und weißen Wolken vorbereitet. Darüber schrieb sie in sorgfältigen, fast kalligrafischen Buchstaben: „Fawns Programm“. Sie hatte alles einzeln aufgeführt: Treffpunkt am Flughafen und Ankunftszeit; tägliche Fahrten zwischen meinem Hotel in der Stadt und ihrem Haus auf dem Land; Mittagessen mit einer alten Freundin der Familie; Mittagessen mit einer von Hilas Schwestern und deren großer Familie; Interviews mit drei Ehepaaren und ein Essen mit jedem dieser Paare allein. Hila hatte sogar einen „Humu" geplant, eine Familientradition der Andersons, die das *hāngi* der Maori mit einem samoanischen *umu* kombinierte. (Beides sind traditionelle Arten, Speisen mit heißen Steinen zuzubereiten.)

Sie hatten alle ihre Freunde, Familienmitglieder und die zukünftigen Interviewpartner zu sich nach Hause zu einem traditionellen Inselfest eingeladen und ich war der Ehrengast. Diese Pläne hatten schon vor Monaten Gestalt angenommen. Ich konnte James und Hila nicht enttäuschen, denn dann wären alle ihre Anstrengungen umsonst gewesen.

Die magischen Lichter am Fußboden hatten aufgehört und es lag ganz bei mir, nun entweder zu den Anschlussflügen zu gehen oder weiter zur Gepäckausgabe. Ich musste nur noch die Grenze überschreiten.

Die Länder der südlichen Hemisphäre sind ziemlich paranoid darauf fixiert, nur ja keine lebenden Pflanzen oder Tiere über ihre Grenzen hereinzulassen. Dem Grenzbeamten, zu dem ich kam, war es anscheinend ein besonderes Anliegen, dass Flora und Fauna seines geliebten Heimatlandes nicht gefährdet wurden. Nachdem ich ihn davon überzeugt hatte, dass ich keine Samen, Pflanzen, Blumen oder übermäßig viel Erde in den Schuhen hatte, auch weder Gartenbauzubehör aus nächtlichen Werbevideos noch Petrischalen einführen wollte und keinen Doktortitel in Mikrobiologie hatte, ließ er mich schließlich durch. Und dann ging es Schlag auf Schlag.

„Fawn! Fawn!"

Hila eilte auf mich zu.

Der Grenzbeamte, der schon weitergegangen war, um sich die nächste Person vorzunehmen, zuckte zusammen. War es mir etwa gelungen, ein kleines Reh an ihm vorbeizuschleusen?

Im gleichen Moment, als ich meinen Namen hörte, hatte mich Hila auch schon fest in die Arme geschlossen.

„James, Fawn ist hier!"

James kam auf mich zu. Er wirkte cool und elegant. Mit einer Hand nahm er seinen Filzhut ab, während er auf dem anderen Arm einen seiner Enkel hielt, ein prächtiges samoanisches Baby namens Daelen.

Weitere Umarmungen folgten, dann gingen wir hinaus, wo es gerade regnete. James und Hila marschierten einfach in den Regen hinein, aber ich erklärte ihnen sehr zu ihrer Erheiterung, dass Regen dem Haar einer Afroamerikanerin nicht guttut. „Mein Haar wird aufgehen wie ein Kresseigel", rief ich lachend. Ich griff in mein Bordcase und holte meinen Regenschirm hervor, den ich in London erstanden hatte, mit einer großen britischen Flagge darauf, die mich meilenweit als Touristin erkennbar machte. Äußerst in Verlegenheit wegen meines Schirms, aber froh über einen Schutz für meine Haare, setzten wir den Weg zu ihrem Auto fort, verstauten das Gepäck im Kofferraum und fuhren los. Nach einer guten halben Stunde erreichten wir das Hotel, das für die nächsten fünf Nächte mein Zuhause sein würde.

Ich hatte gehofft, ich hätte mein Heimweh abgeschüttelt, aber kaum hatte ich mein Gepäck zum elften Mal in sechs Wochen ausgepackt, wollte ich nur noch mein müdes Haupt neben Keith aufs Kissen betten. Doch da Keith immer noch mehr als zehntausend Kilometer weit weg war, schüttelte ich diese Gedanken abermals ab und begab mich hinunter in den Barbereich, um eine Tasse Tee zu trinken.

Die nächsten beiden Stunden verbrachte ich im Foyer bei Pfefferminztee mit Milch und Honig und las eine neuseeländische Zeitung. „Neuseeland hat ein Alkoholproblem", lautete die Überschrift auf der zweiten Seite der Olympiabeilage. Der klassische Kiwihumor brachte mich zum Schmunzeln. Eine einheimische Brauerei hatte eine ganzseitige Anzeige geschaltet, auf der sie alle Kiwis (wie die Neuseeländer sich selbst nennen) bat, die auf dem Weg zu den Olympischen Spielen durch Hongkong kamen, auf dem Flughafen so viel von ihrem Bier wie irgend möglich zollfrei mitzunehmen und ins Kiwi-Haus in London zu bringen. Zum Dank würde man ihnen die Kosten erstatten und sie zu einem guten Essen einladen. Der Anzeige zufolge hatten nämlich die vielen Kiwis in London bereits sämtliche verfügbaren Fässer geleert. *Ein großartiger Marketingtrick*, dachte ich, bevor ich meine Rechnung bezahlte und mich für den Abend in mein Zimmer zurückzog.

Am nächsten Morgen öffnete ich in meinem Hotel die Vorhänge und sah Regen – schon wieder. Ich wollte mir von meiner Sehnsucht nach Hause nicht die Freude an diesem Tag nehmen lassen, aber ich hatte wirklich keine Lust, mein Zimmer zu verlassen. Da saß ich nun in einem der schönsten Länder der Welt in meinem Zwanzig-Quadratmeter-Fleckchen „Heimat" und hatte nicht das geringste Verlangen, einen Fuß vor die Tür zu setzen. Ich stand am Fenster, sah die Menschen unten auf der Straße mit aufgespannten Regenschirmen vorbeigehen und dachte daran, was Keith wohl zu Hause gerade machte.

Den ganzen Tag blieb ich im Zimmer und schrieb. Um sicherzugehen, dass ich all meine bisherigen Erlebnisse festgehalten hatte, schrieb ich weiter, bis es Zeit zum Abendessen war. Laut „Fawns Programm" sollte ich das Hotel um fünf Uhr nachmittags verlassen, um mich zu einem Potluckdinner bei den Andersons einzufinden.

Das Heimweh klang wieder ab und ich freute mich auf den Abend in Auckland. Ich war noch nie bei James und Hila zu Hause gewesen und hatte ihre Kinder mindestens achtzehn Jahre nicht gesehen, sodass ich mich sehr auf das Wiedersehen mit ihnen allen freute. James kam mich abholen, diesmal mit einem anderen schicken Filzhut auf dem Kopf, und wir fuhren hinaus in die ländliche Umgebung Aucklands, um uns dort an den Spezialitäten des Landes gütlich zu tun.

Wenn ich in eine neue Gegend komme, halte ich immer Augen und Ohren offen. Ich sauge alles ein und versuche mich zu orientieren. Es ist wunderbar, wenn man einen einheimischen Gesprächspartner dabei hat; dann muss man nicht alle Gespräche selber führen. Man schaut einfach aus dem Fenster auf die ungewöhnlich aussehenden Autos und die fremdartigen Straßenschilder, auf denen Namen stehen, die man noch nie gehört hat.

James war der geborene Geschichtenerzähler und begann sogleich zu erzählen.

Zuerst berichtete er, wie er zum fünfzigsten Geburtstag meines Vaters nach Los Angeles gekommen war, um ihn zu überraschen. Die Geburtstagsparty war von Stevie Wonder, Smokey Robinson und vielen anderen Motown-Legenden geplant worden. James liebte es, vor Publikum zu reden, und genau das war ich im Augenblick – jemand, der seine Geschichte noch nicht gehört hatte. Von Hila hatte man diesen Eindruck nicht, als er später beim Abendessen die Geschichte noch einmal wiederholte.

„Nachdem alle diese legendären Männer auf der Bühne erschienen waren und erhebende Dinge über deinen Vater gesagt hatten, übergaben sie ihm ein Geschenk. Irgendso einen schicken Truck. Mir schenken die Leute Socken zum Geburtstag, aber dein Vater bekam einen nagelneuen Laster!"

James erzählte endlos davon, was für eine riesige Rolle mein Dad im Musikgeschäft gespielt habe. Dann fragte er mich: „Kennst du die Geschichte von *Love Child?"*

„Ja, ich glaube, da ging es um meinen älteren Bruder."

„Das ist richtig. Aber kennst du die Geschichte dahinter?"

„Nein."

„Als Motown finanziell nicht gut lief und einige Hits gebrauchen konnte, kam Barry Gordy zu deinem Vater und einem anderen Texter und sagte: ‚Ich habe da eine neue Mädchengruppe und du sollst mir für sie einen Hit schreiben.' Er steckte die beiden in ein Motelzimmer und sagte ihnen, sie sollten erst wieder herauskommen, wenn sie einen Hit hätten. Als sie schließlich erschienen, hatten sie *Love Child* geschrieben. Die neue Mädchengruppe hieß Diana Ross & The Supremes." Ich weiß nicht, wie viel an dieser Geschichte stimmte, aber James erzählt sie mit absoluter Überzeugung.

„Was weißt du noch über ‚This Is Your Life, Frank Wilson'?, fuhr er fort. „Das war das Ereignis, für das ich damals von Neuseeland nach Los Angeles flog."

„Ich war nicht dabei", sagte ich. „Deshalb weiß ich nicht mehr viel darüber."

„Wo warst du? Warst du etwa rebellisch?"

Damit konnte er recht haben. Ich war zu der Zeit meistens aufsässig und irgendwo unterwegs und hatte die große Gabe, Regeln und Autoritäten zu missachten.

James sah es als seine Aufgabe, mir so viele Frank-Wilson-Geschichten zu erzählen, wie man bei einer Autofahrt nur unterbringen konnte.

„Stevie befand sich auf der Bühne, nachdem sie deinem Vater das neue Auto geschenkt hatten. Dann zeigte er sich von seiner besten Stevie-Seite: ‚Frank, es sind Leute aus der ganzen Welt hergekommen, um heute hier bei dir zu sein. Dein Freund James aus Neuseeland ist da.'

‚Wirklich?', fragte dein Vater ganz aufgeregt. ‚Wo ist er? James, bist du wirklich da?', rief dein Vater über das Mikrofon."

Ich merkte, dass James diese Geschichte schon oft erzählt hatte und es nie leid wurde.

„‚James, komm herauf zu mir!', rief dein Vater. Und so kam es, dass ich zusammen mit Smokey, Stevie, Deniece Williams, The Temptations und den anderen Größen auf der Bühne stand. Ich als der einzige Weiße, genau in der Mitte.

Während die ganzen Motown-Stars auf die Bühne kamen, nahm Stevie das Mikrofon und sagte zu deinem Vater: ‚Frank, bist du mein bester Freund?' ‚Ja, Stevie, das bin ich', antwortete dein Vater. ‚Vertraust du mir?' ‚Ja, Stevie, ich vertraue dir.' Nun wandte sich Stevie an deinen Vater und streckte seine Hand aus: ‚Dann gib mir den Schlüssel zu deinem neuen Auto. Ich möchte damit auf dem Freeway eine kleine Runde drehen.'“

Nach James' Erzählung nahm der blinde Stevie seine Sonnenbrille ab und sagte zu meinem Vater: „Frank, schau mir in die Augen und sag mir, dass du mir nicht zutraust, eine Runde auf dem Freeway zu drehen.“

James und Hila hatten eine hohe Meinung von meinem Vater, und ihre Zuneigung hatte immer auch mir gegolten. Als ich ihnen zum ersten Mal von meinem Projekt erzählte, waren sie ganz aus dem Häuschen und wollten mir dabei unbedingt behilflich sein.

Ich hatte lange auf meine Ankunft in Neuseeland gewartet – von hier aus waren es nur noch zwei Stationen, bis es wieder heim und in die Arme meines Mannes ging. Neuseeland war schon deshalb einer meiner Lieblingsorte dieser Reise, weil ich mit Keith schon einmal dort gewesen war. Wieder da zu sein, fühlte sich fast so an, als hätte ich ihn an meiner Seite. Die wunderschöne Natur des Landes und die liebenswerten Menschen waren wie eine lebendige Rückblende.

Zwei Drittel der Südinsel sind von Bergen umgeben und bieten herrliche Kulissen. In Queenstown findet man wunderschöne Strände und exquisite Restaurants. Atemberaubende Wasserfälle und 1 200 Meter hohe blanke Felswände kann man in Milford Sound bestaunen. Rotorua ist bekannt für sprudelnde Geysire und heiße Quellen. Neuseeland wirkt wie ein Experiment aus wahnwitziger Geologie, überschwänglicher Schönheit und unangestrengter Höflichkeit.

Es kann in Queenstown sonnig und warm sein, während der Mount Cook, nur wenige Stunden davon entfernt, mit Schnee bedeckt ist. Noch ein Stück weiter liegt Christchurch, „die Gartenstadt“, wo man das Gefühl hat, als hätte sich das Paradies gegenüber der Zivilisation durchgesetzt, mit seinem preisgekrönten Hagley Park und einem zwanzig Hektar großen Botanischen Garten, in dem wir uns damals beim Wandern durch die manikürte Schönheit verirrten.

Eine friedliche Fahrt entlang der stillen Wasser des Lake Te Anau hatte unsere Liebe zu Neuseeland besiegelt. Ich erinnere mich, dass ich im Auto eingeschlafen war (was mir so oft passiert, dass Keith dafür den Ausdruck „Autolepsie" geprägt hat) und Keith mir immerzu auf die Schulter tippte und sagte: „Schau mal, das must du dir ansehen!"

Dass es höchste Zeit wurde, dass ich wieder nach Hause kam, merkte ich daran, dass meine Erinnerungen das Einzige waren, woran ich noch denken konnte, und ich mich nur noch danach sehnte, dass Keith mir auf die Schulter tippte. Da Keith und ich bei unserem Besuch keine Gelegenheit gehabt hatten, die Nordinsel zu erkunden, zwang ich mich dazu, die Reise weiterhin zu genießen und auch diese letzte Etappe vor der Heimat voll auszukosten. Mir war bewusst, dass es ein geradezu unverschämtes Glück war, noch einmal hier zu sein, auch die andere Hälfte Neuseelands zu erleben, Freunde meiner Familie zu besuchen, die ich über zwanzig Jahre nicht gesehen hatte, und zu erforschen, welche Geheimnisse die glücklichen Frauen in diesem Teil der Welt mir anvertrauen würden.

Kapitel 23

DER KÜRZESTE LÄNGSTE FLUG ALLER ZEITEN

Auckland, Neuseeland

„Tut mir leid wegen der Unordnung“, entschuldigte sich Hila immer wieder, als ich durch ihr wunderschönes Heim ging, das in ein Nest aus Dutzenden von Baumfarnen gebettet war. „Daelen holt sich alles aus der Küche und lässt es dann irgendwo liegen“, erklärte sie.

„Kein Problem. Mir haben Wohnungen noch nie gefallen, die so aufgeräumt und sauber sind, dass man meinen möchte, es wohnt niemand darin“, versicherte ich ihr.

Von dem Augenblick an, als ich eintrat, herrschte ein Tumult, aber durchaus im positiven Sinn. James' und Hilas Enkel – fünf davon sind unter sechs Jahre alt – sind eine richtige Rasselbande. Sie stritten sich unentwegt, wer als Nächster auf Tante Nanuas iPhone spielen durfte. Sie tollten durchs Haus und hüpften wie Gummibälle und es war aussichtslos, sie zur Ruhe zu bringen, bis Hila sagte: „Machen wir uns für das Abendessen fertig. Ab in die Badewanne." Die Kinder wussten, dass zuerst das Baden kam, dann das Abendessen.

Nachdem die Kinder gegessen hatten und vor dem Fernseher saßen, setzten sich James, Hila, Hilas Schwester und ihr Ehemann, die Töchter Madeline und Nanua und die sechzehnjährige Enkelin Stella gemeinsam an den Tisch. James erzählte seine Lieblingsgeschichten über meine Eltern, während wir davon schwärmten, wie köstlich das Curryhuhn und die Rinderschmorpfanne gewesen waren.

Die kleinen weißen Kartoffeln, die Hila zubereitet hatte, schmeckten, als hätte sie einen ordentlichen Stich Butter mit ins Kochwasser gegeben, doch wie ich später herausfand, waren es Biokartoffeln, die von Natur aus so schmeckten. Ihre Kūmara – wie die Maori die Süßkartoffeln nennen – hätte man in den Vereinigten Staaten zum Höchstpreis versteigern können. Sie waren so wunderbar süß, dass man weder Salbei noch Butter, Honig oder Zucker brauchte. Sie kamen ganz frisch aus dem Boden auf den Tisch.

Fast bis Mitternacht saßen wir um den Tisch und unterhielten uns, bis uns die Enkel daran erinnerten, dass sie auch noch da waren. Wir hatten versucht zu ignorieren, dass die Kinder im angrenzenden Raum immer kribbeliger wurden. Doch jetzt ließen sie nicht mehr locker, was wir zum Anlass nahmen, unseren Abend zu beschließen.

„Wir sollten die Jungs lieber ins Bett bringen, sie sind wirklich müde", sagte Mel, während Daelen in ihren Armen herumzappelte, als wollte er es ihr heimzahlen, dass er so lange hatte aufbleiben dürfen. Hila begleitete uns hinaus zum Auto und James brachte mich zurück ins Hotel. Es war ein perfekter Abend, besonders weil er wie die meisten Abende meiner Reise am Telefon mit Keith zu Ende ging.

Nachdem ich ihm von meinem schönen Abend mit den Andersons erzählt hatte, sagte ich zaghaft: „Schatz, ich möchte jetzt gleich nach Hause kommen." Zuerst dachte ich, er könnte über meine offenbar nachlassende Zielstrebigkeit enttäuscht sein. Keith ist es gewohnt, dass ich knallhart durchziehe, was ich mir einmal vorgenommen habe. Ich wusste, seine Worte würden mir Mut machen, auch diese letzte Woche der Reise noch durchzuhalten. Fast sechs Wochen hatte ich schon hinter mir und es blieb nicht einmal eine.

„Prima! Komm sofort heim!“, rief er aus.

Das war wenig hilfreich.

„Schatz, ich brauche es jetzt, dass du der Starke bist und mich daran erinnerst, wie wichtig es für mich ist, diese Reise zum Abschluss zu bringen.“

„Ja, aber ich hätte es wirklich gerne, wenn du auf der Stelle nach Hause kommst.“

Da hatten wir es. Es stand nur noch ein Land auf meinem Reiseplan, aber ich hatte keine Lust hinzufahren. Kaum hatten wir aufgelegt, rief ich die Fluglinie an und fragte, ob es eine Möglichkeit gäbe, direkt von Auckland nach Los Angeles umgeleitet zu werden. „Ja, ich kann das für Sie ändern“, versicherte mir der für die Buchungen zuständige Angestellte zu meiner Freude. Und genauso schnell, wie die Begeisterung und die Energie mich verlassen hatten, als ich zum elften Mal meinen Koffer auspackte, kehrte sie augenblicklich zurück.

Um zwei Uhr nachts schickte ich Keith eine Textnachricht: „Schatz, ich komme nach Hause. Ich vermisse dich zu sehr.“

Er schrieb zurück: „Juhu! Ich liebe dich. Geht mir genauso.“

Es ging also endlich nach Hause. Zuerst aber musste ich noch so viel wie nur möglich in diesem Land in Erfahrung bringen, bevor ich in die Staaten zurückkehrte. Ich freute mich darauf, meine Zeit in Neuseeland mit einem richtigen Knaller zu beenden, denn plötzlich platzte ich vor Energie aus den Nähten.

Drei glücklich verheiratete Ehepaare hatte ich noch zu interviewen, ein Mittagessen mit einer alten Freundin, an einem „Humu“ teilnehmen und dann konnte der Countdown zum Wiedersehen mit meinem Liebsten beginnen.

Kapitel 24

LIEBEN ODER VERLIEBTSEIN

Auckland, Neuseeland

„Hallo, ich heiße Sanita.“ Eine schöne Inderin mit dunkelbraunem Teint und langem, welligem schwarz-grauen Haar streckte mir ihre rechte Hand entgegen. Manchmal begnüge ich mich mit Händeschütteln, aber da ich mich in einer herzlichen Stimmung befand (wahrscheinlich wegen meiner bevorstehenden Heimreise), umarmte ich sie.

„Hi, ich bin Fawn“, sagte ich und schüttelte Abraham die Hand. Ich konnte meine Begeisterung darüber, ein traditionelles indisches Paar zu interviewen (mit traditionell meine ich, dass sie nicht verwestlicht sind), ohnehin nicht verbergen und sagte deshalb frei heraus: „Ich bin so aufgeregt, euch zu interviewen!“

Abraham gab sich reservierter als seine Frau. Er wusste nicht, was ihn erwartete. Sanita war offener, wirkte am Anfang aber auch ein wenig ängstlich. Ich vermute, es ist bei indischen Paaren nicht üblich, über ihre Ehe und ihre Beziehungen zu sprechen und sie hatten keine Ahnung, was für Fragen auf sie zukamen. Meine Aufgabe war nun, es ihnen so angenehm wie möglich zu machen.

Ich schaltete meinen Digitalrekorder ein und stellte ihn schon auf den Tisch, bevor wir uns niedersetzten. James und Hila waren mit der Zubereitung des Mittagessens beschäftigt. Besser gesagt Hila war mit dem Mittagessen beschäftigt, während James es genoss, mit uns allen zu plaudern.

„Wo sind Mark und Barbara?", fragte James bei Hila nach, als er bemerkte, dass wir mit dem Mittagessen zeitlich im Rückstand waren.

„Sie sind schon auf dem Weg."

James und Abraham machten es sich am Tisch gemütlich, während Sanita und Hila duftende Speisen aus der Küche in einen wunderschönen geschlossenen Raum hinter ihrem Haus brachten. Es war früher eine Garage gewesen, die so umgestaltet wurde, dass man sich mit Freunden und der Familie dort aufhalten konnte. Alles drängte sich nun um den Tisch, was niemals ein schlechtes Zeichen ist. Es sollte Kūmara geben, die gleiche saftige Süßkartoffel, die ich in dieser Woche schon einmal gegessen hatte, Brathähnchen, gebackenen Fisch, kleine, weiße Kartoffeln und gemischtes Gemüse mit Brokkoli, Karotten und Blumenkohl. Die Gerichte wurden wie eine Parade der Köstlichkeiten nacheinander aufgetragen.

Ich danke Gott gerne für mein Essen. Vielleicht weil mich das während des Tages immer wieder daran erinnert, mit ihm in Verbindung zu bleiben. Es gefällt mir auch, wenn andere ihre Dankbarkeit zeigen, denn so verbindet uns das gemeinsame Wissen, dass unser Leben ein Geschenk ist. Das Gebet vor dem Essen mit diesen wunderbaren Leuten brachte uns alle enger zusammen, bevor wir in die Gesprächsthemen des Abends eintauchten.

Abrahams und Sanitas Liebesgeschichte war faszinierend. Zum einen hatten sie bis zu ihrem Hochzeitstag noch kein Wort miteinander gewechselt, was bei den arrangierten Ehen in der indischen Kultur nicht ungewöhnlich ist. Ich konnte hier zweifellos noch einiges dazulernen. Neugierig war ich auch, welche Geheimnisse sich in einer Ehetradition auftun würden, die so verschieden war von üblichen westlichen Vorstellungen, was Verabredungen, Werben umeinander, Verlobung und Heirat betrifft.

Schnell wurde mir bewusst, wie wenig ich über arrangierte Eheschließungen wusste. Als die Zeit fortschritt, musste ich mir selbst eingestehen, dass ich ein Vorurteil dagegen gehabt hatte. Wie für die meisten Leute im Westen, mit denen ich gesprochen habe, wäre es für mich ein erschreckender Gedanke, meine eigenen Liebesgeschicke nicht in der Hand zu haben. Dieses Vorurteil betraf auch die häusliche Rolle der Frauen. Zum einen, dachte ich, muss die Frau zu Hause bleiben, um zu kochen, zu putzen und auf die Kinder aufzupassen. Ich hatte keine Ahnung, dass viele Inderinnen einer Arbeit außerhalb des Hauses nachgehen, aber den Zahn zog mir Sanita sogleich. Wie viele andere Frauen kehrte auch sie zwei Monate nach der Geburt jedes ihrer Kinder an ihren Arbeitsplatz zurück. (Frauen im öffentlichen Dienst bekommen in Indien sechs Monate Mutterschutzurlaub, aber alle anderen nehmen sich zwischen sechs und zwölf Wochen.)

Mit dem großen Boom in der Telekommunikations- und IT-Branche ergaben sich viele Arbeitsmöglichkeiten für qualifizierte Fachkräfte (sofern deren Stellung im Kastensystem sie nicht von solchen Positionen ausschloss). Sanita sagte mir, inzwischen seien viele Frauen im IT-Management tätig. Sie erzählte mir auch, dass sie fast sofort nach der Geburt ihres ältesten Kindes wieder jeden Morgen zur Arbeit ging. Für die meisten Frauen ist es nicht einfach, so rasch zur Arbeit zurückzukehren. Viele verwerfen die Vorstellung, dass ein fast Fremder sich um ihr Kind kümmern und es erziehen soll. Die indische Kultur hat dieses Problem im Griff, da gesellschaftlich erwartet wird, dass die junge Schwiegertochter ins Haus ihrer Schwiegereltern zieht, zumindest in den ersten Jahren der Ehe. Das taten auch Sanita und Abraham. Es kam mir zunächst eigenartig vor, als ich es hörte. Aber ich musste anerkennen, dass ich aus einer Kultur komme, die sehr individualistisch ist und viel Wert auf Unabhängigkeit und Leistung, ja sogar Isolation legt. Das muss nicht heißen, dass man buchstäblich allein ist, aber dass man andere Leute nicht unbedingt braucht.

Ich dachte darüber nach, was der Klub der glücklichen Ehefrauen online bewirkt: eine eigenständige Gemeinschaft, die Unterstützung anbietet. Bei einer so dynamischen Sache wie der Ehe ist es nicht verwunderlich, dass jeder Hilfe von anderen braucht, ab und zu auch einen Stups an Ermutigung, Weisheit oder Mitgefühl. Es dämmerte mir, dass diese Erwartung an die Schwiegertochter nichts anderes als eine Form von Unterstützung war, wo sie am dringendsten gebraucht wurde. Dahinter kann ich mich stellen.

Nach dieser kurzen Einführung in die indische Kultur und ihre Sicht der Ehe beschrieb Abraham seine erste Begegnung mit Sanita. Seine Tante hatte das eingefädelt. Eine Familie, die ihr bekannt war, hatte eine Tochter, die bald ins heiratsfähige Alter kommen würde. Daher machte sich Abrahams ganze Familie – alle außer ihm selbst – auf den Weg, die Familie der jungen Frau zu besuchen, um sie kennenzulernen. Als Abrahams Leute zurückkehrten, verkündeten sie, dass sie am folgenden Tag mit Abraham noch einmal hingehen würden, zwecks weiterer Bekanntschaft. Es ist verwegen, sich vorzustellen, wie das zweite Treffen wohl abgelaufen ist. Während Abraham und Sanita nur dasaßen und zuhörten, tauschten die Familien Fragen und Antworten über die beiden aus: Ausbildung, finanzielle Lage, Werte, religiöser Glaube und anderes mehr. Dies wurde bei mehreren Treffen der Familien fortgeführt und dauerte nicht mehr als einige Wochen.

„Es hört sich ein wenig an wie die eigene Personenbeschreibung einer Internet-Partnerbörse“, warf ich ein.

Nachdem Sanita einer Heirat mit Abraham zugestimmt hatte, zog sie in das Haus seiner Familie, wo auch seine beiden älteren Brüder mit ihren Familien lebten. Sie verstand sich sofort mit Abrahams Mutter, und sie wurden Freundinnen.

„Wisst ihr noch, wann ihr zum ersten Mal *Ich liebe dich* zueinander gesagt habt?“, fragte ich Abraham und Sanita.

Sie wussten es nicht. Aber Sanita erinnerte sich an das erste Mal, als ihre Schwiegermutter die Unerfahrenheit ihrer Schwiegertochter in der Küche erkannte. Sanita sollte eine Zwiebel schneiden und musste mehrmals nachfragen. Bis heute müssen sie und Abraham über diese Begebenheit lachen.

Das ist keine traditionelle westliche Liebesgeschichte, aber so wird es in Indien nun einmal gemacht. Die Familien agieren für Braut und Bräutigam quasi als deren Partner.de. Als ich Sanita nach den Ursprüngen der arrangierten Ehen in Indien fragte, erinnerte sie mich an die biblische Gestalt Abrahams, der seinen Diener ausschickte, um eine Braut für seinen Sohn zu finden. Sein Sohn Isaak war der Nutznießer einer arrangierten Ehe.

„In Indien“, fuhr sie fort, „ist die Onlinepartnersuche heutzutage einer der vernünftigsten Wege, um für seinen Sohn oder seine Tochter einen Partner zu finden.“ Ich vermute, es rationalisiert die Angebotsüberprüfung und öffnet den „Markt“ für potenzielle Partner über den Bekanntenkreis einer Familie hinaus.

Ehrlich gesagt, das alles hörte sich für mich alles andere als romantisch an. Umgekehrt allerdings geht vielen Ehen, die auf romantische Weise und aufgrund von „Verliebtsein“ zustandekommen, schon nach den ersten paar Jahren die Luft aus. Ein wenig Hilfe seitens der Familie ist vielleicht gar keine so schlechte Idee. Wenn Eltern sich in der Erziehung eines Kindes engagiert haben, können sie vielleicht auch am besten beurteilen, was wirklich in diesem Kind steckt. Ich habe von so manchen Leuten, deren Ehe geplatzt war, gehört: „Ich hätte auf meine Familie hören sollen.“ Menschen, die uns bedingungslos lieben, können einen objektiven Gesichtspunkt einbringen, wenn uns Amors Pfeil ins Auge dringt und uns den Scharfblick nimmt. Als eine Frau, die ihren Ehemann wirklich liebt, bin ich froh darüber, dass Amor über mir seinen Köcher ausgeleert hat. Aber ich finde ja auch, dass ich in meiner Ehe Glück gehabt habe. Hätte ich die falsche Entscheidung getroffen, so würde ich mir vermutlich wünschen, er hätte woandershin gezielt. Dann wäre es besser gewesen, stattdessen den Rat von Freunden und der Familie anzunehmen.

Auf meine Frage an Abraham, woran es liege, dass die Liebe und Freundschaft in seiner fast dreiunddreißigjährigen Ehe immer noch zunahmen, gab er eine rasche, präzise Antwort. „Ich respektiere Sanita und sie respektiert mich." Er sagte dies mit festem Blick und einer Stärke, die zeigte, wie energisch er war. Es war nicht schwer festzustellen, warum Sanita ihn respektierte – er wirkte unerschütterlich.

„Mein Vater war ein aufgeklärter Mensch", fuhr er fort. „Obwohl er in einem kleinen Dorf lebte, hatte er den Weitblick, dass man einander respektieren und dem anderen Achtung entgegenbringen soll; man sollte niemanden wie einen Sklaven behandeln oder ihm das Gefühl geben, er sei unerwünscht."

Sanita nickte zustimmend, genau wie Mark und Barbara, die vor zwanzig Minuten zu uns gestoßen waren und wie ich aufmerksam zuhörten. Die Geschichte der beiden hatte eine verblüffende Ähnlichkeit mit der von Sanita und Abraham. Auch sie hatten sich am Anfang nicht in die Ehe gestürzt, indem sie sich ineinander verliebten oder einen romantischen Funken verspürten.

Kapitel 25

GRÖSSER ALS WIR SELBST

Auckland, Neuseeland

Mark war ein enger Freund von Barbaras Bruder John. Barbaras Mutter sagte John immer, er solle auf seine kleine Schwester aufpassen. Als Kind wurde Barbara daher immer von ihrem Bruder und dessen Freund Mark mitgenommen. Sie erinnerte sich an viele Fahrten, während derer sie in Johns Auto auf dem Rücksitz gesessen hatte, während Mark vorne saß. Sie war bei den Jungs nicht allzu anerkannt, aber sie waren auch nicht gemein zu ihr, versicherte sie. Sie waren einfach älter, unterhielten sich über Mädchen und über Sport. Es war ihr klar, dass sie nicht mit dazugehörte und so hing sie ihren eigenen Gedanken nach, während die anderen vorne saßen.

„Ich fand Mark nicht besonders anziehend", sagte Barbara. „Wir waren einfach Freunde, hauptsächlich deshalb, weil er der Freund meines Bruders war. Wir hatten eigentlich keine eigene Freundschaft.

Aber dann“, fuhr sie nach einer bedrückten Pause fort, „wurde Mark eines Tages sehr krank.“

Mark war ein Mensch, der einen Raum aufleuchten ließ, wenn er hereinkam. Nicht deshalb weil er besonders kontaktfreudig oder ein Spaßvogel gewesen wäre, sondern weil er einfach eine angenehme Stimmung verbreitete. Vielleicht hatte das mit seiner Krankheit zu tun, die ihn bereits als Teenager oftmals ins Krankenhaus gebracht hatte. Er hatte eine Art Bescheidenheit und Wertschätzung für das Leben an sich, die man oft bei Leuten findet, die mit Krankheit zu kämpfen hatten.

Einmal musste Mark wochenlang im Krankenhaus bleiben. Barbara besuchte ihn regelmäßig und brachte ihm Obst und anderes, um ihn aufzuheitern. Damals hatte er eine Freundin, aber das hielt Barbara nicht davon ab, so oft wie möglich nach ihm zu schauen. Während eines Besuchs erfuhr Barbara von einem Mitglied ihrer Kirchengemeinde, dass Mark Schilddrüsenkrebs hatte. Die Ärzte gaben ihm nur noch zwei Jahre zu leben. (Hier bemerkte ich die auffällige Narbe, wo man Marks Hals aufgeschnitten hatte.)

Nachdem Barbara dieses Geheimnis erfahren hatte – Mark selbst wusste noch nichts davon –, besuchte sie ihn noch häufiger. In dieser Zeit blühte ihre Freundschaft auf, aber es gab noch keine romantischen Nebengedanken.

Schließlich erklärten die Ärzte Mark, sie hätten alle Behandlungsmöglichkeiten ausgeschöpft, die sein Körper aushalten konnte, und könnten nun nichts mehr für ihn tun. Als er schließlich aus dem Krankenhaus entlassen wurde, schlossen sich Barbara und er allmählich als Freunde enger zusammen. Es sollte noch etliche Monate dauern, bis ihnen beiden klar wurde, dass sich aus ihrer Freundschaft mehr entwickelte.

Die Ärzte haben bis heute keine Erklärung dafür, was dann mit Mark passierte. Sie sagten ihm, er könne niemals Kinder zeugen. Heute haben er und Barbara vier. Beide erzählten von ihrem Leben und ihrer

Familie als einem beständigen wunderbaren Eingreifen Gottes. Wenn man die Diagnose bedenkt, fiel mir auch keine andere Erklärung dafür ein. Es war offensichtlich, dass die lebensbedrohliche Krankheit, die sie vor vielen Jahren miteinander durchgestanden hatten, ein tragendes Fundament für ihre Beziehung darstellte. Wenn man einmal zusammen mit seinem besten Freund dem Tod ins Auge gesehen hat, was kann noch kommen, das schwerer wäre?

Nach achtundzwanzig glücklichen Ehejahren hat Barbara noch immer dieselbe bedingungslose Liebe zu Mark wie damals in der Zeit des Krankenhausaufenthalts. Ich sah es in ihrem Blick, als Mark und sie sich über den Tisch hinweg anschauten.

Er verehrt sie. Niemand außer Gott steht über ihr. Ihre Kinder sind aus dem Haus und sie genießen es, ihr Heim und ihr Leben wieder für sich zu haben, anders als manche Eltern, die depressiv werden, wenn ihre Kinder flügge geworden sind, weil sie zwanzig Jahre lang nur für ihre Kinder gesorgt und dabei vergessen haben, ihre eigene Beziehung zu pflegen. Es ist wunderbar, dass Mark und Barbara noch immer „Danke" und „Bitte" zueinander sagen und höflich sind wie Freunde.

Am wichtigsten ist, sagte Barbara, dass sie einander respektieren. (Kaum fiel das Wort *Respekt*, sagten Sanita und Abraham wie aus einem Mund: „Ja!") „Es kommt vor, dass wir uns über irgendetwas nicht einigen können. Aber wir haben genug Respekt voreinander, um zu sagen: ‚Dann einigen wir uns eben nicht' – und dabei belassen wir es dann."

Während meines Gesprächs mit Mark, Barbara, Abraham und Sanita rückte immer wieder das Thema Glauben an Gott in den Vordergrund. Abraham und Sanita glaubten daran, dass ein Wesen, das weit über ihnen stand, sie danach streben ließ, als Menschen und als Ehepartner das Beste aus sich herauszuholen. Ich konnte an diesem Punkt sofort zustimmen. Ich würde zwar niemals behaupten, es gebe keine Atheisten, die in ihrem persönlichen Leben außerordentlich glücklich sind, aber es ist kein Widerspruch dazu, wenn ich sage: Getroffen habe ich bisher noch keinen. Es gibt eine Hoffnung im Herzen eines gläubigen Menschen, die man nicht erklären kann. In meiner eigenen Ehe erklärt der Vers „Eine dreifache Schnur reißt nicht leicht entzwei"[9] eine Menge über die Stärke unserer Ehe. Der dritte Strang ist Gott.

„Gott hat genau die richtige Person für mich ausgesucht und auch die richtige Person für sie", sagte Mark und unterstrich damit die wichtige Rolle Gottes für die Ehe. „Wenn du also den richtigen Partner hast, dann ist das Rezept Respekt, Vertrauen und Liebe."

Barbara erzählte, wie sie und Mark auf dem Weg zum gemeinsamen Abendessen versucht hatten, die Paare aufzuzählen, mit denen sie in ihrer Gemeinde befreundet waren und die noch zusammen waren. Die Einzigen, an die sie sich entsinnen konnten, waren James und Hila. Barbara und Hila gingen eine Liste von ungefähr einem Dutzend Freunden durch, die zur selben Zeit wie sie geheiratet hatten.

„Nein, die sind nicht mehr zusammen!"

„Was ist mit dem und dem?"

„Nein, die sind auch nicht mehr verheiratet", so ging das Gespräch hin und her. Abgesehen von denen, die bei Tisch saßen, kannten sie nur noch ein Ehepaar, das nach all den Jahren noch zusammen war.

Das erinnerte mich an etwas, was leider nur zu wahr ist. Nur weil man einer Kirche angehört, hat man noch lange keine Garantie für eine glückliche Ehe. Trotzdem kann ich bei allen Ehepaaren, die ich befragt habe, die Augen vor einer auffälligen Gemeinsamkeit nicht verschließen: Sie alle haben eine gesunde Ehrfurcht vor Gott. Sie glauben an eine Macht, die größer ist als die eigene, und auf diese Kraft verlassen sie sich sowohl in Zeiten der Schwäche als auch in Zeiten der Stärke.

Sie glauben auch an die goldene Regel, mit anderen (besonders ihren Ehepartnern) so umzugehen, wie sie selbst es sich von anderen wünschen. Dieses Prinzip findet sich in fast allen größeren Religionen, einschließlich meiner eigenen. Jesus beschrieb diese Regel als eine

Zusammenfassung aller Gesetze der Welt: „Alles nun, was ihr wollt, dass euch die Leute tun sollen, das tut ihnen auch! Das ist das Gesetz und die Propheten“ (Matthäus 7,12). Diese Regel haben ausnahmslos alle von mir befragten Paare beherzigt. Vielleicht nicht vollkommen (bei mir jedenfalls ist das so), aber als Ziel vor Augen.

Wenn ich auf mein eigenes Leben und auf meine Ehe schaue, findet sich Gott in jedem Detail. Jeden Morgen wache ich dankbar für alles, was ich habe, auf. Mein Glück ist ein natürliches Nebenprodukt dieser Dankbarkeit. Die Autorin Melody Beattie sagte es so: „Dankbarkeit erschließt dir die Fülle des Lebens. Es wendet alles, was wir haben, in genug und mehr. Es wendet Ablehnung in Akzeptanz, Chaos in Ordnung, Verwirrung in Klarheit. Probleme werden zu Geschenken, Verfehlungen zu Erfolgen, das Unerwartete zu einem perfekten Timing, und Fehler zu wichtigen Momenten. Dankbarkeit zeigt den Sinn des Vergangenen, bringt für heute Frieden und weist eine Vision für morgen.“[10]

Jede glücklich verheiratete Person, die ich auf meiner Reise befragte, war dankbar für ihren Ehepartner und dankte Gott täglich dafür. Sie hatten aus allen Fehltritten gelernt, wie Barbara sagte: „Ich bedaure nichts.“ Jeder Fehler führte zu einer Lektion, die man gelernt hatte, und dieses Lernen wurde als Geschenk angesehen.

An diesem Abend war ich voller Dankbarkeit über so vieles, was mir diese Menschen großzügig weitergegeben hatten. Ich war beschämt, dass diese wunderbaren Menschen, die im Grunde Fremde für mich waren, mir ihre Welt öffneten und den Vorhang aufmachten zu ihrem Leben. Welch ein Privileg!

Nachdem alles gesagt war, wurde es still um den Tisch. Wir alle spürten, dass es Zeit war, Schluss zu machen. Barbara fing an, das Geschirr an ihrem Platz zusammenzustellen und in die Küche zu tragen. Wahrscheinlich konnte sie ein bisschen Hilfe gebrauchen – jedenfalls wäre das mir als Gastgeberin sicher so gegangen. Also folgten wir alle ihrem Beispiel.

Kapitel 26

EINE KINDERTAGESSTÄTTE IN 10 000 METERN HÖHE

Nadi, Fidschi

Dreiunddreißig Kinder befanden sich im Flugzeug, auf dem kurzen Flug von Auckland nach Nadi auf den Fidschi-Inseln. Ich wusste das, weil ich extra den Gang auf und ab ging, um sie zu zählen. Es muss der kinderfreundlichste Flug in der Geschichte der modernen Luftfahrt gewesen sein. Ein Vater ging mit seinem aufgeweckten elf Monate alten Lockenkopf auf dem Arm auf dem Gang spazieren. Ein kleiner Junge machte aus dem Mittelgang eine Rennbahn, indem er vom Heck des Flugzeugs bis nach vorn zum Cockpit und wieder zurück zu seinem Vater lief. Niemand schien sich daran zu stören oder auch nur davon Notiz zu nehmen. Ich glaube, wenn sich in einem Flugzeug genügend Eltern befinden, gelten dort unausgesprochene Gesetze. Es ist, wie wenn man das

Haus einer frischgebackenen Mutter betritt. Natürlich ist es etwas chaotisch, aber wen störts?

Sagen wir einfach, dass ich ziemlich sicher bin, noch nie mit einem Flugzeug dieser Größe geflogen zu sein, in dem sich so viele Kinder befanden. Es war, als ob Gott mir sagen wollte: *Siehst du? Du musst das Reisen und die Urlaube mit Keith nicht aufgeben, wenn du Kinder hast. Du brauchst nur ein bisschen mehr Gepäck (alias kleine Leute).* Erstaunlicherweise gab es bei dem Flug trotz zehn Kindern unter zwei Jahren an Bord (auch das habe ich gezählt) nur sehr wenig Geschrei. Die Kinder hatten einfach Spaß und lernten neue Freunde kennen.

Andrew saß mit seinem sechsjährigen Sohn neben mir, seine Frau, die achtjährige Tochter und der vierjährige Sohn hinter uns. Als ich erfuhr, dass sie aus Neuseeland stammten, wusste ich, dass wir etwas gemeinsam hatten, nämlich die Faszination für ihr berühmtes Rugbyteam, die All Blacks. In Neuseeland hatte ich kurz vor meinem Aufbruch zum Flughafen Gelegenheit gehabt, den Kapitän der All Blacks kennenzulernen. (Im Grunde stand ich einfach nur staunend vor Richie McCaw, der dreimal zum internationalen Spieler des Jahres gewählt wurde und gebaut ist wie eine Ziegelmauer.) Sobald ich Andrews Sohn, der neben mir saß, davon erzählte, war er wie hypnotisiert, seine großen Augen starrten mich an.

„Es war total cool. Richie kam herüber und unterhielt sich mit mir", erzählte ich ihm, „aber dann kamen noch vier weitere Spieler der All Blacks, sodass ich mit ihnen allen plaudern konnte und mir Autogramme auf mein Trikot und das Plakat geben ließ. Ein Foto haben wir auch gemacht." Ich zeigte dem Jungen das Foto auf meinem iPhone.

„Cool", rief er, während er zu seinem Vater hinaufschaute. Dann nannte er mir die Namen der Spieler und erzählte mir, dass er die Möglichkeit gehabt hatte, einen von ihnen zu treffen, als er bei einem Wettbewerb mitmachte, um eine Geschichte für ein Buch zu schreiben, das für den World Cup zusammengestellt wurde. Seine Geschichte gewann den ersten Preis und wurde im Buch abgedruckt.

Als mich Andrew fragte, welche Länder ich auf meiner Reise besucht hätte, erwartete er wohl eine Antwort mit ein oder zwei Namen. Es wurden eine Menge mehr.

„Wirklich? Was haben Sie in allen diesen Ländern gemacht?"

Ich erklärte ihm mein Forschungsprojekt und die Suche nach dem universalen Geheimnis glücklicher Ehen.

Ein Plüschtier flitzte über unsere Köpfe hinweg, es kam von den hinteren Reihen. Ich schreckte auf, doch Andrew und seine Kinder schienen es nicht einmal zu bemerken. Ich glaube, die Eltern fühlten sich in diesem Flugzeug wie zu Hause in ihrem eigenen Wohnzimmer, und niemand nahm daran Anstoß. Das fand ich wunderbar.

„Ich vermute, es ist Freundschaft?", fragte er mit seinem coolen Neuseeländerakzent.

Das ist sicherlich eine wichtige Zutat für das Rezept einer glücklichen Ehe, aber es ist nicht *das* Geheimnis.

Andrew begann von Freunden zu erzählen, die in den letzten fünf Jahren auseinandergegangen waren, und wie schwierig es war, sich für eine Seite entscheiden zu müssen. Er hielt einen grünen Stift zwischen dem rechten Daumen und dem Zeigefinger und sagte: „Die eine Seite sagt dir, dass der Stift blau ist, die andere Seite sagte, er ist gelb – du siehst ihn an und weißt, er ist grün." Er erzählte mir, dass er und seine Frau sich meistens am Ende für einen der beiden Freunde entscheiden müssen, nicht weil sie es so wollen, sondern weil es anscheinend keinen anderen Weg gibt.

„Die beliebige Verfügbarkeit ist das Problem", meinte er. „Darum schaffen es die meisten Ehen nicht. Wir haben ein Problem mit beliebiger Verfügbarkeit. Wenn unsere Eltern einen Fernseher kauften, behielten sie ihn zwanzig Jahre lang, und wenn er kaputtging, dann reparierten sie ihn. Genauso machten sie es mit Kühlschränken und allem anderen. Heute kaufen wir uns neue Fernseher schon lange, bevor die alten kaputt sind, schon nach zwei Jahren, wenn es ein neueres Modell gibt. Mit Computern machen wir es genauso und auch mit allem anderen."

Nahe dem Heck des Flugzeugs hörte man zwei Kinder ein Kinderlied singen. Andrew blickte über seine Schulter und lächelte. Dann fuhr er fort, die Leute fänden einfach nichts mehr dabei, ihre Beziehung oder Ehe einfach über Bord zu werfen, weil ja heutzutage *alles* leicht zu ersetzen sei. Diese Bemerkung erinnerte mich an etwas, wovon viele Paare gesprochen hatten: von ihrem festen Vorsatz, keinen Plan B zu haben und eine Scheidung nicht einmal in Erwägung zu ziehen. Sie entschieden sich dafür, ihre Ehe zur wichtigsten Beziehung in ihrem Leben zu machen, etwas, wofür zu kämpfen und woran festzuhalten sich lohnte, etwas Unverzichtbares.

In diesem Moment meldete sich der Pilot über die Bordlautsprecher und kündigte den Landeanflug an. Schlagartig war das Flugzeug erfüllt von den aufgeregten Rufen der Kinder und überall schalteten Eltern die tragbaren DVD-Player aus. Dreißig Minuten später befanden wir uns am Boden und ich verabschiedete mich von Andrew, seiner liebenswerten Frau und ihren artigen Kindern, den Rugbyfans.

Als wir das Flughafengebäude betraten, spielten dort vier Fidschianer mit Gitarre und Ukulele und sangen ein Willkommenslied: „Bula! Bula!", was so viel heißt wie „Willkommen! Willkommen!" für alle Gäste, die den Flughafen betraten. Oberhalb hing ein Schild mit der Aufschrift „*Ni Sa Bula*", was so viel bedeutet wie „Willkommen bei uns zu Hause". Ich ging zum Transferschalter hinüber, gleich neben den singenden Fidschianern, und beobachtete die Leute, die durch die Türen hereinkamen. Wer zuvor traurig, frustriert oder müde ausgesehen hatte, änderte sogleich seine Miene, wenn er die Musik und die Willkommensworte hörte.

Es war mein letzter Zwischenstopp und die letzte Hürde, bevor ich Keith' Lächeln wiedersehen würde. Es hätte mir nichts ausgemacht, wenn die kleine Band „Auf Wiedersehen!" gesungen hätte.

Während des achtstündigen Aufenthalts hatte ich viel Zeit, über alles, was ich auf meiner Reise gelernt hatte, und wichtiger noch, über die Veränderungen nachzudenken, die ich angehen wollte, wenn ich wieder zu Hause war. Ich hatte meine Liste der sechs Ziele von Keith, meine Absicht, zumindest zweimal in der Woche zu kochen (was für mich bisher nie Priorität gehabt hatte), und meinen Wunsch, einen täglichen „Ritus" für uns beide zu finden, nicht als Zwang, sondern einfach als eine genussvolle Zeit miteinander. Da Keith gerne Kaffee trinkt, hatte ich so eine Ahnung, dass unser täglicher Ritus etwas mit Kaffee zu tun haben würde.

Ich musste mich über Fertilitätsärzte und -kliniken informieren, für den Fall, dass ich zu lange gewartet hatte, um schwanger zu werden. Und ich musste Tipps für eine gesunde Schwangerschaft sammeln, nur für den Fall, dass es doch noch nicht zu spät war. Keith freute sich schon darauf, Kinder anzuvisieren, und ich hatte ihm schon ganz aufgeregt erzählt, dass ich gerade zur Zeit meines nächsten Eissprungs zu Hause ankommen würde. Er war sehr dankbar dafür, dass in Kroation der Wunsch nach Kindern in mir neu erwacht war und dass mir in Rom wieder eingefallen war, wie sehr ich mir einst gewünscht hatte, nicht nur eine tolle Geschäftsfrau, sondern auch eine gute Mutter und Ehefrau zu sein.

Mein Herz stand weit offen. Ich flog nach Hause mit dem Verlangen, die bestmögliche Ehefrau zu werden, die beste Freundin für meinen Mann, eine wunderbare Schwiegertochter für seine Eltern und insgesamt ein innerlich und äußerlich angenehmer Mensch. Zu Beginn meiner Reise hatte ich keine Ahnung, dass ich bei meiner Rückkehr in die Staaten so sehr bereichert sein und darauf brennen würde, meine Ehe, die ich ohnehin schon außergewöhnlich fand, noch besser zu machen. Es wurde mir bewusst, dass unsere Ehe nicht deshalb so erfüllend ist, weil ich unbedingt die beste aller Ehefrauen bin, sondern weil er so ein erstaunlicher Ehemann ist. Gott hat uns diese Partnerschaft geschenkt und uns zusammengeführt. Ich zweifelte nicht daran, dass zu Hause Wunderbares geschehen würde.

Ursprünglich hatte ich geplant, während der ersten Etappe meiner Reise zehn Länder zu besuchen, dann für zwei Monate nach Hause zurückzukehren und meine Recherchen in Südamerika im Dezember fortzusetzen. Um diese Jahreszeit hatten die Temperaturen auf der Antarktischen Halbinsel fünfzehn Grad erreicht (eine Temperatur, die ich für mich als erträglich einschätzte). Nun aber wich ich von meinem ursprünglichen Plan ab. Ich wollte meine Recherchen nicht alleine fortsetzen. Keith und ich fanden übereinstimmend, dass noch mehr Trennungszeit einfach zu lang wäre. Nach einer geplanten Auszeit würde ich mich mit meinem Ehemann im Schlepptau (und vielleicht einem Baby im Bauch) wieder auf den Weg machen.

Endlich war es zehn Uhr abends und mein Flugzeug war startbereit. Ich würde mein Bestes tun, den ganzen Flug zu verschlafen, um, wenn ich wieder aufwachte, schon zu Hause zu sein und von meinem Liebsten gleich neben dem Schild „Willkommen in Los Angeles“ begrüßt zu werden.

SÜD-AMERIKA

Kapitel 27

WIEDER UNTERWEGS

Auf dem Weg nach Buenos Aires, Argentinien

Ich brauchte eine ganze Woche, um mein Heimweh auszukurieren. Immerzu musste ich Keith anschauen. Selbst bei alltäglichen Dingen kam es mir vor, als wäre die ganze Zeit Valentinstag. Ich war glücklich, wieder zu Hause zu sein.

Aber es gab auch Trauriges.

Kurz nachdem ich von Neuseeland zurückgekehrt war, erkrankte mein Vater an Prostatakrebs. Wenige Wochen nach meiner Rückkehr musste er ins Krankenhaus, von wo er nicht mehr nach Hause kam. Sein Körper war durch Chemotherapie und Bestrahlungen gezeichnet. Weniger als acht Monate nach ihrem vierzigsten Hochzeitstag musste meine Mutter von dem Mann Abschied nehmen, den sie immer geliebt hatte. Auch ich liebte meinen Vater und meine guten Chancen auf Glück in meiner eigenen Ehe habe ich zu einem großen Teil ihm zu verdanken. Bevor Keith und ich nach Südamerika aufbrachen, hörte ich mir eine Reihe seiner Liebeslieder an.

Falls Sie bereits einen Elternteil durch hohes Alter oder schwere Krankheit verloren haben, hatten Sie Zeit, sich auf den Verlust einzustellen, bevor Ihre Mutter oder Ihr Vater Sie endgültig verlassen hat. Aber es ist schwer, mit Scheuklappen herumzulaufen und so zu tun, als ob alles in Ordnung wäre – wenn man weiß, dass die Tage gezählt sind. Nun kommt es darauf an, wie man die verbleibenden Tage nutzt. Einen Elternteil und damit eine Hauptbezugsperson zu verlieren, stellt auch alle anderen Beziehungen infrage.

Ich war sehr auf Keith konzentriert, als wir im Flugzeug nach Buenos Aires saßen und uns an den Händen hielten. Es war Heiligabend und die nächtliche Ruhe versetzte mich in eine Stimmung, in die ich jedes Jahr am Abend vor Weihnachten verfalle. Keith strich immer wieder sanft über meine Hand, während ich auf seinen Ehering blickte und über dessen Inschrift nachsann: *Meine Liebe, mein Leben, mein Fels.*

Die Buchstaben sind inzwischen etwas undeutlicher geworden, aber die Empfindungen sind noch wie ehemals. Keith hatte den Ring schon fast 3 300 Tage lang getragen. Seine Berührung machte mir seine Liebe bewusst, die mit der Zeit nicht nachgelassen hatte. Ich weiß, dass mein Name in jeden Winkel seines Herzen eingraviert ist.

Während er an meiner Seite saß, konnte er seine langen Beine wegen des zurückgelegten Vordersitzes nicht ausstrecken. Ich wusste, dass es für ihn sehr unbequem war, aber er verlor kein Wort darüber. Ich liebe diesen Mann – er beschwert sich nicht, er ist ein Kamerad, dem es wichtiger ist, dass er meine Hand streichelt.

Wir hatten noch vier Stunden bis zur Landung und ich begann über die Paare nachzudenken, die ich getroffen hatte, besonders über die Frauen. Ich halte an sich nichts von Klischees, aber die Lateinamerikaner sind bekannt für ihr feuriges Wesen. Möglicherweise können es nur amerikanische Frauen mit ihnen aufnehmen. Als leidenschaftlich selbstsichere und unabhängige Frau war ich schon sehr gespannt darauf, wie es zwei gebildeten Frauen gelungen war, inmitten dieses *Feuers* eine glückliche Ehe zu führen. Ich freute mich auch schon auf die wohlverdiente Zeit, die ich allein mit Keith verbringen konnte.

Auf meinen Reisen allein vor dieser Etappe hatte ich immer auf die gleiche Weise Gottes Segen auf meinen Wegen erbeten. In den Händen Gottes fühlte ich mich vollkommen sicher. Mit Keith an meiner Seite war ich noch entspannter. Doppelter Komfort! Beides ist in meiner Ehe immer da: Gottes Fürsorge beschützt mich, die Liebe meines Mannes umsorgt mich. Wie Sie wissen, habe ich schon einige Stolpersteine hinter mir und musste mich mit den Nachwirkungen meiner Vergangenheit auseinandersetzen. Aber egal wie viele Höhen und Tiefen wir erleben, ich möchte alles ohne Angst und Sorge angehen. Mein Herz ist sicher bei meinem Mann. Unsere Liebe wird von Engelsflügeln sicher auf die Erde unter uns getragen.

Keith und ich saßen in einem schicken Restaurant, das ganz in Weiß gehalten war, mit abstrakten Bildern an den Wänden. Eine Band mit unverstärkten akustischen Instrumenten streute Beatles-Klassiker zwischen ihre traditionelle argentinische Musik und mir war, als stieße Gott mich an, genau da weiterzumachen, wo ich in Neuseeland aufgehört hatte. Um die Wahrheit zu sagen, es lagen einige Monate dazwischen und viel war passiert, seit ich in die Staaten zurückgekehrt war. Ohne diese sanfte Erinnerung hätte ich nicht gewusst, wo ich beginnen sollte.

Jetzt stand es wieder taghell vor mir. Keith und ich genossen ein Glas Malbec, den einheimischen argentinischen Rotwein. Unwillkürlich hörte ich ein Gespräch vom Nachbartisch mit. Keith nennt dies „belauschen“, aber ich muss zu meiner Verteidigung sagen, dass der andere Tisch ganz dicht bei uns stand. So dicht, dass ich schon dachte, der Herr neben mir würde versehentlich von meinem Teller essen.

Ich übte mich im Tunnelblick und konzentrierte mich auf Keith. Aber ich konnte nicht überhören, dass der Akzent des Mannes neben mir ihn als Amerikaner aus dem Mittleren Westen verriet. Wie es kam, dass wir uns in diesem Restaurant abseits der ausgetretenen Wege trafen, war mir schleierhaft. Anstatt zu versuchen, mich einerseits mit Keith zu unterhalten und andererseits die anderen zu belauschen, beschloss ich, mich anständig vorzustellen und offen zuzuhören. Das war nicht schwer, denn Garys Gesicht war nicht viel mehr als einen halben Meter von mir entfernt.

Gary war Ingenieur und lebte schon seit fünfzehn Jahren in Südamerika. Er hatte sich in Deana verliebt, eine Frau aus Venezuela, als er dort arbeitete. Vor dreizehn Jahren hatten sie geheiratet, und vor Kurzem waren sie nach Buenos Aires gezogen, um der wachsenden Kriminalität in ihrer vorherigen Heimat Caracas zu entfliehen.

Was mich an ihrem Gespräch fesselte, war nicht, dass sie ein glückliches Paar waren oder ich von ihnen besonders weise Worte über Beziehungen gehört hätte. Es war die Sprachbarriere zwischen ihnen. Seine Muttersprache war Englisch; für sie war Spanisch die Muttersprache und die einzige Sprache überhaupt. Als sie sich kennenlernten, konnten sie nur wenig miteinander sprechen, aber immerhin einigermaßen verstehen, was der andere meinte. Heute, dreizehn Jahre später, hat Gary sein Spanisch sehr verbessert, während Deanas Englisch immer noch sehr dürftig ist, um es schonend auszudrücken.

Wenn eine Sprachbarriere besteht, kommt es nicht unbedingt auf das an, was man sagt, denke ich. Es ist der Respekt, der in den Worten mitschwingt. Ich glaube nicht, dass Deana und Gary etwas gegen gute Kommunikation haben; es ist einfach so, dass zwei Menschen ganz verschiedene Sprachen haben und einander dennoch verstehen können, wenn sie mit Liebe, Respekt und Geduld (viel Geduld) miteinander umgehen.

Bei diesem ersten Dialog in Südamerika hatte ich den Eindruck, als ob Gott mir auf die Schulter tippte. *Hier musst du anfangen.* Plötzlich kam es mir vor, als ob Neuseeland erst gestern gewesen wäre.

Bei so ziemlich jedem Interview auf meiner Reise stellte mich eine gute Freundin einer anderen guten Freundin vor und so ging es weiter, bis ich zum richtigen Paar vorstieß. Meine Zeit in Südamerika begann mit einer meiner besten Freundinnen, Zie Zie, die ich aus der Hotelbranche kannte. In diesem Gewerbe kennt man alle und jeden um höchstens zwei Ecken.

Ich rief also Zie an, die mich sogleich per E-Mail ihrer Freundin vorstellte:

> Fawn – das ist Jacqueline. Sie ging einst ein Risiko ein … und brachte mich ans Hotel Starwood.
>
> Jacqueline – das ist Fawn. Sie ist eine meiner inspirierendsten Freundinnen – eine, die mich dazu anhält, immer ein bisschen mehr zu tun.

Aus diesen paar Zeilen entwickelte sich eine Freundschaft. Jacqueline ging auf die Website des Klubs, las seinen Zweck und wurde auf der Stelle Mitglied. Dann schrieb sie mir eine Nachricht: „Ich habe gerade deinen Blog aufgerufen und eine Weile darin gelesen. Ich finde es großartig, was du machst!"

Jacqueline wollte mir weiterhelfen und hatte bereits zwei Paare im Sinn. Interessanterweise waren beide Frauen Ärztinnen. Immer wenn sie eine der beiden, Silvina, über ihren Mann reden hörte, schwangen Liebe, Bewunderung und Respekt mit. Das berührte Jacqueline, da sie wusste, dass Silvina zu den besten Schönheitschirurginnen der Welt gehörte. Ihre Patienten kamen von überallher zu ihr um sich Botox spritzen oder eine ganze Reihe von kosmetischen Operationen vornehmen zu lassen, die alle mit *-plastik* endeten. Silvina war eine starke und erfolgreiche Frau, aber wenn sie auf ihren Mann zu sprechen kam, wurde ihr Ton ganz sanft und sie kam ins Schwärmen.

Jacqueline kannte noch eine weitere Ärztin, Estrellita, die nordöstlich von Buenos Aires lebte, in Montevideo, der Hauptstadt von Uruguay. Estrellita war für Jacquelines gute Freundin Carina wie eine Adoptivmutter.

Da wir an Heiligabend ankamen, nur wenige Tage, bevor die meisten ihren üblichen (ja, üblichen) vierwöchigen Urlaub (Sie haben richtig gelesen!) antreten, musste ich mir bei der Zeitplanung etwas einfallen lassen. Unser erstes Reiseziel war Buenos Aires, doch das Interview in Montevideo sollte vor dem in Argentinien stattfinden. Wie Nomaden ließen wir daher den Großteil unserer Garderobe und andere Reisegegenstände in unserem Hotel in Buenos Aires zurück und nahmen einen Flug nach Montevideo, wo Estrellitas Ehemann Mario so freundlich war, uns am Flughafen abzuholen. Kaum hatten wir uns angeschnallt, mussten wir den Gurt auch schon wieder öffnen und von Bord gehen. Der Flug dauerte dreißig Minuten und ehe ich mich versah, musste ich beweisen, wie viel von meinen Spanischkursen bei mir hängen geblieben war. Ich stellte mich vor Mario hin, sammelte mich und wagte den Sprung ins kalte Wasser:

„Hola! Cómo está usted ?“, fragte ich. Insgeheim hoffte ich, dass er in seine Worte etwas Englisch einstreuen würde und ich Spanisch in meine, dann würden wir schon einen Mittelweg finden.

„Hallo Fauwon. Hallo Kiit.“ Die Aussprache stimmte noch nicht ganz. Mario versuchte immer wieder unsere Namen Keith und Fawn auszusprechen, während er unser Gepäck ins Auto lud. Ich versicherte ihm, in der spanischen Sprache gebe es keine Laute, die unseren Namen entsprächen und er dürfe uns nennen, wie es ihm beliebe.

Sobald wir im Auto saßen, sagte ich zu ihm: „Dein Englisch ist viel besser, als ich dachte. Nachdem Estrellita mir sagte, dass ihr hier nicht viel Englisch sprecht, hatte ich mich darauf eingestellt, Spanisch zu sprechen." (Es war leicht, so zu tun, als ob ich gut Spanisch könnte, da ich es ja nicht wirklich anwenden musste.)

„Vielen, vielen Dank, Mario, dass du dir die Zeit genommen hast, uns abzuholen", wiederholte Keith schon zum zweiten oder dritten Mal. Ich glaube, er bemerkte gar nicht, wie oft er schon „Danke" gesagt hatte, seit wir Mario trafen. Aber wenn man in der Stadt der Engel geboren und aufgewachsen ist, wo viele sich nicht gerade wie Engel benehmen, weiß man diese Gastfreundlichkeit zwangsläufig sehr zu schätzen. Keith war gerade dabei, einen Vorgeschmack dessen zu bekommen, was ich auf meiner Reise immer wieder erfahren hatte.

„Habt ihr beim Überfliegen den River Plate gesehen?", fragte Mario stolz. Ich fragte mich, ob er den Satz vorher einstudiert hatte.

„River Plate?", fragten Keith und ich wie aus einem Mund.

„Den River Plate, wenn man hereinkommt, tief unten."

Der Rio de la Plata, auf Englisch River Plate genannt, ist eine so riesige Wassermenge, dass man sie für ein Meer halten könnte, wäre nicht seine bräunliche Farbe, die durch den Zusammenfluss der Flüsse Uruguay und Paraná entsteht. Dieser trichterförmige Einschnitt an der südöstlichen Küste Südamerikas ist an der schmalsten Stelle etwa 1 600 Meter und an der Mündung über 220 Kilometer breit.

„Buenos Aires hat keine Strände", erklärte Mario, als wir an der Küste Montevideos entlangfuhren. Es ist interessant, wie viele Menschen, denen ich begegnet bin, mir mit Stolz sofort eine kurze Schilderung ihres Heimatlandes geben. Uruguay ist über 175 000 Quadratkilometer groß, aber der Großteil der Bevölkerung drängt sich auf einer Fläche von gerade einmal 125 Quadratkilometern.

Mario fuhr durch wunderschöne Stadtviertel an der Küste. „Hier leben die Wohlhabenden." Wenn man die prachtvollen Häuser und die große Zahl der Botschaften sah, konnte man sich das denken. Die bescheideneren Viertel der Stadt würden wir auch noch sehen, versicherte er uns, aber er wolle dort anfangen, wo wir gerade waren. Obwohl es Sommer war, war es an den Stränden etwas bewölkt, sodass nicht viele Leute sich dort tummelten. Aber das braune Wasser halte die Einheimischen nicht von den Stränden ab, sagte Mario. Wer blaues Wasser haben will, müsse nur ein Stück die Küste hinunterfahren.

Nach einem kurzen Aufenthalt in unserem Hotel, um einzuchecken und unser Gepäck abzugeben, fuhr Mario mit uns in die Stadt. Wir fuhren Straßen entlang, die mit Bäumen gesäumt waren, mit Cafés an jeder Ecke, wohin man auch schaute. Die verschiedenen architektonischen Einflüsse waren bemerkenswert – ein wenig französisch, ein bisschen spanisch. Die Schlösser im französischen Stil, in denen einst aristokratische Familien wohnten, dienten nun als diplomatische Vertretungen und Museen. Der vielseitige Architekturstil ist besonders in der Ciudad Vieja („Altstadt") zu erkennen, wo Alt und Neu am symbolischen Eingangstor, auch bekannt als die Puerta de la Ciudadela (Tor zur Zitadelle) zusammentreffen. Es ist einer der wenigen Überreste der Mauer, die die Zitadelle umgab und im Jahr 1829 niedergerissen wurde.

Wenn ich ein besseres Gespür für Architektur hätte, wäre es mir leichtgefallen zu sagen, welche Seite der Puerta die alte Stadt und welche die neue Stadt war. Am einen Ende befindet sich der eigentümliche Palacio Salvo, mit Kultsymbolcharakter, wie man es für gute Ansichtskarten braucht. Das 1928 fertiggestellte Gebäude ist fast hundert Meter hoch (inklusive der fünf Meter hohen Antenne) und bildet das Stadtzentrum. Der neugotische Bau mit seiner Kalksteinfassade beherrscht die Skyline Montevideos und war einst das höchste Gebäude Südamerikas. Es steht am Anfang von Montevideos Hauptstraße, der Avenida 18 de Julio, deren Name an den Tag der uruguayischen Unabhängigkeit erinnert.

Vor dem Palacio befindet sich Uruguays Hauptplatz und die bekannteste Touristenattraktion, die Plaza Independencia. Rund um den Platz führt eine Straße, die ein Oval wie eine Trabrennbahn bildet, mit dreiunddreißig Palmen, jede für einen der Patrioten, die den Feldzug für die Unabhängigkeit anführten. In der Mitte ragt die sechzehn Meter hohe Statue von General José Artigas auf, den Mario mehrere Male als „Entsprechung zu eurem George Washington“ bezeichnete.

Nachdem uns Mario rund um den Platz geführt hatte, bog er in kleinere Straßen ein und zeigte uns: „Hier könnt ihr essen. Im Panini solltet ihr unbedingt zu Mittag essen. Es gibt dort die besten Pastagerichte.“

Er würde uns mit Estrellita um 18 Uhr vom Hotel abholen. „Geht ins Panini!“, schärfte er uns noch einmal ein, als er uns im Zentrum bei der Fußgängerzone aussteigen ließ. Straßenverkäufer verkauften Antiquitäten, Maler boten ihre Bilder an und Künstler entwarfen Landschaftsbilder und Porträts. Auf einem großen Brunnen inmitten einer Rasenfläche stand ein Schild mit der Aufschrift: *„No pise el cesped“*. Dieser Satz allein hätte mir schon sagen müssen, dass mein Spanisch unbedingt eine Auffrischung benötigte, denn ich war mir ziemlich sicher, dass er „Auf den Rasen pinkeln verboten!“ bedeutete und nicht „Rasen betreten verboten!“, was natürlich viel angebrachter und korrekter war.

Nachdem wir uns etwas umgesehen hatten, gingen wir ein, zwei Häuserblocks zurück in Richtung der Puerta de la Ciudadela, um wieder zum Panini zu gelangen. Obwohl wir nicht übermäßig hungrig waren, wäre es Mario gegenüber unhöflich gewesen, seinen Vorschlag nicht anzunehmen.

Sobald wir durch die Tür traten, fühlten wir uns sogleich in eine vornehme italienische Umgebung versetzt. Massive Mahagonitische waren mit exklusiven Stielgläsern und cremefarbenen Stoffservietten gedeckt, flankiert von Ledersesseln mit orangefarbenen Plüschkissen. Es herrschte eine sehr entspannte und zugleich kultivierte Atmosphäre. Im ganzen Raum waren Kellner damit beschäftigt, jedem Gast Pastaschüsseln und gewaltige Lasagneteller vorzusetzen, wie es sich für ein italienisches Restaurant gehört. Mit den Augen isst man zuerst, heißt es; schon vom Zuschauen lief uns das Wasser im Mund zusammen.

Falls das Aussehen der Speisen nicht ausgereicht hätte, dann auf jeden Fall der Duft des hausgemachten Brotes. Einfach betörend.

Die Lasagne auf einem Teller eines Nachbartisches erregte unsere Aufmerksamkeit, daher bestellte Keith dieses Gericht.

„La especialidad de la casa, por favor", sagte ich zur Kellnerin, um anzudeuten, dass ich die Spezialität des Hauses bestellen wollte. Mein Spanisch war schneller wieder da als das von Keith.

„Ese plato es muy grande", antwortete sie („Das ist ein sehr großes Gericht". Ich vermute, sie warf einen Blick auf meine zierliche Figur und rechnete sich aus, dass es für mich zu viel wäre.)

Als die Lasagne serviert wurde, zeigte sich, dass „grande" noch eine starke Untertreibung für die riesige Menge war! Es war ein Familiengericht. Es hätte auf der Speisekarte *„para 6 personas"* stehen können – für 6 Personen. Es waren aber nur Keith und ich und zwei nicht allzu hungrige Mägen. Beim ersten Bissen wussten wir schon, dass es bei Weitem die beste Lasagne war, die wir jemals gegessen hatten.

Eine Stunde und eine Palettenladung Lasagne später wankten wir aus dem Restaurant und setzten unseren ziellosen Rundgang durch die Straßen fort. Aus irgendeinem Grund, den ich immer noch nicht begreife, beschloss ich, an diesem Tag in die Altstadt zu gehen, obwohl ich für die Pflastersteine keine passenden Schuhe anhatte. Keilabsätze können bequem sein, sogar einen ganzen Tag lang … aber nur auf ebenen Flächen. Hier aber spürte ich, dass ich jeden Moment eine Roulade drehen würde. Außerdem drückte mich die Last der Lasagne. Deshalb beschlossen wir, frühzeitig ins Hotel zurückzukehren und uns für das Abendessen mit Estrellita und Mario fertig zu machen, in der Hoffnung, dass uns einige Schritte mit der Zeit wieder hungrig machen würden.

Kapitel 28

VALORES!

Montevideo, Uruguay

Mario läutete bei uns an und wir gingen hinunter in die Hotelhalle, um ihn und Estrellita zu treffen. Sie war jedoch noch in ihrer Praxis, sodass wir gemeinsam dorthin fuhren, um sie abzuholen. Wir traten durch ein schmiedeeisernes Gartentor, und noch ehe wir den Eingang erreichten, kam uns eine attraktive Frau mit kastanienbraunem schulterlangen Haar und Ponyfrisur entgegen. Sie bat uns herein. Ihr Lächeln war fast so fröhlich wie ihre rote, ellbogenlange Kostümjacke und nur wenige Falten zeigten sich in ihrem freudestrahlenden Gesicht. Sie umarmte mich und streckte dann energisch ihre rechte Hand aus, um Keith die Hand zu geben.

Nachdem sie uns kurz ihrer Arzthelferin vorgestellt hatte, ging sie mit uns in das Zimmer, in dem sie ihre augenärztlichen Sprechstunden abhielt. Estrellita ist eine erfolgreiche Augenärztin und Mario, wie wir erfuhren, ein erfolgreicher Orthopäde, ehemaliger Hochschullehrer und Spezialist für Unfallbehandlung bei Kindern. Er zeigte auf die Treppe rechts neben der Tür, die ins obere Stockwerk führte. „Dort geht es zu meiner Praxis." Er praktizierte im Obergeschoss, während Estrellita ihre Augenbehandlungen im Erdgeschoss durchführte. Schon nach kurzer Zeit in der Gesellschaft der beiden erschien es uns ganz selbstverständlich, dass sie im gleichen Gebäude arbeiteten. Sie hatten sich ihren Beruf von der Pike auf miteinander aufgebaut und jetzt konnten sie hier gemeinsam ihren Erfolg genießen.

Während wir im Empfangsbereich standen und auf Estrellita und Mario warteten, die noch einige offene Fragen mit der Sprechstundenhilfe klären mussten, sagte ich zu Keith: „Kein Zweifel, ich habe die Quelle der Jugend gefunden." Wenn sie nicht mit zwölf schon geheiratet hatte, was ziemlich sicher nicht der Fall war, musste Estrellita viel älter sein, als sie aussah, und ihre Energie stand meiner um keinen Deut nach. Ich bin mir ganz sicher, dass sie und Pat locker zusammen einen Powerwalkmarathon hätten hinlegen können.

Als wir zu Marios Auto zurückkehrten (Estrellita folgte uns in ihrem eigenen), fragte ich Keith: „Wie alt schätzt du sie?" Darauf antwortete er: „So Ende vierzig vielleicht?" Mario ließ einen Seufzer los: „Nein, sie sieht aus wie eine Fünfzigerin." Offenbar machen die Leute oft Bemerkungen darüber, wie jung sie aussieht.

Als wir in ihrer Wohnung ankamen, merkte ich sofort, dass ihnen die Loslösung von den Kindern bestens gelungen war. Kleinere gelungene Umgestaltungen waren im Badezimmer, in der Küche und im Waschraum zu bemerken. Einige andere Zimmer wollten sie demnächst ausbauen, um ihr Traumhaus zu verwirklichen. Als ich Estrellita fragte, ob es schwer sei, in einer Wohnung mit so viel Platz zu leben, nachdem die Kinder ausgezogen sind, rief sie aus: „Aber nein! Es ist wunderbar, es gefällt uns sehr!"

Sie haben sich in ihrem Leben als Mann und Frau wieder gut zurechtgefunden. Mario führte uns im Wohn- und Speisezimmer herum, um uns die schönen Bilder an den Wänden zu zeigen. „Estrellita hat das gemalt“, sagte er und strahlte.

Estrellita ist im Innersten eine sehr kreative Frau. Als sie sich kennenlernten, studierte sie Medizin, aber zuvor hatte sie sich auch mit viel Freude im Theaterspielen versucht. Sobald etwas Ernstes aus ihrer Beziehung zu Mario wurde und sie über Heirat sprachen, wurde das Theater zu einem Problem. Mario hielt wegen des ganzen Umfeldes, der Drogen und der langen Nächte nicht viel davon. Er sagte ihr, er werde sie nicht heiraten, wenn sie zum Theater zurückginge. Darüber war mit ihm nicht zu verhandeln.

Nach einiger Zeit dachte sie darüber nach und kam zu dem Schluss, dass ihr die Liebe zu Mario wichtiger war als das Theaterspielen. Und sie studierte ja bereits Medizin, sodass dieser Punkt für sie kein unüberwindliches Hindernis war. „Ich beschloss das Theater aufzugeben“, sagte sie, um klarzustellen, dass es ihre eigene, freie Entscheidung war. „Aber ich stellte eine Bedingung. Er sollte für mich lebenslang das Frühstück machen.“

„Und, hat er das gemacht?“

„Si!“ Frisch gepresster Orangensaft und hausgemachtes Frühstück – und das nun seit vierzig Jahren. Sie hatte vermutlich bei dieser Verhandlung die besseren Karten gezogen.

Nun saßen wir um den Esstisch und begannen über das Thema Liebe und Ehe zu sprechen. Estrellita hatte eine ungewöhnliche köstliche Quiche mit Schinken und Birnen vorbereitet. Während des Gesprächs kamen verschiedene Käseplatten auf den Tisch, von denen wir naschten.

Bei den meisten meiner Interviews war es mir gelungen, mit den Paaren ganz ungezwungen zu plaudern und gelegentlich Fragen einzuwerfen und auf diese Weise bekam ich in unserer gemeinsamen Zeit alle Informationen, die ich brauchte. Wenn man einem glücklichen Paar die Gelegenheit gibt, darüber zu reden, was eine Ehe gelingen lässt, ist es wie ein Wasserhahn, der sich nicht so leicht wieder zudrehen lässt. Bei Estrellita war es so, dass sie ganz von sich aus begann, alles aufzuzählen, was ihrer Meinung nach besonders wichtig war, um eine glückliche Ehe aufzubauen und zu erhalten.

Auch auf ihrer Liste standen die üblichen Verdächtigen: den Ehepartner mit Respekt behandeln, sich jeden Tag für das Glück entscheiden, einander vertrauen und die Ehe nähren. Aber bei zwei Punkten verweilte sie etwas länger.

„Etwas, das sehr wichtig ist, wenn man sein Leben teilt, ist, zu überlegen, was man in seinem Leben tun möchte", sagte sie unbeholfen und sichtlich bemüht, sich auf Englisch deutlicher auszudrücken. „Ich weiß nicht, wie sagt man *valores?*"

„Ah ja, Ziele", bestätigte ich, nur um später zu merken, dass sie in Wirklichkeit „Werte" sagen wollte.

„Ziele, ja, das ist sehr wichtig. Zudem ist es wichtig, immer das Bessere in Bezug auf seinen Mann oder seine Frau zu denken. Immer das Bessere für ihn oder sie zu wollen."

„Man hat Probleme", fuhr sie fort, „im Leben gibt es immer Probleme. Das muss man sich klarmachen", betonte sie, um nicht den Eindruck zu erwecken, als ginge es in der Ehe ganz ohne Konflikte und Nöte ab.

„Gerne mit deinem Paar zusammen sein. Glücklich sein, wenn du bei deinem Paar bist", sagte sie und verwechselte die Wörter „Paar" und „Partner". Aber diesmal verstand ich trotzdem, was sie sagen wollte. „Wenn man über ein Problem redet, sagt man manchmal, *morgen werde ich das sagen.* Aber sage es niemals, wenn du wütend bist, das ist sehr wichtig. Du musst deinem Paar immer Respekt zeigen."

Jede Beziehung hat ihre Herausforderungen. Estrellita und Mario wollten unbedingt, dass ich das aufschrieb. Sie wollten sicher sein, dass ich nicht schrieb, in der Ehe wäre man ständig nur auf Rosen gebettet.

„Wenn es ein Problem gibt, muss man gemeinsam kämpfen", sagte Estrellita, so als wollte sie Keith und mich dazu auffordern, dieses

Prinzip auch auf unsere Ehe anzuwenden. „Das Problem ist: Meistens wollen die Paare nicht gemeinsam kämpfen. Sie bekämpfen sich gegenseitig."

Schließlich warf Mario ein: „Und das ist das Problem, denn das Paar, die *esperada …*" Mario suchte nach dem nächsten Wort auf Englisch. Estrellita sprang hilfreich ein und übersetzte. „Sie heiraten und denken sich, wenn es nicht gut läuft, dann trenne ich mich. Sag das niemals! Wenn es nicht gut läuft", sagte er mit erhobener Stimme, um die Bedeutung des Gesagten zu unterstreichen, „dann kämpfe doch dafür!"

„Cómo se dice, mamá?", sagte Mario zärtlich zu Estrellita, während er nach Worten suchte. „Bei Paaren gibt es Probleme", begann er mit ihrer Hilfe. „Wir haben im Lauf der Zeit immer Probleme, aber wir reden darüber und versuchen, beide an dem Problem zu arbeiten. Und manchmal muss man *cerrar la boca!"*, sagte er lachend. Er nahm seinen rechten Daumen und Zeigefinger und hielt sie zusammen vor seinen Mund. „Manchmal muss man den Mund halten und nichts sagen."

„Und auf den richtigen Moment warten", ergänzte Estrellita.

Estrellita war eine erstaunliche Frau. Als wir darüber sprachen, wie man Karriere und Familie unter einen Hut bringt, wurde sie für mich so etwas wie eine Superheldin. Nicht zu erwähnen die Tatsache, dass sie mit sechzig Jahren anfing Geigenunterricht zu nehmen, und seither jeden Abend ab zweiundzwanzig Uhr zwei Stunden lang übt, um sich zu verbessern. „Ich lerne", sagte sie lässig, als ob es nichts Ungewöhnliches für eine Person ihres Alters wäre, ein so anspruchsvolles Hobby mit einer solchen Hingabe zu beginnen.

Als Ärztin mit kleinen Kindern hatte sie ihre Sprechstunden und Behandlungen am Vormittag durchgeführt, um dann nach Hause zu kommen und bei den Kindern zu sein. Drei Tage in der Woche nahm sie keine Patienten an. Wenn sie Patienten hatte, die spätabends eine Notversorgung brauchten, fuhr Mario mit ihr in die Klinik. Das Gleiche tat sie auch für ihn.

Als sie ihr gemeinsames Leben begannen, hatten sie keine zwei Pesos in der Tasche. Mario hatte zwei Jobs, damit sie über die Runden kamen. „Seine Mutter sagte: ‚Mit diesem Gehalt wirst du noch verhungern!'“, erzählte Estrellita, noch immer amüsiert darüber, wie sicher sich ihre Schwiegermutter dessen gewesen war. Aber sie ließen nicht zu, dass es so weit kam. Ihre Eltern waren Lehrer und Marios Eltern hatten ebenso alltägliche Berufe. Doch Mario und Estrellita wollen für ihr Leben und das ihrer Kinder mehr erreichen. Also überlegten sie sich gemeinsam, wie sie das großartige Leben aufbauen konnten, das sie jetzt führen. Aber das hatte seinen Preis.

„Ich erinnere mich immer an eine Diskussion mit meinem Sohn“, begann Mario. „Marcello und ich waren mit dem Auto unterwegs. Ich fragte ihn: ‚Marcello, was möchtest du später einmal werden?' Er sagte, er wolle in einer Bank arbeiten. ‚Warum? Was ist der Grund dafür?', fragte ich ihn, denn ich hoffte, er würde seine Ziele höher setzen.

Er sagte: ‚Daniellas Vater arbeitet in einer Bank und er ist jeden Tag zu Hause bei Daniella. Du dagegen bist viele Tage der Woche beschäftigt. Das war immer sehr hart für mich.'“

Mario und Estrellita arbeiteten als Team zusammen, um dieses Empfinden ihres Sohnes zu ändern.

Weil Marios Termine weniger flexibel waren als ihre und er oft viele Stunden bei schwer verletzten Kindern verbringen musste, fuhr sie mit den Kindern zum Krankenhaus, damit sie alle gemeinsam Mittag essen konnten.

Für Keith und mich kam klar heraus, dass Mario und Estrellita ein fantastisches Team waren. Sie hatten gemeinsam die Anforderungen ihrer Ehe und ihrer Familie bewältigt. Ihre Partnerschaft war durch nichts zu erschüttern. Keith bekam nun den ersten Vorgeschmack von dem, wovon ich ihm bereits erzählt hatte – aus Gesprächen mit erfahrenen Eheleuten und zufriedenen Ehefrauen erfährt man mehr Weisheiten, als man in einer einzigen Sitzung aufnehmen kann. In nur wenigen Stunden wurden ihm eine Vielzahl an schwer erlernten

Lektionen präsentiert. Ehrlich gesagt, es gefiel mir, ihn so zu sehen, denn es bedeutete, dass es ihm ähnlich ging wie mir.

Feuerwerkskörper explodierten in der Ferne. Wahrscheinlich veranstalteten in der Nachbarschaft Kinder eine Nachweihnachtsfeier. Dadurch entstand eine kleine Pause in unserer Unterhaltung und Estrellita und Mario verschwanden kurz in der Küche. Keith grinste übers ganze Gesicht und ich grinste zurück.

Sie kamen zurück mit einem Tortenständer aus Glas mit einem herrlich dekorierten Schokoladenkuchen mit goldenen Sternen, bedeckt von einer Schokoladenschicht. Dabei sangen sie – glaube ich – ein Geburtstagslied und stellten den Kuchen mit einer einzelnen angezündeten Kerze vor Keith hin. Es war unser Hochzeitstag, aber wir wollten vor ihnen keine große Sache daraus machen. Die beiden standen momentan im Mittelpunkt unseres Interesses, aber es war wirklich reizend, dass sie das für uns vorbereitet hatten. Gesten wie diese bestätigen, dass es Gutes auf der Welt gibt. Sie forderten uns auf, zu Ehren unseres Hochzeitstages gemeinsam die Kerze auszublasen. Keith schien etwas fassungslos – er steht nicht gerne im Zentrum der Aufmerksamkeit. Ich lehnte mich zurück und sagte ihm, er solle ausatmen und sich zu seinem Geburtstag (der nur wenige Tage vor unserem Hochzeitstag ist) etwas wünschen, und ich hoffte, dass alles, was er sich wünschte, wahr werden würde.

Mario und Estrellita blickten uns bewundernd an und klatschten verzückt, als wir die Kerze ausbliesen. Dann schnitt Estrellita großzügige Kuchenstücke für uns alle auf und mein Magen protestierte noch als Folge der Lasagne. Aber das war mir egal. Von guten Dingen kann man nie zu viel bekommen.

Kapitel 29

DIE QUELLE DER JUGEND (UND ANDERE DINGE)

Buenos Aires, Argentinien

Zurück in Buenos Aires beschlossen wir, diesmal kein Taxi zu nehmen, sondern zu Fuß zu unserem Hotel zurückzugehen. Manchmal muss man es büßen, wenn man so unternehmungslustig ist. Das Handy zeigte keinen Empfang und wir fanden bei den verschlungenen Straßen einfach nicht die richtigen Abzweigungen. Vermutlich gingen wir drei oder vier Mal im Kreis. Wir kamen uns vor wie in einem Irrgarten mit Wegweisern in einer fremden Sprache – und genauso war es ja auch.

Keith erspähte als Erster das Sheraton-Logo in der Ferne. Wir sahen nun unser Ziel vor Augen und man sollte meinen, das hätte ausgereicht. Aber jedes Mal wenn wir eine Seitengasse nahmen, von der wir glaubten, sie würde uns näher zum Hotel bringen, kam dahinter eine scharfe Biegung und das Ganze endete in einer Sackgasse. Vielleicht wäre es nicht so frustrierend gewesen, wenn wir nicht die ganze Zeit unser Hotel umkreist hätten. Ganz plötzlich, als ob es den Straßen von Buenos Aires auf einmal langweilig geworden wäre, weiter mit uns zu spielen, standen wir wie durch Zauberhand vor unserem Hotel.

Während der Woche, die wir in Buenos Aires verbrachten, legten wir noch viele Kilometer zu Fuß zurück, meistens erfolgreicher als beim ersten Versuch. Wir spazierten die Avenida del Libertador entlang zum schönen Stadtteil Palermo mit seinem französischen Flair und den vielen Cafés am Straßenrand. Wir gingen auch nach Recoleta, um den bekannten Friedhof zu besuchen, wo Eva Perón (bekannt als Evita) ihre letzte Ruhe fand. Dort stießen wir unvermutet auf einige interessante Geschichten.

Rufina Cambaceres, bekannt als das Mädchen, das zweimal starb, brach nach einer Party zusammen, die ihre Mutter für sie ausgerichtet hatte. Sie wurde von drei verschiedenen Ärzten für tot erklärt und am folgenden Tag beerdigt. Ein Arbeiter auf dem Friedhof sagte später aus, er habe den Sargdeckel auf der Seite liegend gefunden. Nach einer lokalen Legende wurde sie lebendig begraben und war erst gestorben, nachdem sie mit aller Kraft versucht hatte, aus dem Sarg zu entkommen. Ihre Mutter ließ ein Mausoleum erbauen mit einer Statue der traurigen Rufina, die eine Tür in der Hand hält.

Das Grab eines jungen Mädchens, das in Österreich durch eine Lawine ums Leben gekommen war, erregte ebenfalls unsere Aufmerksamkeit. Das Mädchen wurde in einem neugotischen Miniherrenhaus bestattet, bewacht von einer lebensgroßen Bronzestatue, die das Mädchen im Hochzeitskleid abbildete. Als der Hund des Mädchens später starb, wurde der gleiche Bildhauer beauftragt, auch den Hund zu diesem Kunstwerk hinzuzufügen.

Das Grab, zu dem die meisten Touristen kommen, das von Eva Perón, war eines der bescheidensten. Die mit einem Kreuz geschmückte Bronzetür war hinter den Rahmen und die umgebenden Wände ein wenig zurückgesetzt. Gedenktafeln flankierten den Eingang zu ihrer

Grabstätte, beklagten Peróns frühzeitigen Tod und rühmten ihre ideelle und politische Bedeutung für ihr Volk. Ihre sterblichen Überreste waren von ihrem Ehemann exhumiert und nach Spanien gebracht worden, wo er und seine dritte Frau den Leichnam in ihrem Speisezimmer aufbewahrten. Er wurde gestohlen, versteckt und dann erneut gestohlen und ruht nun in Recoleta, in der Grabstätte ihrer Familie, mit so vielen Falltüren und Särgen über ihr, dass wohl jetzt niemand mehr daran zweifelt, dass sie dort nun sicher untergebracht ist.

Obwohl Recoleta traumhaft war, war es naturgemäß auch beklemmend, unter den Verstorbenen umherzugehen. Keith und ich waren beide der Meinung, wir könnten jetzt einen Energieschub gut brauchen, um nicht in eine tranceähnliche Lethargie zu verfallen. Alle hatten uns geraten, nach San Telmo zu gehen, um einen Eindruck von der Tangoatmosphäre von Buenos Aires zu bekommen. Genau so etwas suchten wir im Augenblick.

Der Antiquitätenmarkt von San Telmo findet jeden Sonntag statt und wird von Tausenden von Touristen besucht, die sich dicht an dicht in einer Straße drängen, die gerade groß genug für einen Mini Cooper wäre. Wir gehörten auch zu diesen Touristen und es war ein Sonntag. So verlockend sich so ein argentinischer Straßenmarkt anhört, mich überfällt akute Klaustrophobie, wenn ich mich in so einer Menschenmenge befinde. Ich spürte es schon in dem Moment, als wir ankamen, und ich wusste, wenn wir erst richtig im Gedränge waren, würde ich völlig ausrasten und nicht mehr fliehen können. Deshalb gingen wir lieber nach Puerto Madero, das mein bevorzugter Platz zum Spazierengehen in der Stadt werden würde.

Puerto Madero ist das Hafengebiet und dort befinden sich einige der besten Restaurants in Buenos Aires, darunter auch das Cabaña Las Lilas, wo wir zweimal einkehrten. Dieses bekannte Restaurant wird in so vielen Reiseführern als ein absolutes „Muss" genannt, dass Restaurants in der Nähe sich ähnliche Namen gegeben haben, die den weniger anspruchsvollen Speisegast in die Irre führen könnten.

Fleisch spielt in Argentinien eine große Rolle, besonders Rindfleisch. Argentinien liegt im weltweiten Verzehr von Rindfleisch an zweiter Stelle. Ich erinnerte mich, dass Mario das Fleisch in Uruguay mit dem in Argentinien verglich. „Wir exportieren unser bestes Fleisch, aber diese verrückten Argentinier essen ihr ganzes gutes Fleisch selbst auf." Las Lilas wurde als bestes Steakrestaurant in der Stadt bejubelt. Wenn eine ganze Kultur sich um ein einziges Konsumgut dreht und ein Restaurant als dasjenige genannt wird, wo man *das Beste* davon bekommt, dann nichts wie hin. Bei Las Lilas bekamen wir das beste Stück Fleisch serviert, das wir jemals gegessen haben (dabei haben wir in den Vereinigten Staaten auch ziemlich gutes Fleisch).

„Die besten Mahlzeiten meiner Reise hatte ich in London, in Montevideo und nun hier", erklärte ich Keith. „Und überall warst du dabei. Vielleicht schmeckt das Essen einfach besser, wenn du mit am Tisch sitzt." Da könnte schon etwas Wahres dran sein.

Wieder im Hotel blieb uns ungefähr eine Stunde, um zu duschen und uns umzuziehen, um dann die halbstündige Taxifahrt zu Dr. Silvina anzutreten.

Buenos Aires wirkt teilweise ein bisschen wie eine Steinwüste, ähnlich den Megastädten New York, London oder Paris. In den Außenbezirken aber sieht man wunderschöne Baumalleen, gepflegte Rasen- und Freizeitflächen. Im Osten Palermos erstrecken sich auf beiden Straßenseiten von der Stadt aus nach Norden wunderschöne Baumbestände. In diesem Gebiet bekam ich einen Eindruck von der sanfteren Seite von Buenos Aires.

Als wir bei Dr. Silvinas Haus eintrafen, war ich gespannt, was uns auf der anderen Seite der Haustür erwarten würde. Ich wusste, dass sich die sprachliche Verständigung etwas schwierig gestalten könnte. Die meisten unserer E-Mails hatten wir auf Spanisch geschrieben und bei meinem Telefonanruf am Vorabend hatte ich mein ganzes Spanischrepertoire zusammengekratzt und Silvina alles Englische, damit wir einander verstehen konnten. Es hatte funktioniert, aber ich hoffte, unsere Ehemänner würden die Geduld aufbringen, dabei sitzen zu bleiben, wenn wir uns auf diese Weise verständigten. Doch ich wusste ja, dass Liebe nur eine Sprache hat. Wenn sich also aus diesem Gespräch etwas herausholen ließ, dann war es die Quintessenz der Liebe.

Als Silvina die Tür öffnete, bat sie uns, wie es jede Familie auf dieser Reise getan hatte, mit einem strahlenden Lächeln herein und begrüßte uns mit offenen Armen und einem englischen „Hello". Sie strahlte vor Freude und wir fühlten uns sogleich willkommen. Ihre zweisprachige Tochter Rosio würde in der Nähe bleiben für den Fall, dass wir eine Übersetzungshilfe brauchten.

Es interessierte mich, wie Silvina eine so gefragte Schönheitschirurgin geworden war, worauf ihr Ehemann schnell antwortete: „Sie ist einfach die Beste! Sie hat eine Goldmedaille." Marcello machte es große Freude, seine Frau ins beste Licht zu rücken. Von sich selbst zu sprechen, schien ihm weniger zu liegen. Aber das war in Ordnung. Wie Silvina hatte auch er eine Fürsprecherin. Man sah Silvina die Freude an, als sie über die Erfolge ihres Mannes als Staatsanwalt berichtete, ehe er vor zwanzig Jahren Richter geworden war. Ich begann rückwärts zu rechnen, denn Marcello sah nicht alt genug aus, um schon seit zwanzig Jahren Jurist zu sein, geschweige denn Richter.

Es gibt viele Gründe, sich jeden Tag für das Glück und für eine glückliche Ehe zu entscheiden, aber ich muss zugeben, die „Quelle-der-Jugend-Theorie" ist eine meiner Favoriten! Ich freue mich darauf, mit Keith alt zu werden, besonders wenn ich verhindern kann, dass man es mir ansieht. Vielleicht sollte ich Eheberaterin werden und das bei Ehefrauen als eine erste Strategie verwenden: „Wenn Sie einen Weg finden, sich in Ihrer Ehe jeden Tag für das Glück zu entscheiden und sich nicht in kleinen Unannehmlichkeiten zu verlieren, werden Sie zehn Jahre jünger aussehen." Und dann würde ich zu den Ehemännern sagen: „Es ist in Ihrem eigenen Interesse, dass Ihre Frau in zehn Jahren noch fabelhaft aussieht, also reißen Sie sich zusammen!"

Anhand ihrer Zufriedenheit und ihres partnerschaftlichen Umgangs miteinander war Marcello und Silvina deutlich anzumerken, dass es zu den größten Vorzügen ihrer Ehe gehörte, sich Ziele zu setzen und gemeinsam auf sie hinzuarbeiten. Zwei Köpfe statt nur einem und vier Hände statt zwei. Diesen Ansatz der Ehe habe ich als gemeinsamen Nenner bei den Paaren wahrgenommen, die ich interviewt habe. Sie investieren gegenseitig in die Träume des anderen und das Ergebnis ist, dass ihr Leben so etwas wie ein Traum in und an sich ist.

Aber Marcello und Silvina hatten mehr im Sinn als nur eine Partnerschaft und Ziele, die sie vorwärtsbrachten. Silvina erläuterte ein Konzept, das sich ähnlich anhörte wie das „donnant, donnant" aus einer früheren Begegnung.

„Würdet ihr sagen, der Unterschied zwischen eurer Beziehung und der eurer Freunde, die sich haben scheiden lassen, liegt in ‚was ihr wollt, dass euch die Leute tun sollen, das tut ihnen auch'?" Sie sahen uns verständnislos an. *Probieren wirs noch einmal*, dachte ich. Wir holten Rosio in das Speisezimmer, wo wir Tee und Kaffee tranken und kleine belegte Brötchen und Gebäck aßen.

Wir suchten abermals nach den richtigen Worten und mit Rosios Hilfe konnte wir einander schließlich verstehen.

„Claro!", sagte Silvina („Natürlich!") „Pero (aber) ich denke nicht über meinen Arm nach, aber ich kümmere mich um ihn." Sie fuhr mit der rechten Hand am linken Arm entlang, während Keith und ich uns bemühten, ihrem Vergleich gedanklich zu folgen. Sie bemerkte unsere verwirrten Blicke.

„No es transaccional", sagte sie.

„Es ist keine Transaktion", übersetzte Keith mit selbstzufriedenem Blick.

Ich verstand sie so: Wenn man sich im täglichen Leben den Bedürfnissen und Träumen seines Partners zuwendet, wird es ganz normal und man muss nicht viel darüber nachdenken. Man erwartet sich auch nichts dafür, weil man das tut. Das Schöne ist, wenn beide Partner das tun, dann bekommen beide reichlich und geben selbstlos. Das ist ein gutes Wirtschaftssystem.

Ein weiterer Unterschied bestehe darin, so Silvina, dass sie sich beide ständig zu vervollkommnen versuchten. Ich fragte sie, ob sie sich nach fünfundzwanzig Ehejahren noch immer veränderten, und beide antworteten mit einem lauten Ja. Weil sich die Lebensumstände ändern, muss man sich natürlich auch ändern. Aber der Schlüssel, sagten sie, liege darin, dass man diese Veränderungen annimmt und dadurch wächst.

„Marcello sagt, ich bin wie eine Spinne", sagte Silvina lachend. Der Vergleich hörte sich seltsam an und Keith und ich rätselten, ob uns wieder einmal die Sprachbarriere im Weg stand. „Ja, ich bin wie eine Spinne. Ich habe dieses Netz gesponnen", sagte sie, indem sie mit ihren Händen in der Luft umherwirbelte. „Sobald das Netz einen Riss bekommt, dann mache ich *zzzz zzzz zzzz.*"

Gut, wenn das Spinnennetz beschädigt wird, dann flickt sie es. So viel habe ich verstanden. Mit anderen Worten, Silvina war fleißig. Sie ließ nichts unerledigt liegen, weder in ihrer persönlichen Entwicklung noch in ihrer Ehe. Ich habe viele Paare kennengelernt, die sich entschlossen, aufsteigende Probleme oder Unzufriedenheiten zu ignorieren, weil es im Moment als der leichtere Weg erschien. Aber tut man das über längere Zeit zu häufig, so handelt man sich bald ein riesiges Problem ein, eine Midlife-Crisis oder eine zerbrochene Ehe. Mir gefiel Silvinas Vergleich mit dem Spinnennetz – sie vernachlässigte nie ihr Netz. Es ist ihr Schutz und ihr Lebensblut. Wenn sie nachlässig werden, können sie nicht überleben.

Beide sprachen über ihren Grad an Ehrlichkeit miteinander in Bezug darauf, was sie ändern sollten und wo sie sich verbessern konnten. Keiner von ihnen sei beleidigt, sagten sie, wenn der andere ihn auf etwas hinwies. Damit kann ich mich identifizieren.

Jedes Jahr schreibe ich meine persönlichen Ziele für das kommende Jahr auf eine Karteikarte und auf der Rückseite schreibe ich alle Ziele auf, die ich für Keith habe. Er macht dasselbe für mich. Am 31. Dezember tauschen wir die Karteikarten aus und sprechen darüber. In den ersten Jahren fiel es mir immer etwas schwer, wenn Keith mir die Liste gab. Ich hatte das Gefühl, ich machte mehr Dinge falsch als richtig. Aber dann kam mir der Gedanke: Wie viele Dinge kann man schon auf eine Karteikarte schreiben? Im Lauf der Jahre wurde die Liste mit jedem Jahr kürzer. Inzwischen freue ich mich über die Rückmeldungen. Ich möchte ihm so gerne die bestmögliche Frau und Freundin sein und deshalb soll er mir ruhig zeigen, wo die Löcher in meinem Spinnennetz sind. Jedes Jahr, in dem wir das taten, kamen wir überein, an jedem Punkt der Liste zu arbeiten. Nur selten war es nötig, zwei Jahre hintereinander das Gleiche aufzuschreiben, denn wie Silvina machen wir *zzzz zzzz zzzz*.

Unser Zusammensein mit Marcello und Silvina war für uns in mehrfacher Weise aufbauend. Sie schenkten uns großzügig ihre Zeit, ihre Lebensweisheit und ihre Gastfreundschaft. Als wir ins Taxi einstiegen, das uns ins Hotel zurückbringen sollte, sagte Keith: „Am liebsten würde ich die südamerikanische Gastfreundschaft in eine Flasche füllen und mit nach Hause nehmen."

Ich konnte dem nur voll und ganz zustimmen. Bei allen meinen Reisen während dieser weltweiten Suche wurde ich oft beschämt und auch geehrt durch die Großzügigkeit anderer. Ich hatte Keith davon erzählt, aber nun hatte er es zum ersten Mal selbst erlebt. Es ist eine eigene und wunderbare Erfahrung, in das Leben fremder Menschen zu treten, die Dynamik ihrer innersten Gedanken zu verstehen, ihre köstlichen Speisen zu genießen, ihre Geschenke anzunehmen und ihre hart erkämpften Lebenserfahrungen in sich aufzunehmen. Dabei lächeln sie die meiste Zeit nur und fühlen Dankbarkeit darüber, dass sie etwas zu geben haben. Eine glückliche Ehe führt uns mit der Zeit an diesen Punkt, wie ich von diesen glücklichen Frauen und Paaren gelernt habe. Das Ergebnis glücklicher Ehen sind freundliche Menschen, die aus dem Überfluss ihrer Beziehungen reichlich austeilen können.

Leute, die im persönlichen Leben glücklich sind, und besonders in der wichtigsten aller irdischen Beziehungen, scheinen alle anderen um sie her zu bereichern. Sie sind ein Licht in einer dunklen und brutalen Welt. Sie sind anders. Sie sind besonders. Sie sind Engel.

Keith und ich beendeten unsere Zeit in Südamerika mit einem unauslöschlichen Leuchten auf unseren Gesichtern. Immerzu stand uns die Herrlichkeit einer gelungenen Ehe vor Augen und brachte uns zum Lächeln. Besonders Keith. Er hatte nun auch erlebt, was ich mit jedem Paar erlebt hatte, dem ich begegnet war: Wenn ich mich von ihnen verabschiedete, spürte ich, dass die Begegnung eine tiefe Wirkung auf mich gehabt hatte, die mich für immer verändern würde. Ich war ganz außer mir vor Freude, dass Keith und ich das miteinander teilen konnten. Es war ermutigend und gab uns Kraft für eine noch tiefere Beziehung zueinander. Ich wandte mich zu ihm.

„Wenn wir für den Rest unserer Tage nicht glücklich miteinander sind, ist es unsere eigene Schuld. Denn wir wissen alles, was nötig ist, damit wir eine glückliche Ehe führen und in Liebe alle Tage unseres Lebens beisammenbleiben können."

Keith lächelte vor sich hin, sagte nichts und alles zugleich, worüber ich nun auch lächeln musste.

NORD-AMERIKA

Kapitel 30

ES IST JA NUR KREMPEL

Santa Clarita, Kalifornien

Es gibt nur wenige Paare in unserem Alter, vor denen Keith und ich so viel Achtung haben wie vor Annett und Byron.

Ich lernte Annett durch meine gute Freundin Jenny kennen, mit der sie seit fünfzehn Jahren auf der US-Pro-Beachvolleyball-Tour zusammenspielt. Keith und ich verfolgten die Spiele an den verschiedensten Stränden Kalifornien stets mit, von San Diego im Süden bis Santa Barbara im Norden.

Ich bin ein sehr lautstarker Fan. Als Jenny und Annett einmal gegen ein Team spielten, das eine große Zahl von Schlachtenbummlern mit Megafonen und passenden T-Shirts dabei hatte, saß ich ganz in der Nähe. Ich wollte das nicht akzeptieren und war entschlossen, genauso laut zu sein wie diese ganze Truppe. Keith – und auch alle anderen auf der Tribüne – staunten nicht schlecht, dass es mir irgendwie gelang, sie alle zu übertönen.

Nun möchte ich nicht, dass Sie glauben, ich ginge ständig allen mit meiner Lautstärke auf die Nerven. Aber wenn man in einer Familie mit vier weiteren Mädchen aufwächst, lernt man sich durchzusetzen, und für mich bedeutete das manchmal – okay, sagen wir meistens – erhöhtes Stimmvolumen.

Als ich Annett zum ersten Mal traf, kannte sie mich nur als diese verrückte Freundin von Jenny, die immer aus voller Kehle schrie, wenn Annett eine ihrer mörderischen Angaben machte: „Bring sie zur Weißglut, Nettie!" Es gibt drei Sportteams, die ich anfeuere: die San Antonio Spurs, das Bishop Alemany High School Basketball Team (wo mein Schwager Trainer ist) und das dynamische Duo Jenny und Annett – und wenn ich da bin, dann soll jeder von meiner Anwesenheit wissen.

Das erste Mal, als ich mit Annett und Byron außerhalb der Sportplatztribünen redete, hatten sie vielleicht erwartet, ich wäre lauter als andere. Ich habe sie nie gefragt, welchen Eindruck sie von mir hatten, bevor sie mich näher kennenlernten. (Wenn ich so recht darüber nachdenke, dann will ich die Antwort darauf gar nicht wissen.) Über die Jahre ist unsere Freundschaft gewachsen und als wir vor etwa einem Jahr einmal bei ihrer Familie zum Essen eingeladen waren, waren wir so beeindruckt von ihrer liebevollen Beziehung zueinander und zu den Kindern, dass wir noch tagelang davon sprachen. Buchstäblich jeden Tag, vielleicht eine Woche lang.

Ich kann mich nicht entsinnen, jemals ein Elternpaar in unserem Alter kennengelernt zu haben, denen ihre Kinder ein so großes Anliegen waren und denen es gleichzeitig gelang, dass ihre Ehe die höchste Priorität behielt.

Annett und Byron waren beide Spitzensportler der Universität von Kalifornien in Los Angeles und lernten sich dort auch kennen. Ihre Beziehung war über die Jahre immer stärker geworden. Sechzehn Jahre sind vielleicht keine lange Zeit, doch in Los Angeles, wo viele Menschen ihre Beziehungen so oft wechseln wie andere die Kleidung, ist das schon eine Leistung. Für uns anziehend war ihr ausgeprägter Wille, ihre Sache in jeder Hinsicht gut zu machen, jedoch nicht auf Kosten der Familie.

Als Afroamerikanerin muss ich Ihnen sagen, dass das in unseren Kreisen seltener ist, als ich gern zugebe. Ungefähr fünfundsiebzig Prozent der afroamerikanischen Kinder werden außerhalb der Ehe geboren. Insofern berührt mich die Beziehung von Annett und Byron umso mehr. Ich bin nicht leicht zu beeindrucken. Aber ihre Liebe und ihr Respekt füreinander sind für mich immer wieder bemerkenswert, wenn ich mit ihnen zusammen bin.

Ein Grund ist auch, weil ich selbst zurzeit darüber nachdenke, Mutter zu werden. Annett und Byron haben es gleichzeitig geschafft, ihre Kinder zu erziehen und dennoch weiter an ihrer Ehe zu arbeiten. (Habe ich erwähnt, dass Annett, die als Profisportlerin absolut top ist und sogar Olympiateilnehmerin war, ihre Kinder selbst zu Hause unterrichtet?) Vielleicht brauchte ich nur noch diese eine Bestätigung, dass es möglich ist, sowohl eine wunderbare Mutter als auch Ehefrau und Karrierefrau zu sein.

Zu Beginn des Interviews erkundigte ich mich, wie es ihnen gerade ging. Annett hatte sich offiziell vom Profibeachvolleyball in den USA zurückgezogen und Byron befand sich gerade im letzten Arbeitsmonat als hauptamtlicher Mitarbeiter einer Kirchengemeinde, in der er tätig gewesen war, seit wir die beiden kannten. Nun war er im Begriff, sein Arbeitsverhältnis zu beenden, um seinen beruflichen Traum zu verwirklichen und als selbstständiger Lebensberater zu arbeiten. „Das liegt ihm wirklich sehr“, verriet mir Annett, „durchs Land reisen, Vorträge halten und andere dazu motivieren, ihr Leben so zu leben, wie Gott es für sie gedacht hat.“

Mehr als zehn Jahre lang hatte Annett ihn gedrängt, sich auf das Risiko der Selbstständigkeit einzulassen. Sie ermutigte ihn und versicherte ihm, die Familie würde schon damit klarkommen, er solle nur vorangehen und endlich das tun, was ihm am meisten am Herzen lag.

Nun war die Zeit gekommen, im Glauben loszumarschieren. Zum Zeitpunkt meines Besuches war es nur noch eine Woche, bevor er offiziell seine selbstständige Tätigkeit aufnehmen würde.

Über dieses Thema herrschte in der Familie Einigkeit. Annett wünschte sich, dass Byron seinen Beruf mit genauso viel Freude ausüben sollte, wie sie selbst es viele Jahre lang getan hatte. Nun war eben Byron an der Reihe, wenn es auch finanziell ziemlich eng werden konnte, das war ihnen bewusst.

„Es wird uns nichts fehlen", sagte Annett voller Überzeugung. Ich wirkte anscheinend besorgter als sie selbst. „Wir werden vieles aufgeben müssen. Wenn wir das Haus verlieren, werden wir bei Verwandten wohnen, bis wir wieder auf eigenen Füßen stehen können."

„War das schon einmal der Fall?"

Annett schwieg einen Moment. „Wir haben schon einmal alles verloren", sagte sie schließlich mit einem nostalgisch-düsteren Unterton. „Damals hatten wir uns mit einigen Investitionen verspekuliert und schließlich kam der Gerichtsvollzieher und wir verloren unseren ganzen materiellen Besitz. Aber wir haben nie *uns selbst* verloren. Der Verlust des ganzen Krempels hat sich auf die Familie nicht negativ ausgewirkt. Es ist nur Krempel."

Während sie das sagte, dachte ich an die Zeit, als ich beim Los-Angeles-Marathon mitlief. Falls Sie einmal im Fernsehen einen Marathon mitverfolgt haben oder selbst bei einem mitgelaufen sind, ist Ihnen sicher auf den ersten Streckenabschnitten etwas Seltsames aufgefallen. Die meisten Läufer kommen mit Pullis, Müllbeuteln und leichten Jacken, um ihren Oberkörper warm zu halten. Die meisten Marathonläufe beginnen früh am Morgen, wenn es draußen noch kalt (und oft feucht) ist. Bald nach dem Start beginnen sich die Läufer ihrer Jacken, Pullover und Müllbeutel zu entledigen, die dann auf den ersten ein, zwei Kilometern der Strecke am Rand liegen bleiben. Am Ende des Laufes heben ehrenamtliche Marathonmitarbeiter die Kleidung auf und lassen die Sachen einer örtlichen Wohltätigkeitsorganisation zukommen, damit sie anderen Menschen Wärme spenden.

Als Annett und Byron zu Beginn ihres gemeinsamen Lebens beschlossen, ein einfaches Leben zu führen, gaben sie sich das Versprechen, ihren Besitz mit leichter Hand zu halten. Das heißt, sie sind bereit, alles loszulassen, was ihnen Stress bereitet, so wie die Marathonläufer, die zu Beginn eines Rennens ihre Jacken abwerfen. Keith und ich trafen eine ähnliche Vereinbarung, ehe wir heirateten. Wenn schwere Zeiten kommen würden, dann wollten wir unsere Widerstandskraft zeigen, indem wir alles losließen, was unserer Beziehung schaden konnte. Wir mussten bisher noch nicht von diesem Entschluss Gebrauch machen. Annett und Byron hingegen hatten es nicht nur einmal getan, sie waren auch bereit, es nötigenfalls wieder zu tun, damit Byron seiner Leidenschaft folgen konnte.

Annett und Byron war es noch nicht bewusst, aber was sie vorhatten, deckte sich genau mit dem, was viele Paare, die ich auf meiner Reise getroffen habe, getan hatten: Sie hatten die Träume des anderen unterstützt. Sie hatten ihre Partner ermutigt, ihrer Leidenschaft zu folgen, was auch immer der Preis dafür war. Am Ende hat es keiner von ihnen bereut.

Estrellita und Mario mussten jeden uruguayischen Peso umdrehen, damit sie Augenärztin bzw. er Orthopäde werden konnte. Silvina und Marcello unterstützten die Ziele des anderen, als sie nur wenige argentinische Pesos ihr Eigen nannten. Jim hatte alles Zusammengesparte für die Ausstattung seiner Frau als Reisejournalistin verwendet. Jerry brachte Opfer, während Bonnie viele Jahre eine Ausbildung machte und jetzt, über zwanzig Jahre später, revanchiert sie sich für seine Freundlichkeit. Barbara gab einen Posten als Krankenschwester in der Stadt auf, um eine Arbeit in einer ländlichen Bergarbeiterstadt anzunehmen, damit Doug bessere Arbeitsmöglichkeiten hatte.

Immer wieder habe ich die Geschichten von Paaren gehört, die sich eine Lebenspartnerschaft aufbauten und sich gegenseitig ermutigten, ihren Träumen nachzugehen. Ausnahmslos keines dieser Paare hat es im Nachhinein bereut. Das heißt nicht, dass es immer leicht war, aber glücklich verheiratete Paare werden durch Schwierigkeiten nur noch stärker. Es lässt sie enger zusammenrücken, statt sie auseinanderzubringen.

Für mich war das Schreiben dieses Buches ein Wagnis. Ich musste eine Berufslaufbahn zurückstellen, die ich mir in Jahrzehnten aufgebaut hatte. Keith hatte diese Veränderung akzeptiert und mich wochen- und monatelang ohne Ende in Sicht an die ganze Welt verliehen. Und bei alledem gibt es nie eine Erfolgsgarantie. In einer starken Ehe bekommt man so viel Kraft und Mut, wie man alleine nie hätte. Man kann in die Welt hinausgehen, weil man einen festen Anker und die Hoffnung auf eine schöne Zukunft hat, ganz gleich wie viel oder wie wenig man besitzt. Denn wer eine glückliche Ehefrau ist, für den ist alles andere nur Krempel.

Kapitel 31

ZEIT ZU LEBEN, ZEIT ZU LIEBEN

San Francisco, Kalifornien

Am Morgen, bevor ich mich mit Annett und Byron traf, erhielt ich den Anruf einer Frau, die ich nur von ihren Texten her kannte. Eines ihrer Bücher habe ich im Laufe der Jahre Hunderten von Menschen weiterempfohlen. Schon der Titel mahnt mich immer, dass ich Keith, unsere Ehe und unser ganzes Leben nicht hoch genug schätzen kann.

Zeit zu leben, Zeit zu lieben wurde größtenteils von Richard Carlson geschrieben, einem Bestsellerautor, dessen Buchreihe „Don't Sweat the Small Stuff" über fünfundzwanzig Millionen Mal verkauft wurde. Zu ihrem achtzehnten Hochzeitstag präsentierte er seiner Frau Kristine das Manuskript, das er ohne besondere Absichten geschrieben hatte. Ich finde es wunderbar, wie sie diesen Moment beschreibt:

Mein Mann nahm mich an der Hand und führte mich über einen Fußweg zu unserer Lieblingsbank. In der anderen Hand trug er ein mit einem goldenen Band verschnürtes Bündel. Die Bank lag ganz versteckt inmitten von Zypressen und Pinien mit Blick auf den Pazifik. Es war etwa zwanzig Minuten vor Sonnenuntergang und als wir uns hinsetzten, schmiegte ich meinen Kopf an seine Schulter; wir schlangen die Arme umeinander und kosteten den Augenblick aus, dankbar für die Schönheit der Natur. Schweigend überreichte Richard mir das Paket, das auf seinem Schoß gelegen hatte. Sofort sprangen mir die Buchstaben des Titelblatts in die Augen. Darauf stand:

Noch eine Stunde zu leben:
Wen würdest du anrufen, und worauf wartest du?
Für Kris, die Liebe meines Lebens, zu unserem
achtzehnten Hochzeitstag.
In Liebe, Richard

Es war ein schrecklicher Moment für mich, denn ich hatte für ihn nur eine Karte.

Während wir am Felsvorsprung saßen und Richard zusah, wie die Sonne unterging, las ich die wundervollsten Worte, die man sich nur vorstellen kann. Sogar für den erfolgreichen Autor Richard Carlson war dies ein erstaunliches Geschenk, das ich bekam. Ich fragte mich: *Wie kommt er dazu, so etwas zu schreiben?* Als ich mich zu ihm umdrehte, liefen mir Tränen übers Gesicht und ich fragte ihn, ob er an einer tödlichen Krankheit litte. Da lachte er und antwortete: „Nein, ich bin nicht krank.

> Deine Liebe und unser wunderschönes gemeinsames Leben haben mich inspiriert. Ich musste dir diese Dinge einmal sagen."[11]

Drei Jahre später starb Richard mit fünfundvierzig Jahren an einer Lungenembolie. Er befand sich auf einem Routineflug von San Francisco nach New York, wo er sein neues Buch bewerben sollte. Es hatte keinerlei Anzeichen einer Krankheit gegeben, es kam völlig unerwartet. Wie es Kristine gelang, die Fassung zu bewahren, geht über meinen Verstand. Oft sind mir schon die Tränen gekommen bei der Vorstellung, dass Keith ohne mich von dieser Erde gehen könnte. Sicherlich würde mir die Hoffnung, ihn eines Tages im Himmel wiederzusehen, Trost geben. Aber jetzt, wo er nur vier Jahre jünger ist, als Richard war, als er starb, kann ich es mir einfach nicht vorstellen.

In ihrer Trauer veröffentlichte Kristine das Hochzeitstagsgeschenk. Das Buch enthält auch sein Lieblingsgedicht: „Morgen wird nie kommen" („Tomorrow never comes") von Norma Cornett Marek. „Morgen ist keinem versprochen, ob du jung oder alt bist", heißt es in dem Gedicht, „und heute könnte die letzte Chance sein, deine(n) Liebste(n) im Arm zu halten."[12]

Als ich überlegte, wie ich mein Buchprojekt zum Abschluss bringen könnte, dachte ich an *Zeit zu leben* und die Liebe, die Richard und Kristine miteinander verband. Ich wollte am Schluss noch ein Interview mit jemandem, der weiß, wie es ist, seinen Ehepartner zu verlieren, und zwar nicht aufgrund falscher oder selbstsüchtiger Entscheidungen, sondern durch Umstände, auf die man keinen Einfluss hat.

Am Anfang hatte ich daran gedacht, den Schlusspunkt des Buches von meiner Mutter setzen zu lassen. Viele Hinweise, wie man eine glückliche Ehe führen kann, habe ich von ihr und meinem Vater übernommen. Aber immer wenn ich darüber nachdachte, fing ich zu weinen an. Der Tod meines Vaters war noch nicht lange genug her, die Wunde zu frisch, als dass wir uns so intensiv damit beschäftigen konnten. Möglicherweise hätten wir beide das nicht heil überstanden. Daher suchte ich nach jemandem, von dem ich wusste, dass er seine Erfahrungen weitergeben konnte, aber schon genug Abstand davon hatte, sodass vielleicht ein paar Tränen dabei fielen, jedoch nicht ein ganzer See von Tränen.

Auf einer Fahrt durch die Berge, die die Talseite von Los Angeles vom Meer trennen, dachte ich darüber nach, wer die richtige Person dafür sein könnte. Viele Namen kamen mir in den Sinn, aber bei keinem biss ich so richtig an. Ich ließ die hügelige Landschaft um die Pepperdine-Universität hinter mir und bog links ab auf den Pacific Coast Highway. Auf einmal schoss mir scheinbar aus dem Nichts ein Name in den Sinn: Kristine Carlson. Es war schon eine Weile her, dass ich *Zeit zu leben* gelesen hatte, aber nun fiel mir ihr Name wieder ein. Ich wusste sofort: Sie war es, die ich suchte.

Sofort rief ich meine bestens vernetzte Freundin Shelene an, mit der ich am selben Tag schon beim Mittagessen über das Thema geredet hatte: „Eine von uns beiden muss sie zu fassen bekommen", sagte ich. „In Los Angeles kennt doch jeder jeden um drei Ecken, oder?"

„Lebt sie denn in Los Angeles?", fragte Shelene zurück.

„Keine Ahnung." Ich wusste nur, dass ich sie für das Schlussinterview brauchte. Außerdem sollte mein Manuskript schon in wenigen Wochen bei meinem Verleger sein und mir fiel niemand ein, der Kristine persönlich kannte.

Als ich nach Hause kam, sprang ich sogleich aus dem Auto, lief die Treppe hinauf und startete meinen Laptop. Ich fing an nachzuforschen, wo Kristine lebte und fand heraus, dass es irgendwo in Nordkalifornien sein musste. Wie sich herausstellte, hatten sie und Richard beide ihren Abschluss an der Pepperdine-Universität gemacht, derselben Hochschule, an der ich gerade vorbeigefahren war, als mir ihr Name in den Sinn kam. *Das muss ein Zeichen sein,* dachte ich. Ich forschte weiter.

Fieberhaft schickte ich Shelene eine Nachricht über meine Nachforschungen. Außerdem schickte ich E-Mails an andere Freundinnen, die mir eventuell helfen konnten. Schließlich, als letzten Ausweg, ging ich auf Kristine Carlsons Facebookseite und schrieb eine Nachricht. Dann wechselte ich auf ihre Internetseite und schrieb an die dort angegebene E-Mail-Adresse, um mit ihr Kontakt aufzunehmen. In meiner E-Mail erzählte ich ihr von den erstaunlichen Paaren, die ich auf der ganzen Welt kennengelernt hatte, und auch, warum ich dieses Buch schrieb.

Zu meiner Überraschung kam binnen einer Stunde eine Antwort von ihr, sie schrieb, dass sie bereit sei für das Interview. Unterschrift: „Kris".

Am nächsten Morgen erhielt ich einen Telefonanruf einer Frau, deren Stimme wie der helle Sonnenschein klang. Man kann es nicht anders beschreiben.

„Hallo Fawn. Hier spricht Kris Carlson!"

Ich schaute auf mein Handy, blickte zu Keith und dann auf die Uhr. Es blieben mir fünf Minuten, mich anzuziehen und das Haus zu verlassen, um rechtzeitig zu einem anderen Termin zu kommen. Keith beobachtete den Minizirkus, den ich aufführte, wie ich das Handy mit meiner Schulter an mein rechtes Ohr klemmte und gleichzeitig versuchte, meine Hose und die Schuhe anzuziehen, während ich mit den Lippen die Worte formte: „Es ist Kristine Carlson!"

Am Telefon verriet sie mir, was für eine Ironie es für sie war, meine Nachricht zu bekommen, denn sie hatte gerade über ihren Lebenszweck nachgedacht und darüber, was sie am meisten inspiriert. Sie ist die Verfasserin mehrerer *New-York-Times*-Bestseller und war zusammen mit Richard Mitautorin einiger der „Don't Sweat the Small Stuff"-Bücher. Aber als sie versuchte, auf den Punkt zu bringen, wofür ihr Herz am meisten schlug, erkannte sie, dass das die Ehe war.

Sie hatte dem Interview bereits zugestimmt und sagte mir, ihre Sekretärin würde sich um einen Termin kümmern. Da wir uns in San

Francisco treffen würden, erzählte ich ihr, dass Keith mir in dieser Stadt einen Heiratsantrag gemacht hatte. Daher würde ich ihn gerne mitnehmen, damit wir das ganze Wochenende dort verbringen könnten. Dann entschuldigte ich mich ganz verlegen bei ihr, da ich ja sofort weg musste und wir beendeten abrupt unser Telefongespräch.

„Das war Kristine Carlson!“, rief ich Keith zu, der immer noch diese Nebenvorstellung genoss. Mit einem Kuss eilte ich davon. Während ich aus der Einfahrt herausfuhr, rief ich Shelene an. „Du brauchst dir keine Gedanken mehr darüber zu machen, jemanden zu finden, der Kristine Carlson kennt“, sagte ich ihr. „Es hat sich bereits erledigt.“

„Ich glaube nicht, dass wir schon lange genug zu Hause sind, um wieder wegzufahren“, sagte ich, als Keith und ich unsere Koffer die Einfahrt zum Taxi hinunterrollten, das uns zum Flughafen bringen sollte. Wir hatten nach unserer Rückkehr aus Südamerika noch nicht einmal ausgepackt. Nun nahmen wir einfach die alte Kleidung aus den Koffern heraus und füllten neue ein, die nicht nach den Straßen von Buenos Aires roch.

Ich war verständlicherweise müde und dieses Gefühl verstärkte sich nach meinen abenteuerlichen Reisen mit jedem Tag. Aber das Bewusstsein, dass ich alles gegeben hatte und dass alles, was ich rund um die Welt gelernt hatte, nun mit Kristine seinen Höhepunkt finden würde, verlieh mir neue Kraft.

Wir beschlossen, im San Francisco Palace Hotel zu wohnen, wohin ich nach Keith' Heiratsantrag zurückgekehrt war. Während jener so umwälzenden Reise hatte er im nahen Westin Hotel gewohnt, aber er wollte, dass ich mich im Palace wie eine Königin fühlte. Es erscheint vielleicht seltsam in unserer Zeit, dass er für uns Zimmer in zwei verschiedenen Hotels reservierte. Schon bevor wir miteinander befreundet waren, hatte ich als Teenager (über diese Zeit könnte ich übrigens ein ganz anderes, viel lustigeres Buch schreiben) Gott das Versprechen gegeben, keinen Sex vor der Ehe zu haben. Getrennte Hotelzimmer boten daher Sicherheit.

Was ich noch nicht ahnte, aber bald erfahren sollte, war der große Zeitaufwand und die Anstrengungen seinerseits, bis es zu den Worten kam: „Du bist mein Leben. Gibst du mir die Ehre, meine Frau zu werden?“ Diese Worte, die von seinen Lippen kamen, waren die schönsten, die ich je gehört hatte.

Pretty Woman war lange mein Lieblingsfilm. Bevor Sie urteilen, wie einfach gestrickt (und hedonistisch) dieser Film ist, lassen Sie mich erzählen, warum er mein Herz so berührt hat. (Ich glaube, ich muss mich rechtfertigen, denn immer wenn Keith jemandem, der mich nicht gut kennt, von seinem Heiratsantrag berichtet, sagt er: „Fawns Lieblingsfilm ist *Pretty Woman*.“ Dafür erntet er meist entgeisterte Blicke.) *Pretty Woman* ist die Geschichte einer Wiedergutmachung, ein Film über eine Frau, die einen Lebensstil angenommen hat, der ihr im Grunde zuwider ist, weshalb sie oft weint. Aber am Ende, nachdem sie sich ihres Wertes bewusst geworden ist, entscheidet sie sich für nichts Geringeres als das Beste. Ich liebe diese Geschichte!

Szene für Szene schaute sich Keith den Film immer wieder an. Er wollte eine Situation für mich inszenieren wie bei *Pretty Woman*. Sein Heiratsantrag und unser anschließendes gemeinsames Leben sollten ein Teil meiner Wiedergutmachungsgeschichte sein. Mit akribischem Aufwand plante Keith eine Reise nach San Francisco. Er konnte es sich nicht leisten, mich mit einem Privatjet einfliegen zu lassen, wie es Richard Gere für Julia Roberts in einer der unvergesslichsten Szenen im Film tut, aber er fädelte ein, dass ich an Bord eines Linienflugzeugs kam, ohne zu wissen, wohin wir unterwegs waren. Er hatte sogar mit dem Sicherheitsdienst vereinbart, dass er den Ring durch die Kontrolle bringen konnte, ohne dass der Detektor anschlug und er ihn zurücklassen musste. So kamen wir unbehelligt an Bord.

Keith' Plan war, die Szene nachzuspielen, wo Gere Roberts zum ersten Mal mit in die Oper nimmt; nur wollte er sich stattdessen mit mir „Das Phantom der Oper" ansehen. Unglücklicherweise fiel sein Antrag mit der letzten Spielwoche des Musicals in San Francisco zusammen. Er telefonierte mit vielen Kartenbüros, aber es war einfach nichts zu bekommen. Daher trat Plan B in Kraft: das Broadwaymusical *Forty-Second Street*. Aber vorher hatten wir noch einen anderen Programmpunkt.

Keith hatte ein straffes Programm für mich zusammengestellt. Nur wenige Minuten Zeit im Hotel verblieben, um mich frisch zu machen, während er in seinem Hotel eincheckte. Anschließend wollte er zurückkommen und mich abholen. Ich muss eingestehen, dass ich mich damals ein bisschen beschwerte, denn ich hätte lieber eine kurze Ruhepause gehabt; ich war noch müde vom Vorabend (meinem Geburtstag), an dem wir zusammen ausgegangen waren, und von unserem frühen Aufbruch zum Flughafen an diesem Morgen. Aber Keith sagte, er würde kein Jammern zulassen.

„Nickerchen ist gestrichen. Du kannst dich frisch machen. In zwanzig Minuten hole ich dich ab – pünktlich!"

Keith ist ein rücksichtsvoller Mensch, daher wusste ich, dass etwas im Busch war, wenn er den Zeitplan so strikt vorgab. Als er zurückkam, hatte er drei Dinge mit im Auto: einen Stadtplan (ja, ich weiß, es ist kaum zu glauben, dass es einmal eine Zeit gab, wo Handys noch kein GPS hatten), eine tragbare Stereoanlage (auch dafür gab es einmal eine Zeit) und eine Tüte mit Subway-Baguettes. Eine ziemlich interessante Kombination, fand ich. Minuten später waren wir unterwegs und kurvten durch die Straßen. Wir wollten zum Golden Gate Park. Als wir dort ankamen, bemerkte ich Keith' Enttäuschung.

„Hier sind zu viele Menschen. Suchen wir uns einen ruhigeren Park."

Damit hatte er sich verraten. Mit halsbrecherischer Geschwindigkeit war er zu diesem Park gefahren, hatte mir keine Ruhe gegönnt und nun wollte er einen ruhigeren Park suchen mit weniger Leuten.

„Schatz, kannst du hier einen anderen Park finden?“, fragte er und übergab mir den Stadtplan. Ich suchte nach großen grünen Zonen. „Da ist einer“, sagte ich und deutete auf Fort Point, einen kleinen Park in der Nähe der Kasernen mit Blick auf die Golden-Gate-Brücke. Das war also unser nächstes Ziel.

Dort angekommen, nahm Keith die Subway-Tüte, die tragbare Stereoanlage und meine Hand und führte mich zu einem Platz, den er sich zuvor ausgeschaut hatte. Wir setzten uns auf einen Ballen Heu und er reichte mir ein Subway-Baguette, eine Tüte Pommes frites und eine Flasche Wasser. Dann drückte er die Play-Taste und wir hörten während unserer Mahlzeit Garth Brooks, Martina McBride und Faith Hill. Keith hatte eine CD mit meinen Lieblingsliedern zusammengestellt.

Nach diesem späten Mittagessen fasste er mich an der Hand und fragte, ob ich tanzen wolle. Wir bewegten uns langsam zu Lee Ann Womacks „I Hope You Dance“, dann erspähte er ein anderes Paar, das etwa fünfzehn Meter von uns entfernt stand.

„Warte mal, ich frage die beiden, ob sie von uns ein Foto machen“, sagte er und stürzte los.

Als Keith mit dem Pärchen zurückkam, von denen einer die Kamera hielt, fiel er auf ein Knie und sprach die Worte, die ich niemals vergessen werde. Später ließ ich sie in seinen Ehering eingravieren.

„Du bist mein Leben“, begann er und Tränen liefen ihm übers Gesicht. Noch bevor er sich von seiner Kniebeuge erhoben hatte, sagte ich schon „Ja“. *Selbstverständlich* sagte ich „Ja“.

Die Sonne ging schon unter, als mich Keith ins Palace Hotel zurückbrachte, damit ich mich für den Abend umkleiden konnte. Als ich aus dem Auto ausstieg, zeigte ich dem Türsteher meinen Ring: „Er hat mir einen Heiratsantrag gemacht!“

Nun waren wir einige Jahre später als Ehepaar ins Palace Hotel zurückgekehrt.

San Francisco gehört zu den faszinierendsten Städten der Welt. Die Architektur gefällt mir sehr gut und die Stadt selbst ist ein positives Beispiel für städtebauliche Entwicklung. Dadurch ist es gelungen, mehr als 800 000 Menschen auf einer sehr kleinen Fläche unterzubringen, ohne dass es überfüllt wirkt. Menschen aller Gesellschaftsschichten leben in dieser Stadt. Sie ist so vielfältig wie New York, aber das Tempo gefällt mir hier besser.

San Franciscos Chinatown beherbergt mein absolutes Lieblingschinarestaurant, ein ganz kleines Lokal in der Jackson Street, zwischen Kearny Street und Cooper Alley. Auf der anderen Seite der Stadt, am Fisherman's Wharf, bekommt man die beste Muschelsuppe, die je zubereitet wurde. Man kann zum Ghirardelli Square gehen und in dem gleichnamigen Eissalon einen Bananensplit essen, den man ein Leben lang nicht vergisst. Es gibt nur wenig, was einem in San Francisco nicht zusagen wird, wenn man gerne gut isst und interessante Menschen trifft.

Am nächsten Morgen fuhren wir los, um uns mit Kris zu treffen. Eine halbe Stunde außerhalb der Kernstadt von San Francisco erreichten wir ein Viertel, das uns sehr an unsere eigene Nachbarschaft erinnerte. Diese Hügel waren von der Natur bepflanzt worden und nicht von Landschaftsgärtnern. Hundertjährige Eichen und hoch aufragende Pinien streckten sich himmelwärts.

Ich war nicht verwundert, dass Kris in einer ländlichen Gegend lebte. Ihre Offenheit und die Liebe, die durchdrang, wenn sie sprach – selbst in unserem kurzen Telefonat –, passte perfekt zu diesem Ort. Wir erreichten das Ende einer Sackgasse, wo wir zu einem einfachen braun und weiß gestrichenen Haus kamen. „Dieses Haus sieht nach

Kris aus“, sagte ich zu Keith, als ob ich sie schon jahrelang kannte. Als ich aus dem Auto stieg, kam eine schöne, flauschige Katze zu mir her und strich um meine Beine. Sie war so groß, dass man sie für einen Hund hätte halten können.

Ich verliebte mich sofort in diese Ragdoll-Katze, obwohl ich alles andere als eine Katzenliebhaberin bin. Ich wusste, dass Kris schon darauf wartete, dass wir hineingingen, aber die Katze hatte ihre Pfote um mich geschlungen. Es machte mir nicht einmal etwas aus, dass sie auf meinem Lieblingspullover ihre Haare hinterließ.

Ich habe oftmals gehört, dass Hunde die Wesenszüge ihrer Besitzer annehmen. Diese Katze hatte ganz offensichtlich die Wärme und Offenheit der Carlsons angenommen. Als wir durch den kleinen Hof zum Eingang gingen, öffnete Kris sogleich die Tür. Während sie uns bei sich willkommen hieß, lief ihre hübsche Puderquaste von einer Katze mit uns hinein. „Das ist Moe“, erklärte uns Kris.

Nachdem sie uns herumgeführt hatte, ließen wir uns alle am Kamin im Wohnzimmer nieder. Das Haus hatte etwas sehr Entwaffnendes. Es strahlte Offenheit und Liebenswürdigkeit aus – als ob diese in die Wände eingedrungen waren und nun langsam wieder nach außen strömten.

Zum letzten Mal nahm ich meinen Digitalrekorder heraus und legte ihn auf den Kaffeetisch. Kristine strahlte. Ihr Lächeln war unwiderstehlich. Es war eine Einladung, noch ein letztes Stück an Lebensweisheit zu finden.

Kapitel 32

HÖRE MIT DEM HERZEN

San Francisco, Kalifornien

Wir saßen vor der Feuerstelle, Keith zu meiner Linken und Kris vor uns und ich musste daran denken, dass vor nicht allzu langer Zeit ihr Ehemann ihr gegenüber gesessen hatte. Die zwei olivgrünen Ledersessel, auf denen Keith und ich Platz genommen hatten, waren eindeutig die, auf denen Kris und Richard in vergangenen Tagen oft gesessen hatten. Auf dem kleinen Beistelltisch zwischen uns lag das Buch *The Last Lecture* (Der letzte Vortrag), basierend auf einem Vortrag des inzwischen verstorbenen Autors Randy Pausch, nachdem er erfahren hatte, dass er nur noch drei bis sechs Monate zu leben hatte. Bis heute wurde dieser Vortrag mehr als 15 Millionen Mal angeklickt.

Das Video zeigt einen Mann, der sich weigerte, einfach stillschweigend in die gute Nacht namens Tod zu gehen. Seine letzten Monate verbrachte er damit, die Menschen zu ermutigen, ihr Leben ganz auszuschöpfen, das, wofür ihr Herz brannte, zu verwirklichen und die Träume ihrer Kindheit niemals aufzugeben. Der Vortrag endet mit einer Folie mit der Aufschrift: „Dieser Vortrag war nicht für euch vorgesehen, sondern für Dylan, Logan und Chloe.“[13] Während die Menschenmenge in einen Beifallssturm ausbricht, geht er zu seiner attraktiven Frau hinüber, die weinend in der ersten Reihe sitzt und führt sie auf die Bühne. Nachdem sie sich die Tränen von den Augen abgewischt und sich zusammen mit ihrem Ehemann verneigt hat, küsst sie ihn und flüstert ihm etwas ins Ohr. Später erzählte sie Diane Sawyer, was sie sagte: „Bitte, stirb nicht.“[14]

„Der letzte Vortrag“ ist ein tief beeindruckendes Buch. Man muss nicht allen Einzelheiten zustimmen, um von der emotionalen Kraft darin bewegt zu sein. Auf mich hatte es eine tiefe Wirkung. Ich weiß noch, dass ich meiner Mutter ein Exemplar brachte und sagte: „Das musst du lesen!“ Mein Vater war zu dem Zeitpunkt noch völlig gesund. Wer hätte gedacht, dass sie kaum vier Jahre später in einer Kirche sitzen würde, wo mein Vater *seine* letzte Botschaft mitteilte?

Ich griff nach dem Buch und erzählte Kris von der Trauer meiner Mutter. „Ich sollte sie anrufen“, meinte Kris. „Es ist nur wenige Jahre her und ich glaube, ich sollte Kontakt mir ihr aufnehmen, denn wir beide haben einen ähnlichen Verlust erlitten.“ Randy starb mit nur siebenundvierzig Jahren. Er war zwei Jahre älter als Richard und gerade sechs Jahre älter als Keith. Wenn man mit einer Frau wie Kris zusammensitzt, gleich neben einem Buch wie dem von Randy, und sich am Ende einer Reise wie der meinen befindet, kommt einem zwangsläufig der Gedanke: Die Zukunft gehört uns nicht, sie ist uns nicht zugesagt oder garantiert. Manchem erscheint das makaber oder deprimierend, aber es ist wahr. Wie bei Randy ist es die Art und Weise, wie man mit der Vergänglichkeit des Lebens umgeht, auf die es wirklich ankommt

An dem Morgen, als Richard starb, befand er sich in einem Flughafenhotel in San Francisco, da seine Maschine am nächsten Morgen sehr früh starten sollte. Kris, die meistens vor fünf Uhr schon wach ist, wachte an jenem Tag später auf. „Ich schaute auf die Uhr, da war es fünf nach sechs", erzählte sie. „Ich versuchte, ihn anzurufen, aber sein Telefon war schon außer Betrieb, da das Flugzeug im Begriff war abzuheben."

Kaum auszudenken, wie ich den Anruf aufgenommen hätte, den sie einige Stunden später erhielt.

Kris erzählte, wie sie und Richard sich auf dem Campus von Pepperdine kennengelernt hatten. Richard war die Nummer eins der Tennismannschaft, aber er war zu bescheiden, um mehr über sich zu sagen als: „Ab und zu lande ich einen Treffer."

Die Pepperdine-Zeitung *Voice* titelte: „Der große Aufschläger hat die große Welle erreicht!", berichtete Kris, „aber er tat so, als wäre er nur eine kleine Nummer in der Mannschaft. Auf dem Campus war er ein Star – groß, gut aussehend, mit viel Ausstrahlung, ein gefeierter Sportler. Aber wie er Kris erzählte, machte Tennis ihm gar nicht so viel Spaß.

„Ich schlug ihm vor, das Tennisspielen aufzugeben. „Das hatte ihm noch nie jemand gesagt und deshalb hatte er auch nicht darüber nachgedacht. Er wusste es sehr zu schätzen, dass ich das gesagt hatte, und kam ins Überlegen." (Zugegeben, das war, noch bevor ihre Zimmerkameradin ihr das Bild ihres neuen Freundes auf der Titelseite der Universitätszeitung zeigte.) Kris und Richard mussten den bedeutenden Unterschied zwischen Leidenschaft und Talent lernen. Beide sind für sich etwas Großartiges, aber manchmal kann man durch sein Talent davon abgehalten werden, seiner Leidenschaft nachzugehen. Ich meine, was würden Sie tun, wenn Sie ein Ass im Sport wären, aber keine Lust auf Wettkämpfe hätten? Oder eine begnadete Pianistin, die nichts mit klassischer Musik anfangen kann? Ein guter Prozessanwalt, der nicht gerne vor Menschen spricht? Würden Sie die Zähne zusammenbeißen, um mit Ihrem Talent glänzen zu können, oder würden Sie auf jenes stille, sanfte Flüstern hören, das Sie zu etwas Besserem führen will?

Kris ermutigte Richard nicht nur, das Tennisspielen bleiben zu lassen, wenn es ihm keine Freude mehr bereitete, sondern unterstützte ihn auch, als ihm nur noch sechs Punkte zu seinem Abschluss fehlten, er aber eigentlich einer anderen Leidenschaft folgen wollte. Ich wusste das nicht, bis sie uns erzählte, dass Richard schon zehn Bücher geschrieben hatte, bevor sein Megahit hundert Wochen lang auf der Bestsellerliste der *New York Times* stand. Vorher bescherten ihm seine Bücher nur ein bescheidenes Einkommen. Als er schon aufgeben und sich einen Job suchen wollte, um mehr Geld für die Familie zu verdienen, ermutigte ihn Kris, bei seinem Kurs zu bleiben. Sie half ihm, auf die flüsternde Stimme der Leidenschaft zu hören.

Als Kris und Richard heirateten, nahmen sie sich fest vor, ihren Leidenschaften zu folgen und einen Bogen um alles zu machen, was diesem eigentlichen Lebensinhalt nicht förderlich war. Ihre Lebensgeschichte zeigt, was es kostet und was es einbringen kann, diese Verpflichtung auch durchzuhalten. Einem Menschen, der sich schon einmal in einem Alltagsjob angekettet gefühlt hat, kommt diese Auffassung bestenfalls wie Hokuspokus und schlimmstenfalls völlig verantwortungslos vor. Dennoch erkennen auch diese Leute intuitiv, dass sie in einem Käfig stecken, und sie wünschen sich, es wäre anders.

„In der Gegenwart leben – das ist etwas, was für Richard ganz selbstverständlich war. Er sagte allen, sie sollten es auch so halten. Wir redeten viel miteinander. Über alles“, erzählte Kris. „Es gab eine Zeit, in der wir irgendwie in eine Sackgasse gerieten. Wir waren so beschäftigt und zerfransten uns so, dass die Verbindung zwischen uns verloren ging.“

Kris und Richard waren schon sieben Jahre verheiratet, als sie ihre erste Tochter Jasmine bekamen (Kris nennt sie zärtlich Jazzy). Einige Jahre später kam Kenna. Wie bei den meisten frischgebackenen Eltern war der Übergang nicht so sanft, wie sie es gerne gehabt hätten. Und es kam ein Tag, an dem sie sich zu einer ganz offenen Aussprache zusammensetzen mussten.

„Wir suchten nach einem Ort dafür – von allen Plätzen im Haus, wo man sitzen kann, setzten wir uns an den Kleinkindertisch. Richard war ungefähr so groß wie du", sagte sie und schaute Keith an. „Er war einsdreiundneunzig groß und wog achtundachtzig Kilo, also ein großer Mann, und wir saßen jetzt auf diesen kleinen Stühlen am Kindertisch."

Ich warf einen Blick zu Keith hinüber, der auch einsdreiundneunzig groß ist, und musste insgeheim lachen, wenn ich mir vorstellte, wie er sich auf ein winziges Kinderstühlchen zwängte.

„Dort hatten wir eine wirklich einschneidende Diskussion über unsere Ehe."

Richard sprach über seine Gefühle. Es gab vieles, mit dem Kris nicht übereinstimmte. Aber Kris lernte während dieses Gesprächs etwas sehr Wichtiges:

„Ich erinnere mich, dass Richard etwas sagte, was die meisten Frauen wohl aus der Fassung bringen würde. Aber er war so frustriert, weil zwischen uns so wenig Gemeinsamkeit bestand – es war keine leichte Zeit für uns. Jeder sagte: ‚Nimm du die Kinder.' ‚Nein, nimm *du* die Kinder.' Aber ich weiß noch, wie ich, anstatt einen Vorwurf herauszuhören oder im Augenblick zu hundert Prozent die Verantwortung dafür zu übernehmen, mir selbst sagte: ‚Pass auf, Kris! Hör doch eine Schicht tiefer. Horche auf das Gefühl hinter dem, was er dir jetzt sagt, und nicht auf den Inhalt. Häng dich nicht daran auf, was er sagt. Hör auf seinen Frust: Ich fühle mich, als ob ich als selbstverständlich betrachtet werde. – Ich spüre keine Verbindung zwischen uns. Hör auf diese Zwischentöne!' Und wenn ich das tat, dann konnte ich innerlich mit dem, was er sagte, etwas anfangen. Es ging in diesem Moment nicht um mich, es ging um ihn. Ich musste ihm einfach diesen Freiraum geben und ich weiß noch, wie ich dachte: ‚Durchatmen, nicht sofort reagieren. Nur zuhören. Er braucht im Moment mehr als alles andere, dass ich seine Gefühle ernst nehme.'"

In diesem Gespräch mit Richard verhielt sich Kris genau so, wie sie es vor Jahren getan hatte, als sie ihm den Rat gab, das Tennisspielen aufzugeben. *Sie schenkte ihm Aufmerksamkeit.* Anstatt zu einem Gegenschlag anzusetzen – unabhängig davon, wie gerechtfertigt er gewesen wäre –, schaute sie von ihren eigenen Gefühlen weg und richtete ihr Augenmerk auf das, was Richard ihr zu sagen hatte. Diese Art von Achtsamkeit findet man selten bei einer Einzelperson und noch seltener bei einem Ehepaar.

Kris konnte den Schmerz in Richards Stimme und seine innere Enttäuschung heraushören. Sie stimmte nicht allem zu, was er sagte, aber das spielte keine Rolle. Sie entschied sich, mit dem Herzen zu hören und wahrzunehmen, was sein Herz ihr sagen wollte. Mit anderen Worten, sie waren wirklich verbunden, denn es ging ihr nicht mehr um eigene Reaktionen oder Vergeltungsmaßnahmen. So konnte sie in einem schwierigen Augenblick der Liebe Raum geben.

Von jenem Tag an würde sie immer mit dem Herzen zuhören. Sie würde dafür sorgen, dass ihr Herz für das ihres Mannes offen blieb, und nicht zulassen, dass momentane Meinungsverschiedenheiten es wieder verschlossen.

Im Laufe der Jahre kam es bei ungefähr der Hälfte der Ehepaare in ihrem Freundeskreis zu einer Scheidung, während die andere Hälfte außerordentlich glücklich verheiratet blieb. Es waren im Grunde alle „der gleiche Menschenschlag“, meinte sie, aber zwischen den beiden Gruppen gab es dennoch einen deutlichen Unterschied.

„Ich glaube, dass Menschen, die entschlossen sind, lebenslang an der Ehe festzuhalten – und die sich eben deshalb gebunden haben, die sich genau das unter einer Ehe vorstellen –, ihre Konflikte durchstehen werden. Sie meistern die schweren Brocken des Lebens gemeinsam. Sie fühlen sich ihrer Partnerschaft, ihrer Familie und ihrer Gemeinschaft verpflichtet. Ihre Bindung ist unerschütterlich.“

Kris machte kurz eine Pause, dann sagte sie zum Abschluss: „Mir war immer bewusst, dass nichts außer dem Tod uns trennen würde.“

In dem Moment, als sie das sagte, kam es mir vor, als zöge sich ihr Leben mit Richard wie ein roter Faden durch all meine anderen Gespräche und all meine anderen Reisen. Ich dachte an meine Zeit mit Sandy in San Diego und daran, dass sie und Jim nur einen Plan A hatten.

An Ken und Dot in Südafrika, die frühmorgens aufwachten, um Gemeinschaft miteinander zu haben.

An Françoise und Jean-Alain in Mauritius, die Verantwortung für ihr eigenes Glück übernahmen.

An Silvina in Buenos Aires. Sie wählt täglich Marcello und er wählt sie.

An Estrellita und Mario in Uruguay, die die Probleme des Lebens als Team bewältigen.

An Zeljka in Kroatien, die das Wunder vollbrachte, das jede berufstätige Mutter braucht, nämlich ihre Ehe und ihre Kinder beide an die erste Stelle zu setzen.

An Gloria und Ben auf den Philippinen, die einander Freundlichkeit schenken, ohne dass es dafür einen besonderen Anlass geben muss.

Satz für Satz erinnerte mich fast alles, was Kris gesagt hatte, an irgendeinen bestimmten Punkt, den ich auf meiner Reise gelernt hatte.

„Wir fanden", sagte Kris, „wenn du die beste Freundin von jemandem bist und eine wunderbare sexuelle Gemeinschaft mit ihm hast, dann behandelst du ihn auch wie deinen besten Freund, nicht so als ob er dir gehört, als Besitz. Du wirst mit ihm immer respektvoll sprechen und ihn respektvoll behandeln." Dabei musste ich an Sanita, Abraham, Mark und Barbara in Neuseeland denken und an die zahllosen Paare, die mir die Rückmeldung gaben, dass Respekt eine Grundlage ihrer glücklichen Beziehung darstellte.

Kris und Richard hatten liebevoll füreinander gesorgt, genau wie Barb und Doug in Perth, die auch davon sprachen, wie wichtig es war, seinen Partner zu pflegen.

„Eine gute Ehe ist keine erhabene Wissenschaft“, erinnerte uns Kris. „Sie ist einfach eine Wahl, die man trifft. Wenn man in der Ehe und im Leben glücklich sein will, muss man eine Entscheidung treffen, die es äußeren Situationen oder inneren Gedanken nicht erlaubt, einen vom Kurs abzubringen. Wenn sich zwei Ehepartner dafür entscheiden, ihr Leben, ihre Ehe und ihre Familie zu genießen, wenn sie eine bewusste Entscheidung zum Glück treffen, dann braucht es nicht mehr als das.“

Eines habe ich von allen diesen Paaren gelernt und besonders von den glücklichen Ehefrauen, die ich interviewt habe, und zwar diese einfache Wahrheit: Glück ist Entscheidungssache. Wenn man sich immer wieder dafür entscheidet, wird man sein ganzes Leben lang glücklich sein, was auch geschieht. Mit dem Glück in der Ehe ist es nicht anders. Wenn man seinen Partner jeden Tag neu wählt und den Entschluss fasst, in der Ehe glücklich zu sein, dann wird es auch so sein.

Es mag nicht immer eine leichte Entscheidung sein oder eine offensichtliche. Aber es ist eine einfache Entscheidung, eine, die schon Tausende von Frauen getroffen haben und noch treffen.

Ich bin eine davon. Ich hoffe, Sie sind es auch.

Kapitel 33

WÄHLE DAS GLÜCK

An jedem Ort der Erde

„So süß ist Trennungswehe", schrieb Shakespeare.[15] Genau das empfinde ich jetzt auch, da mein Buch nun zu einem Ende kommt. Meine Reise führte mich durch zwölf Länder, sechs Kontinente und Dutzende von Städten dazwischen. Sechs Monate lagen zwischen dem Tag, als ich von Los Angeles nach Winnipeg flog, und dem Tag, an dem ich nach meinem letzten Interview von San Francisco nach Hause zurückkehrte. Mag sein, dass diese Zeit kurz erscheint angesichts meines grandiosen Ziels: das universelle Geheimnis einer glücklichen Ehe zu entdecken. Doch da ich einen Großteil dieser sechs Monate in Hotels, Flugzeugen, vor meinem Laptop und weit weg von dem Menschen verbrachte, der mir am wichtigsten ist, kam es mir vor wie Jahre.

Jetzt ist es für mich an der Zeit, wieder in die wirkliche Welt zurückzukehren, zu meinem Leben als Geschäftsfrau, als die Ehefrau des großartigsten Mannes der Welt, als Freundin für all diejenigen, die ich in den letzten sechs Monaten sträflich vernachlässigt habe, als Schwester und Tochter außergewöhnlicher Menschen. Ich muss zu den Wurzeln meines Lebens zurückfinden. Durch meine Reise habe ich mich von alledem für eine Weile entfernt. Trotzdem bereue ich es nicht.

Ja, Koffer packen und wieder einpacken, Schuhe ausziehen, alle meine Flüssigkeitsbehälter ausleeren wegen der Sicherheitsvorschriften am Flughafen, das ist alles ein wenig ermüdend, aber es hat sich gelohnt. Ich war länger von meinem Mann getrennt, als ich es jemals wieder möchte, und das war nicht leicht, aber auch das war es wert.

Ich habe die Reise angetreten, weil ich zwei Dinge beweisen wollte: Zum Ersten, dass es glückliche Ehen wirklich gibt. Die Unkenrufe, die Ehe sei im Niedergang begriffen, sind weit übertrieben, denn glücklich verheiratete Paare gibt es überall. Zweitens, es gibt allgemeingültige Regeln für eine glückliche und vielversprechende Ehe, an die sich jedes Paar halten und so eine Ehe führen kann, wie es sie sich immer erträumt hat, ohne zu wissen, dass sie tatsächlich möglich ist.

Mein erhabenes Ziel, eine Million glückliche Ehefrauen ausfindig zu machen, erscheint nun schon viel erreichbarer. Zwanzig Prozent davon haben wir schon geschafft und ich bin optimistisch, wenn Sie dieses Buch an andere weitergeben, werden sich die übrigen achtzig Prozent auch noch finden.

„Glücklich" und „verheiratet" ist kein Widerspruch. In jedem Winkel der Erde und auf jedem Kontinent wohnen Paare, die ein Leben genießen, das sich anscheinend viele andere vergeblich wünschen. Bei den Gesprächen, die ich mit ihnen führte, waren sie gerne bereit, über ihre Lebenserfahrungen Auskunft zu geben, wenn man sie nur danach fragte und bereit war, ihnen zuzuhören.

Dieses Buch war nie als Selbsthilfebuch gedacht. Ich zögere immer, Ratschläge zu geben, denn wie Jean-Alains weiser Onkel ihm einmal sagte, ist es manchmal der beste Rat, gar keinen Rat zu geben. Aber ich weiß, dass viele von Ihnen genau wie ich Leute kennen, deren Ehen auf der Strecke bleiben. Obwohl dieses Buch also nicht als Ratgeber geschrieben wurde, könnte es dennoch hilfreich sein, kurz und prägnant weiterzugeben, was ich während dieser Reise gelernt habe. Über allem aber steht ein wichtiger Grundsatz für das Leben und für die Ehe: *Glück ist Entscheidungssache.*

Zwölf Geheimnisse einer gelungenen Ehe

1. **Respekt:** Jedes der Ehepaare respektiert und achtet sich gegenseitig.
2. **Vertrauen:** Vertrauen ist bei allen ein wesentlicher Faktor und scheint die natürliche Folge des gegenseitigen Respekts zu sein
3. **Glaube an Gott:** Wenn auch das Gottesbild durchaus verschieden sein mag, so glauben doch alle Ehepaare an eine höhere Macht, etwas, das größer ist als sie selbst, jemand, dem sie in Bezug auf ihre Partnerschaft verpflichtet sind und den sie nicht enttäuschen wollen.
4. **Lachen ist die beste Medizin:** Alle Ehepaare haben Spaß miteinander und lachen viel. Sie nehmen sich selbst nicht zu ernst. Jeder kann den anderen ein wenig auf die Schippe nehmen, ohne dass dieser gleich gekränkt ist. Es sind entspannte Beziehungen.
5. **Interessen außerhalb der Beziehung wahren:** Jedes der Paare (besonders die Frauen) sagten, wie wichtig es ist, auch Interessen außerhalb des Hauses und der Familie nachzugehen (Hobbys, Arbeit u. a.). Eine eigenständige Persönlichkeit ist notwendig, um nicht vom anderen „erstickt" zu werden und auch nicht in die Gefahr zu kommen, sich miteinander zu langweilen.
6. **Schaffen Sie sich ein tägliches Ritual:** Jedes von mir interviewte Paar hatte ein tägliches Ritual, das sie oft jahrzehntelang pflegten: Kaffeetrinken am Morgen, Tee am Nachmittag, ein Glas Wein oder ein Häppchen am Abend usw. Zweck dieser Rituale war es einfach, dass man täglich Zeit miteinander verbringt und immer auf dem Laufenden ist, was den anderen gerade

beschäftigt. Durch dieses tägliche Zusammensein baut man Vertrauen auf.

7. **Verabreden Sie sich mit Ihrem Ehepartner:** Regelmäßige Verabredungen waren immer dann (oder gerade dann) notwendig, wenn Kinder in die Familie kamen. Bei kleinen Kindern konnten manche Ehepaare ihre regelmäßigen Eheabende nicht beibehalten, aber sie versuchten immer wieder Zeiten miteinander zu finden, um einander so nahe zu sein wie am Anfang ihrer Ehe.
8. **Unterstützen Sie Ihren Ehepartner:** Die Paare unterstützten sich gegenseitig im Hinblick auf Ausbildung, Veränderungen im Leben, Berufschancen, Hobbys und Interessen, Ziele und Träume. Sie förderten und ermutigten einander. Manchmal trug der Ehemann die Hauptlast der Haushaltsführung, manchmal die Frau. Welcher der beiden für das Einkommen sorgte, spielte keine Rolle. Respekt und das Dasein füreinander waren das Entscheidende.
9. **Seien Sie gute Freunde:** Vor allem waren diese Ehepaare auch die besten Freunde. Sie waren einander so vertraut wie niemand sonst. Alle besaßen zwar auch Freunde außerhalb der Ehe, aber die wichtigste Beziehung, in die sie im Laufe der Jahre am meisten Zeit investierten, war ihre Partnerschaft.
10. **Pflegen Sie Ihre Ehe:** Dieser Punkt ist umstritten, aber jedes der Paare gab der eigenen Ehe die höchste Priorität im Leben. Auch diejenigen, die vorübergehend Kinder *und* Ehepartner gleichzeitig an die erste Stelle setzten, waren sich einig, dass diese Angleichung nur für eine gewisse Zeit galt. Sobald die Kinder erst in der höheren Schule waren, würden sie sowieso lieber in Ruhe

gelassen werden, während die Ehebeziehung weiterhin würde wachsen müssen.

11. **Kein Plan B:** Alle Paare beschlossen von Anfang an, keinen Plan B zu haben. Scheidung stand nicht zur Debatte. Dadurch waren sie viel geduldiger miteinander. Meinungsverschiedenheiten mussten nicht sofort gelöst werden, denn die Partner würden ja noch länger zusammen sein und im Lauf der Zeit eine gemeinsame Lösung finden. Manchmal einigten sie sich auch darauf, sich nicht zu einigen, aber auch sonst gingen sie ihre Differenzen mit Gelassenheit an, denn sie wussten, sie würden alle Zeit der Welt haben, um die Herausforderungen gemeinsam zu bewältigen.
12. **Wählen Sie Ihre Freunde mit Bedacht:** Pat und Henry waren nicht das einzige Paar, das darauf achtete, mit wem es engere Gemeinschaft pflegte. Das Thema tauchte bei allen Paaren auf. Als sehr wichtig wurde angesehen, dass man sich mit Menschen umgibt, die der Ehe förderlich sind, und nicht mit solchen, die zerstörerisch wirken. Zum inneren Freundeskreis gehörten nur solche, für die Liebe und eine lebenslange Partnerschaft ebenfalls einen hohen Stellenwert besaßen.
13. **Zusatzbonus: Glückliche Ehefrau + glücklicher Ehemann = Quelle der Jugend:** Das ist kein Prinzip, sondern meine eigene Beobachtung bei jedem dieser Paare. Wenn man diese Beobachtung auf die allgemeine Bevölkerung überträgt, dann scheint es, als ob glücklich verheiratete Menschen zehn bis zwanzig Jahre jünger aussehen, als sie sind – unabhängig davon, in welchem Land sie leben. Die von mir interviewten Paare sind voller Tatkraft, sie wirken jugendlich und sie sind sehr aktiv (mit Ausnahme der beiden, die von Krankheit

geplagt sind – von denen aber auch einer im Alter von fünfundsiebzig Jahren noch den Berg Sinai bestieg). Die Wissenschaft hat Belege dafür, dass glücklich verheiratete Menschen länger leben als Alleinstehende.[16] Sehr oft wird dazu eine Studie der Mayo-Klinik zitiert, die vor einigen Jahren zu diesem Thema in Auftrag gegeben wurde.[17]

Ich möchte Ihnen von ganzem Herzen danken, dass Sie mich auf dieser Reise begleitet haben. Ich habe unterwegs oft an Sie gedacht. Obwohl wir uns nicht persönlich kennen, hatte ich schon alle im Sinn, die das Buch einmal lesen würden, und ich hoffte, dass es Ihr Herz genauso berühren würde wie meines. Alle meine Unternehmungen, das Kofferpacken und wieder Auspacken, die versäumten Flüge (weil Fluglinien einen Flug überbuchten und nicht, weil ich zu spät dran war … seufz), die Zeit, die ich ohne meine Freunde und meine Familie verbringen musste, all das war es wert.

Auf meinem Blog schreibe ich täglich am Ende den gleichen Satz, den ich auch hier wiedergeben möchte:

Bis morgen … *machen* Sie es zu einem guten Tag!

EINIGE WORTE AN JUNGVERHEIRATETE

Im vergangenen Jahr hatte ich die Gelegenheit, bei einer Verlobungsfeier dabei zu sein. Das Paar war sehr sympathisch und die Feier wirklich eindrucksvoll. Wie es wahrscheinlich öfters bei solchen Feiern vorkommt (es war meine erste, daher bin ich nicht ganz sicher), griffen eine ganze Reihe von Familienmitgliedern zum Mikrofon, um dem verlobten Paar Ratschläge zu geben. Das junge Paar strahlte den ganzen Abend lang und ich dachte: *Bitte behaltet das bei. Lasst nicht zu, dass es euch jemand wegnimmt.*

Am nächsten Morgen musste ich gleich wieder an die beiden denken. Ich schrieb ihnen ein paar Zeilen und gab ihnen den besten Rat weiter, den Keith und ich in unserer zehnjährigen Ehe je bekamen. Er hat uns jeden Tag unseres gemeinsamen Lebens begleitet und uns durchgetragen. Ich kann sagen – es wurde wirklich eine fantastische Ehe!

Vor Kurzem erhielt ich eine E-Mail von Kristi, einem neuen Mitglied des Klubs:

> „Es ist mir ein Bedürfnis, Ihnen mitzuteilen, wie ermutigend ich Ihre Internetseite finde! Ich bin erst

> seit einem Monat verheiratet und es war bestimmt der schönste Monat in meinem Leben. Ich liebe meinen Mann und bin sehr gerne verheiratet, und ich weiß auch, dass es mit der Zeit noch schöner wird. Ich wundere mich immer wieder darüber, wenn Frauen auf der Arbeit oder auch anderswo mir sagen, wie schwierig eine Ehe sei und dass „das erste Jahr das schlimmste" sei. Ich habe mich entschlossen, auch weiterhin eine glückliche Ehefrau zu bleiben und nicht in die Falle einer negativen Haltung gegenüber meinem Mann zu tappen. Ich möchte mich bei Ihnen bedanken, denn durch Sie habe ich erkannt, dass ich mit solchen Gedanken nicht alleine bin."

Diese kurze Mitteilung drückte exakt aus, wie ich mich in den ersten Jahren unserer Ehe gefühlt hatte. Nicht lange nachdem wir uns das Jawort gegeben hatten, stießen wir überall auf negative Kommentare über die Ehe. Ich war sprachlos, wie viele Freunde, Familienmitglieder oder Zufallsbekanntschaften davon redeten, wie schwierig die Ehe sei. Wenn erst die Flitterwochen vorbei seien, würden wir die Realität schon kennenlernen. Wir mussten uns alles Mögliche anhören – von den Startschwierigkeiten bis hin zum „verflixten siebten Jahr". Nur ganz selten sagte uns jemand etwas Ermutigendes über eine lebenslange Ehebeziehung. Noch seltener kam es vor, dass die Wörter „Ehe" und „Glück" im gleichen Atemzug genannt wurden. Allerdings erinnere ich mich auch an ein einziges Mal, wo es anders war, und dieses Gespräch habe ich seither nie wieder vergessen.

> Wenige Monate nach unserer Hochzeit nahmen wir an einem Eheseminar teil, das von meinen Eltern veranstaltet wurde. Nach einem Seminarteil stiegen wir in einen überfüllten Aufzug, der uns zu unserem Hotelzimmer bringen

> sollte. Wie so oft hatte Keith die Arme um meine Schultern gelegt, während mein Kopf auf seiner Brust ruhte. Eine Frau, die auch im Aufzug mitfuhr, beobachtete unsere offensichtliche Zuneigung und sagte, was so viele schon vor ihr gesagt hatten: „Genießt es. Es wird nicht lange so bleiben –“

Aber noch bevor sie ihren nicht gerade aufmunternden Satz zu Ende gebracht hatte, warf eine Freundin meiner Eltern ein: *„Glück ist Entscheidungssache.* Mein Mann und ich sind schon neunundzwanzig Jahre verheiratet und wir haben beschlossen, miteinander glücklich zu sein. Jeden Tag, wenn wir am Morgen aufwachen, beschließen wir, den Tag miteinander zu genießen. Wir nehmen uns ganz einfach vor, glücklich zu sein.“ Mit diesen Worten blickte sie Keith und mir in die Augen: „Nehmt euch vor, glücklich miteinander zu sein, dann wird es auch so bleiben.“

Diese Worte waren wie vom Himmel gesandt, wie Regen auf die Mojave-Wüste. Wir schöpften daraus Hoffnung, allen pessimistischen Kommentaren, die man so oft hörte, zum Trotz. Es gab also doch noch Menschen, die an die Macht der Liebe glaubten und das Leben als Ehepaar genossen – bis „der Tod euch scheidet“. Trotz der negativen Assoziationen, die dem Thema Ehe anhängen, beschlossen wir an jenem Tag, jeden Moment unseres gemeinsamen Lebens zu genießen. Es ist Entscheidungssache. Wir trafen damals diese Wahl und treffen sie jeden Tag aufs Neue.

Was Sie und ich unter Glück verstehen, mag ganz verschieden sein. Gemeinsam ist uns, dass wir alle eine Vorstellung von Glück haben. Eine der größten Hoffnungen, die ich mit dem vorliegenden Buch verbinde, ist, dass jemand wie Sie, der sich noch in den ersten Jahren der Ehe befindet, es liest und erkennt, dass es möglich ist, das Geschick seiner Ehe zu lenken. Sie können es nicht beeinflussen, wie lange Ihr

Partner leben wird (wenn irgendjemand von uns das könnte, würden wir damit sicher ein Vermögen verdienen), aber wir können von Anfang an dafür sorgen, dass die Formel „bis der Tod euch scheidet" in Ihrer Ehe nicht nur ein Klischee ist, sondern zum Programm wird. Sie können sich dafür entscheiden, dass Ihr Eheglück nicht nach ein paar Jahren vorbei ist, sondern fünfzig Jahre und länger hält.

Ähnlich wie mir und meinen Freundinnen haben die Leute Ihnen sicher schon ziemlich miserable Ratschläge gegeben. *Bitte hören Sie nicht darauf.* Sie selbst haben es in der Hand, Ihre Ehe zu etwas Wunderschönem zu machen, und wenn Ihnen jemand etwas anderes erzählen will, lächeln Sie einfach und denken Sie an die Ehepaare in diesem Buch. Erinnern Sie sich an die Frauen, die Sie auf dieser Reise kennengelernt haben (alle, die anscheinend die Quelle der Jugend entdeckt haben) und die unser Leben sehr bereichert haben. Entscheiden Sie sich jeden Tag für das Glück, jeden Tag aufs Neue. Entscheiden Sie sich jeden Tag für Ihren Partner. Gestalten Sie ein Leben und eine Ehe, wie Sie es sich immer erträumt haben – es ist Ihre Entscheidung.

DANKSAGUNGEN

Vor allem danke an Gott. Keine weiteren Worte, denn jede Beschreibung wäre unzureichend.

Danke, Keith. Du bist der wunderbarste Mensch, den ich je kennengelernt habe. Punkt.

Das Team beim Verlag Thomas Nelson. TOLL! Ein besonderes Dankeschön an Bryan, Chad, Katy, Emily, Kathie, Kristen, Julie, Brian, Heather, Reneé, das sagenhafte Verkaufsteam und alle anderen, die mit diesem Buch zu tun hatten.

Bryan, der beste Lektor in der Branche (das wurde mir von so vielen unabhängigen Stellen bestätigt, dass es wohl stimmen muss). Du hast dein ganzes Herz in dieses Buch gelegt und mir so viel an Unterstützung gegeben, wie sie in dieser Branche wohl kaum ein Autor bereits beim ersten Buch erhält. Heute bin ich voll und ganz überzeugt, dass nicht der Autor den Unterschied zwischen einem guten und einem großartigen Buch ausmacht, sondern der Lektor. Ich habe aber auch ein Geschenk für dich: Wenn ich noch ein weiteres Buch schreiben sollte, wird es nicht so viel Arbeit für dich sein, das verspreche ich.

Bill. Ich danke dir, du bist der fantastischste Literaturagent, den sich eine Frau nur wünschen oder erträumen könnte. Als wir uns kennenlernten, zögerte ich noch, ob ich mich wirklich als Autorin versuchen sollte. Ich habe immer gerne geschrieben, weil ich es als

Befreiung empfinde. Du hast mir zugesagt, wenn ich mich entschließe, das Buch zu schreiben, wirst du dafür sorgen, dass es sich nie wie Arbeit anfühlt. Du hast dein Wort gehalten!

An die Mitglieder des Klubs der glücklichen Ehefrauen und die wunderbaren Paare, die in diesem Buch interviewt wurden. Wenn ich sage, das alles wäre ohne euch nicht möglich gewesen, wäre das eine glatte Untertreibung. Was ich von euch allen gelernt habe, wird mich ein Leben lang begleiten. Danke, dass ihr mich so freundlich in euren Häusern aufgenommen habt, dass ich mich in euren Städten so sicher und wohl fühlen konnte, dass ihr mich herumgeführt habt, und auch ganz wichtig: danke für das exzellente Essen und die Tees!

Mutter – der Inbegriff einer glücklichen und liebevollen Ehefrau. In den neununddreißig Jahren, die ihr verheiratet wart, habe ich nicht ein negatives Wort über meinen Vater gehört. Ich vermisse ihn genauso wie du.

Schwiegermama, Schwiegerpapa, Lee und Arlene. Danke, dass ihr meinen Mann so sehr geliebt habt und dass ihr mich wie eine Tochter aufgenommen habt. Ich bin wirklich gesegnet!

Tracey. Die beste große Schwester, die ein Mädchen haben kann. Danke, dass du dich meiner angenommen hast, als wäre ich dein eigenes Kind. Dass ich jetzt eine Geschäftsfrau geworden bin, hängt damit zusammen, dass ich von der Allerbesten lernen konnte. Danke, dass du dich so sehr in mich investiert hast. Das versetzt mich in die Lage, auch anderen viel zu geben.

Launi, Christy Joy und Gabrielle. Das herrliche Dreiergespann. Ich bewundere euch. Ich kenne keine andere Familie, die so viel Spaß miteinander hat wie unsere. Welche andere Familie trifft sich so gerne und so zwanglos? Das Leben ist gut zu mir. Ich mag euch sehr.

Noch einmal Launi und Carlos, die zwei talentiertesten Grafiker, die ich kenne (es hat Vorteile, Verwandte in höherer Position zu haben!). Danke, dass ihr das Konzept, das ich im Kopf hatte, als Titelbild dieses Buches zum Leben erweckt habt. Ich weiß, wie beschäftigt ihr beide seid und dass ihr bereit wart, alles hintanzustellen – sogar an einem Sonntag –, um das zu tun, bedeutet mir unendlich viel. Ich schätze euch beide sehr.

Adisa alias Franko alias Bruder. Es ist wunderbar, dich in Kalifornien zu haben, damit ich dich endlich kennenlernen kann. Es wäre schön, wenn du jetzt nicht mehr weggehst. Ich habe dich gern.

Michael und Keiko. Eure Zuneigung zu mir begann schon, als ihr mich noch gar nicht kanntet. Es begann mit meinem Mann – dieselbe Liebe und Unterstützung, die ihr ihm entgegengebracht habt, schenkt ihr nun auch mir. Danke dafür!

Angie, Jocelyn, Kai und CJ. Es ist euer Verdienst, dass dieser Klub zu wachsen begann. Mit den Jahren wurde eure Begeisterung immer noch größer. Wir stehen uns ganz nahe und das bringt mich zum Lächeln. Denn ihr seid in jeder Hinsicht Schwestern. Täglich lerne ich von euch.

Ty. Danke, du bist immer eine unendliche Quelle an Liebe und Unterstützung. Es macht mich froh, dass du deinen Ritter mit der glänzenden Rüstung geheiratet hast und uns mit unserem Patenkind so viel Freude machst.

Zie Zie. Danke, du bist einer der warmherzigsten und freigiebigsten Menschen, die ich kenne. Ich würde gern wie du werden, wenn ich erwachsen bin!

Jen, ich möchte wirklich Leuchtraketen und Funksprüche ausschicken … du bist die Beste.

Ein Zitat, das Warren Buffett nachgesagt wird, kennzeichnet mein Leben am besten. „Wenn mir die Leute erzählen, sie hätten aus Erfahrungen gelernt, sage ich ihnen, dass es auf die Kunst ankommt, aus den Erfahrungen anderer Menschen zu lernen." Ich hatte viele Lehrer. Wenn meine Familie nicht so groß wäre und mein Herausgeber mir nicht gesagt hätte, dass ich 15 000 Wörter streichen muss, könnte ich euch alle beim Namen nennen. Also seid mir nicht böse, wenn ich einfach ein großes „Danke“ an alle sage, die ich kennenlernen durfte, die mir etwas beigebracht haben und die ich als Freunde bezeichnen darf.

ÜBER DIE AUTORIN

Fawn ist eine Vorkämpferin für die Ehe, die täglich darauf hinarbeitet, das Gesprächsklima über das Thema Ehe, über das weltweit viel Negatives verbreitet wird, zu verbessern. Sie ist Gründerin des „Happy Wives Club", der Mitglieder in über hundert Ländern rund um die Welt hat. Ihr Blog HappyWivesClub.com bietet glücklich verheirateten Frauen Gelegenheit zum Gedankenaustausch und ermutigt sie, wie man in einer Partnerschaft glücklich und zufrieden leben kann.

Zudem ist Fawn Generaldirektorin der Immobilienfirma ValRentCo Corporation und Präsidentin des Gewerkschaftsdachverbandes der Onlinetochterfirma ValleyRentals.com.

Zuvor war Fawn Pressesprecherin im Auftrag international anerkannter Künstler.

Schon kurz nach ihrem achtzehnten Geburtstag gründete sie unerschrocken ihre erste eigene Firma, FEW Entertainment mit dem Schwerpunkt Veranstaltungen, Werbung und Marketing. Später tat sie sich mit dem Promikoch G. Garvin zusammen und gründete eines der erfolgreichsten Nobelrestaurants in Beverly Hills. Dort war sie als Geschäftsführerin und Minderheitsgesellschafterin involviert.

Vor ihrer Beteiligung an der ValRentCo Corporation arbeitete Fawn als Geschäftsführerin einer international angesehenen Hotelkette.

Davor war sie für dasselbe Hotelunternehmen als Verkaufsleiterin mit dem Spezialgebiet Onlinemarketing und -verkauf tätig.

Fawn ist Vorstandsmitglied von MEND, einer Organisation zur Bekämpfung der Armut, sowie der Antimenschenhandelsorganisation Slavery No More. Sie unterstützt die International Justice Mission (IJM) und Skip1. Sie und ihr Mann Keith Weaver sind seit zehn Jahren glücklich verheiratet. Zu Hause sind sie in Agoura Hills, einem Vorort von Los Angeles. Im Moment sind sie mit Eifer dabei, ihre Familie zu vergrößern ;-).

ANMERKUNGEN

Kapitel 4

1 Elizabeth Gilbert, *Commited: A Love Story* (New York: Viking Penguin, 2010)

2 Ebenda

3 Nasim Hasan, „Create the Perfect Love“, *Nasim the Dream* (Blog) http://nasimhasan.com/creating-the-perfect-love/

Kapitel 5

4 Laura Doyle, *The Surrendered Wife: A Practical Guide to Finding Intimacy, Passion and Peace with a Man* (New York: Simon & Schuster, 1999, 2001)

Kapitel 6

5 Dave Meurer, *Daze of Our Wives: A Semi-Helpful Guide to Marital Bliss* (Minneapolis: Bethany House, 2000), 19–20

Kapitel 8

6 Deutsche Übersetzung aus: Mark Twain: *Dem Äquator nach* (Hamburg : Hoffmann u. Campe, 1965). Neuer Titel: *Reise um die Welt* (Anaconda Verlag, 2011)

7 „Gibst du mir, so geb ich dir"

8 http://www.mgirti.org/

Kapitel 25

9 Prediger 4,12.

10 Melody Beattie, http://www.doonething.org/quotes/gratitude-quotes.htm

Kapitel 31

11 Richard Carlson/Kristine Carlson, *An Hour to Live, an Hour to Love: The True Story oft the Best Gift Ever Given*, Kindle ed. (n. p.: Hyperion, 2007), Intro

12 Ebenda, S. unbekannt

Kapitel 32

13 Sie können sich diese Vorlesung auf der Internet-Archivewebsite anschauen: http://archive.org/details/LastLecturebyRandyPausch

14 Lesen Sie dazu den Artikel über ihr Buch und das beigefügte Video bei Tess Scott: „Lessons After the Last Lecture from Jai Pausch", Website *ABC World News with Diane Sawyer* 15.5.2012, http://abcnews.go.com/US/jaipausch-lessons-lecture/story?id=16351226#.UYE116KsiSo

Kapitel 33

15 William Shakespeare, *Romeo und Julia*, 2. Akt, 2. Szene, Übersetzung von Schlegel/Tieck

16 Siehe z. B.: „Study: Married Couples Live Longer, Healthier Than Singles", CBS Local, Cleveland Website, 14. November 2012, http://cleveland.cbslocal.com/2012/11/14/study-married-couples-live-longer-healthier-lives-than-singles/; und Anita Naik, „Why Marriage Is Good for Your Health", Netdoctor, http://www.netdoctor.co.uk/healthy-living/wellbeing/marriage-is-good-for-your-health.htm

17 Siehe z. B. Tatiana Berry, „Health Benefits of Positive Relationships", http://www.counselingassociateshome.com/HealthBenefitsofPositiveRelationsships.html

Eric Wilson

Liebe braucht Helden

Roman nach dem Film FIREPROOF

Paperback · 304 Seiten

ISBN 978-3-940158-54-3

Es ist eine actiongeladene Liebesgeschichte über einen Feuerwehrmann, seine Frau ... und eine Ehe, die es wert ist, gerettet zu werden.

Bei seiner Arbeit lebt Captain Caleb Holt nach dem Motto der Feuerwehrmänner: Lass nie deinen Partner zurück. Doch zu Hause folgt er seinen eigenen Regeln. Nach sieben Jahren haben er und seine Frau sich so weit auseinandergelebt, dass Catherine sich wünscht, sie hätten nie geheiratet. Als sich eine Scheidung anbahnt, fordert Calebs Vater ihn heraus, über 40 Tage ein Experiment durchzuführen, das er „Das Wagnis der Liebe" nennt. Caleb ist sich nicht sicher, ob es der Mühe wert ist, doch er willigt ein. Schließlich fragt er seinen Vater voller Frustration: „Wie soll ich jemand Liebe zeigen, der mich ständig zurückweist?" Als sein Vater ihm erklärt, dass das die Liebe ist, die Gott uns zeigt, fasst Caleb einen Entschluss, der sein Leben verändert. Und – mit Gottes Hilfe – beginnt er zu verstehen, was es bedeutet, seine Frau wirklich zu lieben. Doch wird es ihm noch gelingen, seine Ehe vor dem Feuer zu schützen? Sein Job ist es, andere zu retten. Jetzt ist Caleb Holt bereit für die schwerste Aufgabe seines Lebens – das Herz seiner Frau zu retten.

Inklusive Bonus-Material:

Eine persönliche Botschaft der Kendrick-Brüder

Diskussionsfragen

Das Making-of von FIREPROOF

Aufnahmen aus dem Film

Priscilla Shirer

Ein mutiger Weg für Frauen

Impulse aus dem Film COURAGEOUS

Paperback · 288 Seiten
ISBN 978-3-940158-53-6

ICH WEISS, DU HAST IMMER VIEL ZU TUN ...
ABER HAST DU DIR SCHON EINMAL ZEIT GENOMMEN,
UM DIR DARÜBER KLAR ZU WERDEN,
WER ODER WAS DU EINMAL SEIN MÖCHTEST?

Bestsellerautorin Priscilla Shirer stellt uns hier in Zusammenarbeit mit den Autoren von *40 Tage Liebe wagen* ein herausforderndes Buch vor, das dich zu ganz gezielten Qualitätsentscheidungen ermutigen soll.

Diese mutigen Schritte sollen dir im Alltag helfen, deine Ziele und Entscheidungen neu auszurichten, damit Gott durch dein Leben verherrlicht wird und du deine gottgegebene Bestimmung erfüllst. Die aufgezeigten biblischen Wahrheiten würzt sie mit viel Ermutigung und alltagstauglichen Beispielen.

Dieses Buch wird die Frau, die du jeden Tag im Spiegel siehst, inspirieren, Gottes vollkommenem Plan für ihr Leben zu vertrauen.

Priscillas aufschlussreiche Anregungen werden dich in deinem Entschluss bestärken, „ganz bewusst weiblich, erstaunlich zufrieden und dem Herrn treu ergeben" zu leben.

WAGE ES, DEINE GOTTGEGEBENE BESTIMMUNG
ANZUNEHMEN UND EINE FRAU NACH DEM HERZEN
GOTTES ZU WERDEN!

Ein New-Your-Times-Bestseller und eine wahre Geschichte

Ron Hall, Denver Moore

Genauso anders wie ich

Eine unglaublich wahre Geschichte

Paperback · 272 Seiten
ISBN 978-3-940158-24-6

Lernen Sie Denver kennen, einen Mann, der in den 1960ern in Louisiana unter der auf Plantagen üblichen Sklaverei aufwuchs; einen Mann, der floh, auf einen Zug aufsprang und achtzehn Jahre lang als Obdachloser durch die Straßen von Dallas wanderte. Nicht länger ein Sklave, war Denvers Leben immer noch hoffnungslos – bis Gott sich einschaltete. Zuerst begegnete er einer frommen Frau, die betete, zuhörte und gehorchte. Und dann kam ihr Mann, Ron, ein internationaler Kunsthändler, der in der Welt von Millionären in Armani-Anzügen zu Hause war. Und dann kamen sie alle zusammen.

Doch die Sklaverei kann viele Formen annehmen. Deborah entdeckt, dass sie Krebs hat. Angesichts ihres möglichen Todes nimmt sie ihren Mann in die Pflicht, Denver zu befreien. Wer wird gerettet und wer geht verloren? Wie sieht die Zukunft dieser drei merkwürdigen Menschen aus? Was tut Gott?

Genauso anders wie ich ist die emotionale Erzählung ihrer Geschichte – von Schmerz und Lachen, Zweifel und Tränen, ausgegraben zwischen der Gebundenheit dieser Erde und der freien Möglichkeit des Himmels. Kein Leser wird sie je vergessen.

Dr. Kevin Leman

So tunen Sie Ihren Mann

Mit Strategie in die Partnerschaft

Paperback · 224 Seiten

ISBN 978-3-940158-36-9

Es gibt keine Frau auf der Welt, die nicht schon das ein oder andere Mal den Wunsch hatte, ihren Ehemann gegen einen neuen auszutauschen.

Ist es wirklich möglich, einen Mann zu verändern? JA! Man muss es nur richtig anstellen. Und was noch besser ist: Es besteht keine Notwendigkeit, ihn gegen ein neueres Modell auszutauschen – alles, was er braucht, ist ein Tune-up. Bei konsequenter Umsetzung der Ratschläge des Autors kann die Frau Ansichten, Verhalten und Kommunikationsfähigkeit ihres Mannes positiv verändern.

Dieses „Tuning" kann die wunderbare Kehrtwende herbeiführen, nach der sich (fast) jede Ehefrau sehnt.